青森
文化

我是這樣讀論語的

何震鋒 著

向
唐君毅
致敬

目錄

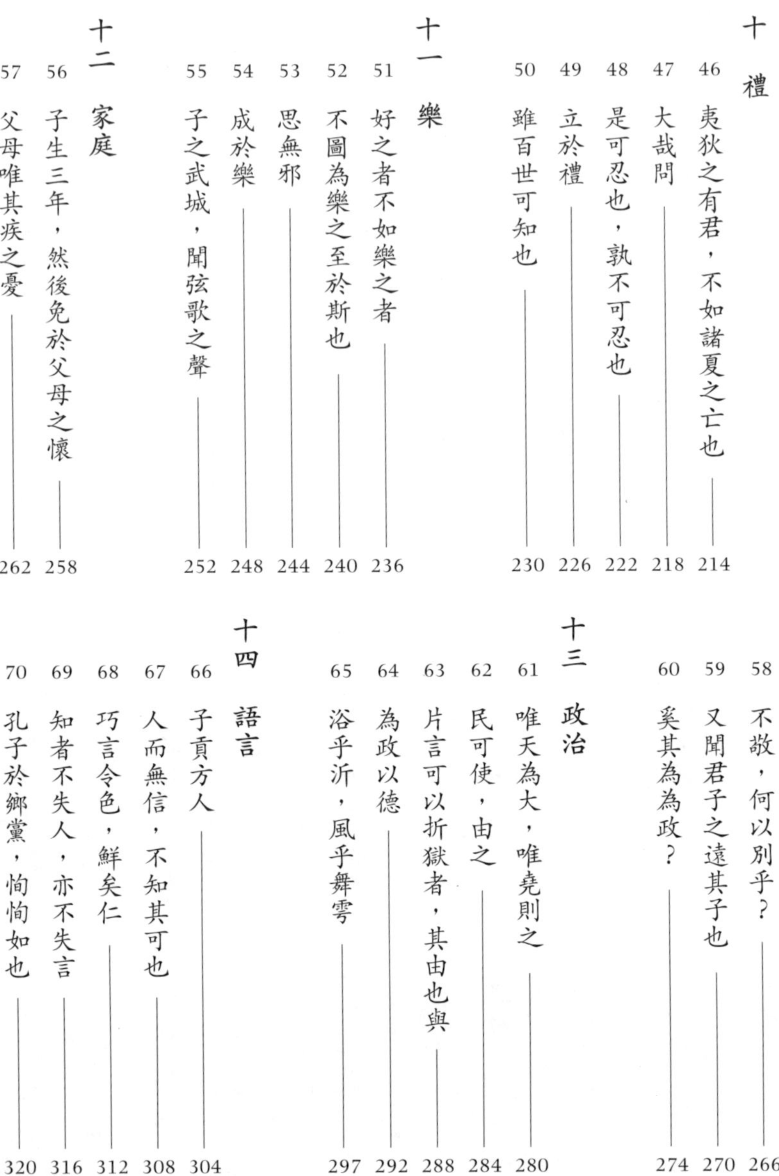

十　禮

十一　樂

十二　家庭

十三　政治

十四　語言

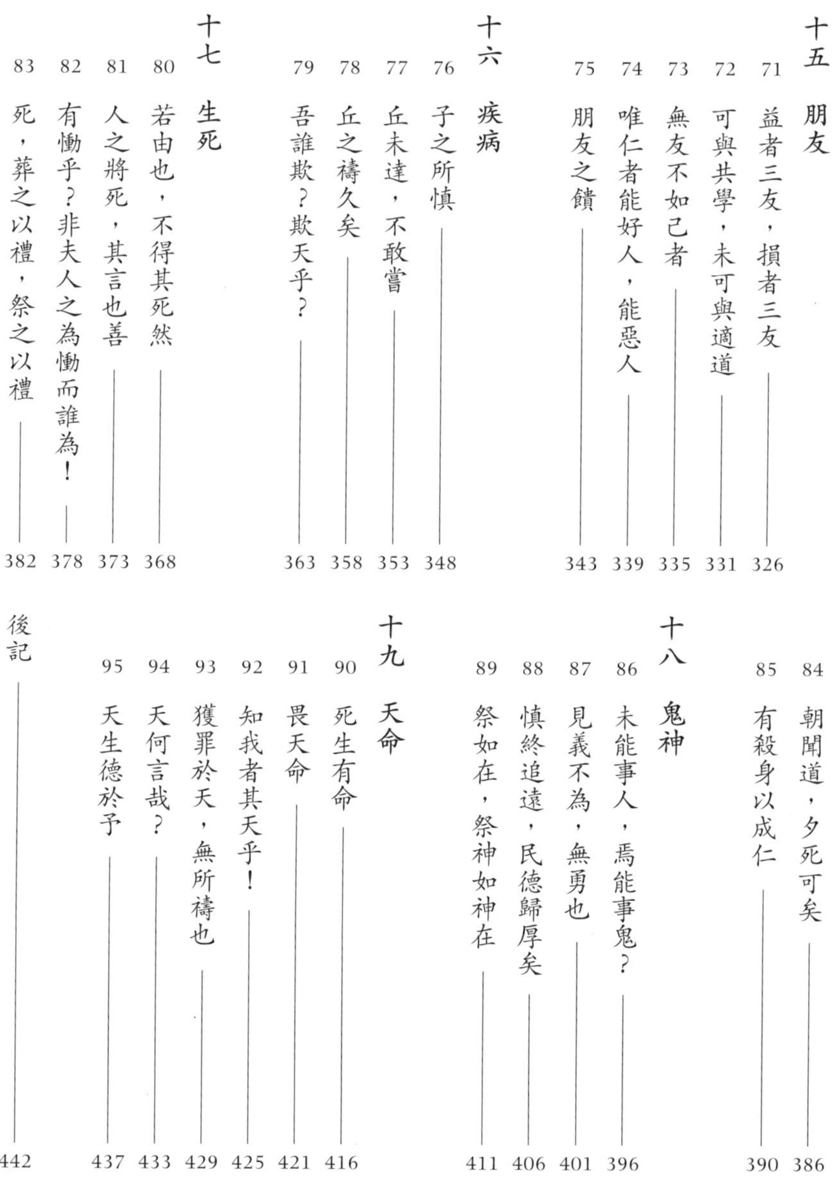

序

00

非敢後也，馬不進也

今年春天，我與葉英傑君郊遊，登上上水大石磨。他見我隨身帶了一部《論語》，就談起《論語》來。葉英傑君是專業攝影記者，工作多年，對攝影有獨到心得，又曾寫書談攝影哲學。令我意外的是，他自學生時代便愛看英美文學，我們還談過大美國小說，想不到像他這樣的人，對於《論語》也有獨到的心得。我問他《論語》之中，最喜歡哪一則。他說最愛的是：

子曰：「孟之反不伐，奔而殿。將入門，策其馬，曰：『非敢後也，馬不進也。』」

孔子說：「孟之反不自矜誇，打仗撤退時殿後。將入城門的時候，他策馬向前，說：『不是膽敢殿後，馬跑得不快而已。』」葉英傑君解釋，這固然是孟之反不自矜誇，但相信他的馬真的跑得不快，孟之反沒有必要矯揉造作，來製造謊言，他只是如其所如地報告事實而已。如果他真的是為了掩護大家而殿後，那麼他應該說：「義不足掛齒。」反之，他說：「非敢後也，馬不進也。」就是馬跑得慢，那是自然而然的，不用為了遷就大家而故意屈曲自己，也屈曲了馬。葉英傑君指出，這裡可有一點道家的意味。我就認為孔子喜歡講「直」，而他所說的孟之反，也可以用「直」來形容。其實，在先秦時代，聖哲本就不會分我儒你道，嚴分門派，他們都出身於士人階級，活躍起來，向天下人說出道理，因而他們所說的或有相異，但就其說到深處，終可會歸於一。我就很喜歡《論語》的另一句，一樣有一點道家的味道：

子曰：「君子之於天下也，無適也，無莫也，義之與比。」

孔子說：「君子對於天下事，沒有一定強求的，也沒有一定反對的，只是從道義而行。」葉英傑君家庭與事業有成，現在從工作崗位上退下來，過著優遊自在的生活。他還有自己的工作計畫，要在攝影事業上有一番作為。至於我一直用心於哲學，雖然還很年輕，早就從職位上退下來，教幾個蒙童糊口，過著半退隱而又混跡世俗的生活。對我來說，《論語》這句說話，正好道出了我的心志。沒有甚麼事情非要如此不可，也沒有事情一定要反對的，只要一切遵從道義就可以了。我認為有生之年，能多讀幾部經書，也寫幾本哲學著作，多孝順父母，深交幾個知己朋友，這一生便算是有所交待了。

談到撰述著作，葉英傑君知道我有一本關於莊子的書快要出版，於是又勸我另寫一書，專談《論語》。於是我想好了書題及若干章節，回去動手便寫。一路下來，寫得頗有興味，竟不能自已。此書一共寫了十九章，共九十五節，每當寫好一章，我都傳給師友知交閱讀，他們都給了我很好的意見。此書之所以能夠寫成，在此特別鳴謝葉英傑君、張家富君、鍾兆鴻君、姚澤琛君、羅兆龍君、盧啟平君與葉子盈君，尤其是姚澤琛君，他對於此書由結構佈局到遣詞用字，都給了很好的提議。此書寫了五個多月，也謝謝吳明老師這段日子的教導。這一學年，吳老師在新亞研究所開課，用了一年的時間教授魏晉玄學，處理儒道會通的問題。我得益甚深。此外，聽老師談人生、論世事，要比從書中得來的全部益處，還要多很多很多。我非常感謝吳老師多年來的栽培。除了學問之外，我更感受到老師古道熱腸，講學時更是全副性情流露人前。聽老師說，近年他的鄰居小女孩喪母，令人聞之黯然。老師講書的時候，說到傷心之處，也不禁為之一哭。此書寫孔子的仁學，其大要就在於不麻木，而常能感通。「仁」是「二人」，當我與你相遇，我對你敞開自己，你進入我，我關注你，你我打成一片，仁心就呈現了。此書寫的再多，也及不上仁心真實呈現，及不上老師為鄰家小女孩喪母而傷心一哭。孔子在帶喪的人身邊，是未曾吃飽的。如果哪天孔子哭過，他就不會唱歌。這都是《論語》深入性情之處，而為蛋頭學者所忽略的。我曾聽聞其他學者說，吳老師研究魏晉玄學，所以他是道家的。怎知吳老師卻是一副儒者的心腸！也許，說到深摯之處，也無所謂儒道，只是一片性情洋溢而已。這亦是我寫此書時想涉及，而未必能夠真的觸及之處。如果讀此書的人，能從此書了解孔子的性情之教，那麼我就得到一位知己，因而歡喜不已了。

另外，我很感謝吳老師教我唐君毅哲學。上一本書我向唐君毅致敬，在這一本書中，我仍然要向唐君毅致敬。在哲學義理上，我是嘗試以唐君毅哲學去解讀《論語》。因此，讀者會在這本書中看到不少唐君毅式的論述，其中所受影響之深，包括以下這段文字：

> 吾人如知吾人自盡其心之事，可兼盡他心，則知吾之居仁由義，乃既自盡我心，亦上酬千百世與東西南北海之聖賢之心，以及古往今來一切人之樂交天下之善士之心。聖賢之心願無疆，一切人之樂交天下善士之心願亦無疆。無疆則無所不覆，無所不載，無所不貫，而凡我之生心動念，真足以自盡我心，亦同時兼盡聖賢之心與一切人之心，心光相照，往古來今，上下四方，渾成一片，更無人我內外之隔。肫肫其仁，淵淵其淵，浩浩其天。是見天心，是見天理。又何有死生幽明異路之足言？死生皆一大明之終始，豈有他哉。
>
> 惟此所言，雖皆未嘗溢出由知生以知死之一步，然已洩漏過多，未免張皇。吾為此懼。善讀者能信則信，不信則疑。終則悟者同悟，迷者暫迷，如曰不然，請俟來哲。是非口舌之所能爭者也。至於依行求證之道，則自復祭禮存祭義始。[1]

唐君毅於青年時寫《人生之體驗》，全由胸中流出，肝膽畢露，乃全部性情學問所在；

1 唐君毅，《人生之體驗續編》（臺北：學生書局，1996年），頁111。

晚年寫《人生之體驗續編》，乃經歷人世磨鍊、世事起伏，而反省自己原初的理想。二者乃有一始一終互相呼應之勢。我之寫這些書，自我反省的意味深，而責人的用心少。我是要寫我的《人生之體驗》。我常想，如果我們討論很多客觀的義理問題，但竟不能觸及性情的深摯之處，那麼哲學系統建築得再宏偉，仍是不能真實化而行涉於世的。此書既名《我是這樣讀論語的》，那就既有我注《論語》之意，也有以《論語》注我之心了。謹以此書向唐君毅致敬。是為序。

何震鋒序於其樂山房

2021 年 7 月 8 日

一　導言

01

我欲仁，斯仁至矣

一個人可以是工程師，也可以是政務官，或者是司機、工人、教師、農夫⋯⋯他可以有不同的職業，以致他可以有多種可能的社會身分與角色。這些身分與角色，在一定程度上，我們可以自我作主，但想深一層，其實又不然。首先，我們會考慮到機會與際遇。我們之所以具有怎麼樣的社會身分，往往是偶然的。這決定於很多因素，包括家庭背景、人際社交、國家種族、社會環境、教育程度、野心、性格和能力，還需要一點點運氣。我們大概都是受到外在環境的形塑，受到他人的影響，以致我們擁有地位，以及擔當社會角色。在這一方面，我們往往誤打誤撞，只有很小的自主能力。

當放下工作，離開崗位，一個人可以過他的私人生活。首先，他可以考慮是否過婚姻的生活，決定是否要生兒育女。當然，這也有一定的條件因素，當你選擇伴侶時，別人亦在考慮是否選擇你。你的社會地位，仍然或多或少影響著你的愛情，以至可能有的家庭生活。再進一步考慮，你之所以愛上一個人，在最初一步也不是自由意志所決定的。希臘神話中的邱比特是一個無知的幼兒，祂所發出的愛神之箭，往往出於惡作劇，以致世間有不少痴男怨女，就像點錯鴛鴦譜。這正好反映愛情的盲目，你甚至會愛上你所深恨的人，尤其是那個「殺千刀」。

宗教信仰也不必然是我們所選擇的。有不少教徒相信是神揀選了他，而不是他選擇信神。聖十字若望就曾說過，人沒有辦法得到恩賜，而是全靠神靈的施與，人在宗教信仰的道路上要進入黑夜，才能密契天主。可見當宗教信仰進入我們的人生，往往都是出於被動。就算不信某一神靈主宰世界的宗教，比如佛教，教徒也相信因緣，一切事情不過是條件湊合，沒有人能決定自己的宗教信仰，佛菩薩也不能主宰，佛也只度有緣人。退一步來說，你擁有怎樣的世界圖像，抱持甚麼信念系統，也不是你能自主的。就連你是否終此一生絕不退轉，或改投他教，你也不能絕對肯定。

你可以選擇的，也許是你的興趣，或者消遣方式，甚至是消費模式。然而，事情並不是看上去這麼簡單。從表面看上去，我們的喜好不就是我們自己作主的嗎？但對於心理學稍有涉獵的人，就知道我們的心理行為很易受人控制。聽說有人做過心理實驗，在一個戲院的放映之中，持續加插千分之一秒「喝可樂」的字眼。雖然這些片段不為肉眼所察覺，但卻影響人的潛意識。結果，在連續六星期的實驗之中，戲院外那個攤位的可樂銷量有明顯的提升。這可見外界訊息對於我們身心的影響。我們並不是如想像中一樣，由意識決定我們每一個行為，而是受深不可測的潛意識所左右。

人生的不少重要決定，其實都是為勢所推展的。史賓諾莎曾打個比喻，如果一塊石頭擁有意識，那麼他也會認為它滾下山崖的軌跡，是它自己所決定的。史賓諾莎認為宇宙之中的所有事物，都受到機械因果的嚴格決定，一切發生的事情都有它的必然性；而人的自由，就在於以智慧觀照所有的因果關係，這使我們超臨於經驗世界之上，得到解放。不過，我們亦不宜誇大史賓諾莎哲學的這種自由。這種自由只存在於我們的精神內核，有待我們從紛繁的事務撤離，將一切事物推開，退回到心靈深處，就像一個貧者貧無立錐之地，便可得到所謂的自由。這又好像在看一場電影，電影內容便是我的一生，我只能默默地觀看它怎樣地因時推移，而不能作出任何改變，而能夠冷靜觀看便成了我的自由。這有點違反常識，我們至少會認為，我們或多或少都在參與自己的人生，都能夠在電影中演出。

要怎樣度過這一生，看來我們在很大程度上不能自主，就好像一道河流，水勢總為地形所決定。經過寬廣的平原，可能會平順一點；一旦穿越狹窄的幽谷，就會湍急起來；或有巨石阻擋，水勢就會險惡起來；遇有河床淤塞，說不定還會泛濫。這都受環境所決定。然而，人始終不同於死物，甚至有一點不同於其他生物，我們都能思考，甚至進一步有所作為。雖然我們不能嚴格中定自主的範圍，但我們可以自證到心的力量。關於這種力量，孔子稱之作「仁」，他甚至斬釘截鐵地說：

我欲仁，斯仁至矣！

這就是說，只要我想自決，我就能自決。在很多事上，我們的確不能自決，但至少我們決心去自決時，這顆決定的心，便是自決的。我們有自決去自決的力量。因此，仁是一種人生根本的自決力量。這亦是人有了思考能力之後，所能透過思考而自知的一點。人生的一切自決的作為，包括思想言行，都是以仁為根本。仁，就是我們的真正自我，也是我們自主的根源。仁就是人的內在核心，全由自主，不假外求。當然，這顆仁心十分機微，我們不容易把握。

雖然我們能自主，就在於自決去自決，但在一般事情上我們能否自決，這仍然有待工夫修養。比如一個懶惰的人，他用甚麼方法都不能勤奮起來，這是別人幫不了他的事情。他要勤奮，就先要自己勤奮起來，這就須要自決。由內在的自決，推廣至於身心行為上的自決，就必須自我鍛鍊，亦即是須要做工夫。不過，一切工夫都必有其根本的動力，這就在於仁。但這不是說，我們有一顆凌空的本心，它不著邊際，而獨立於我們的行為。我們的仁心就體現於我們所有的自決行為當中。所謂「工夫所至，即是本體」，離開自決行為，包括自決的思想，並沒有自決的心。我們要體會內在的力量，就在於我們著力用功的時候。

講人生哲學，甚至是道德哲學，吃緊的是點出實踐的根本；走過人生的大道，甚至是要捨身成仁，就要把握仁心之所在。孔子的仁道，平平無奇，這是它的優點。獨特精奇的東西可能很能刺激人心，但卻不能成為恆常。正如高山險峰雖然峻峭，但不及大地廣博深厚。孔子具備一種如大地一樣的智慧，指出了人生實踐的根本。若沒有了內在的力量，而昧於仁，那麼我們只能隨波逐流，為勢推移而已。那就談不上真正的人生了。

02

仁者愛人

亞里士多德有一套關於靈魂的學說，他將靈魂分為三種：植物的靈魂、動物的靈魂和人的靈魂。植物的靈魂就在於吸收營養、生長和繁殖；動物的靈魂就在此之上，能夠活動；至於人的靈魂，就能進一步作理性的思考。他所謂的「靈魂」，大有功能作用的意思，就如他所言，如果斧頭也有靈魂，就在於能夠砍伐。透過類差的方法，亞里士多德對人作了邏輯定義：人是理性的動物，而人的本質就在於理性，因此人應當好好過思考的生活。他之所以對人作邏輯定義，並不只是為了滿足知識的要求，而是進一步引導出他的倫理學，乃至形上學。就是人天生就會渴望得到知識，因此人注定會思想形上學問題。一切形上學的衝動都來自對世界發生驚訝，人的靈魂思考世界，就產生了哲學。

死物沒有靈魂，它不能感知外界，只能封限於它自身之中。人就有心靈，能夠思考，他不但思考自己的存在，而且能投向外界事物，對天地萬物有所覺知。孟子說：

心之官則思。

能夠思考，就是打破死寂，鑿開渾沌的能力。宇宙如果沒有心靈，就不能靈動起來，就歸於一團漆黑，甚至連漆黑都說不上。人之尊，心之靈，唯有有心，然後能夠靈動。若沒有心靈認識，天地萬物也不知落在何處、生於何時；因為有了心，天地萬物都有了存在的歸處了。

人會投向天地萬物，甚至與其他人建立倫理關係。仁就是人心投向人心，因此「仁」字的一種解釋是二人，這不是指人與人的關係只限於二人，而是指仁就存在於彼此之間的關係。當孔子的學生樊遲問「仁」是甚麼意思的時候，孔子答以：

愛人。

如果沒有人倫世界，我甚至沒有了「人」的倫理意義，也失去了在天地間的存在地位。因此，人心要投向人心，由心光互照交織而成的大心，也可稱為「天心」。仁的最初發動之處，就在於家庭關係，所以孔子特別強調孝親之情。這是就一般情況，方便指點而言。當然世間總有缺憾，有些人就是失去了家庭溫暖，那只好從其他方面去體會仁了。

仁是要從人際關係之中去體會的。愛並不是人天生便完全具有的生物本能，而是要透過教育培養的。心理學家佛洛姆在《愛的藝術》中指出，現代人受了商品文化的影響，以為愛是一種現成的消費品，卻不知道愛是一種能力，必須時常加以實習。他甚至指出父愛也須要透過努力學習得來，因父親沒有經過十月懷胎，並在懷孕時與嬰兒建立親密的關係，他們很多是在孩子出生以後，才慢慢培養情感。父愛尚且要學習，更何況其他不同種類的愛？因此，天倫有所缺憾的人，要發展愛人的能力也比一般人困難。

世界本身是在其自己，死物便封限於自身之中。生物有了靈魂，而人才能思考，因而是對其自己的存在。人心開放它自己，投向他人他物，這種有所感而通於彼的能力，就叫作「感通」。《易傳》說：

易无思也，无為也。寂然不動，感而遂通天下之故。

「易」是指宇宙的本體，它本是沒有思想，沒有作為，這是存在之在其自己。因為是渾沌未開，還未有心靈作出認識，所以是寂然不動了。至於有了心思，有了認識，天地萬物被照明了，感於此而通於彼，於是人心通向萬物，甚至互相感通。這種人心感通天下之說，大有宇宙論的味道。不過，這不能只是滿足理論興趣。程明道仍然有一種工夫修養，以作支持。

宋代儒者程明道曾以醫學中的「麻木不仁」作為解說。中醫以麻木為不仁，所謂「麻木」，就是無所知覺。對別人不仁，大概就是對別人的存在無所知覺；反之，你能覺察到別人，甚至關心別人，這就是仁。因此，心思能投向他人，以至感通天地，這就是仁的最高境界。當然，講到感通天地，那可能是高遠了一點。宋代儒學似乎要把「仁」的觀念推到極致，但是孔子都離不開日用倫常去指點「仁」。須知道只講「愛人」已經抽象了點，我們不知道孔子說這句話時的上下脈絡究竟指的是誰，但我們不能只講「愛人」，而不知愛誰。話說有一次馬廄失火，孔子退朝回來後得知，他便問有沒有人傷亡，而不問及馬。馬匹是古人重要的財產，但孔子卻不因為財物損失而麻木起來，卻關心起家中的奴僕來。這是愛一個個具體的人，而不只是「人」的概念。

「仁」就是人的質素，最初表現於孝親，繼而感通他人，達於天地萬物。人不能只封限於他自身之內，他必須走出去，而心就是思考之官能，心思跑到世界之中，敞開自己，感知各種事物，包括人倫、自然、鬼神，甚至思考哲學、數學、邏輯的純粹領域。正是人打開了世界，因此才開啟了潘多拉的盒子，而有了終身的憂患。

03

如其仁！如其仁！

澀澤榮一指出不少學者是孔子的看門人，是他們阻止我們面見孔子，只因他們把孔子學說搞得高深莫測，不近人情。只要我們平心讀《論語》，就能親近孔子，就會發現孔子是一個很有親和力的人。雖然孔子對於心性修養的要求很高，但對人卻從不嚴苛。他看起來很有威嚴，接近時卻很溫和，而且孔子不是袖手空談心性的學者，而是積極入世的事業家。他曾在父母之邦當過幾年官，而且有不錯的成績。只是後來為勢所迫，才不得不退下來，從事教育事業，還培養了不少人才。澀澤榮一有感於此，於是寫了《論語與算盤》一書，表達儒學開物成務的一面。澀澤榮一早年曾當過武士、官僚，後來發現日本的經濟事業趕不上明治維新的步伐，於是毅然辭官，為社會興辦實業，並得到「日本資本主義之父」的尊稱。

不少人認為儒學不但與世間事業無關，而且是一種妨礙。一方面，只因在世人眼中，高頭講章的儒家學者只會食古不化，不知變通。另一方面，有些學者只會板起臉孔，常常挑剔別人，又崖岸自高，輕視人間事業，總以為他們所講的聖賢之道就重於一切。澀澤榮一從商多年，乃有一手拿著《論語》，一手拿著算盤，二者不可缺一之語。當然，如果一門學問於世無益，那不過是一門死學問；而只知爬梳故紙堆，不知應世的儒學專家，不過是不知類的冬烘學究。想孔子復生，也不會喜歡這種門生。因此，讀《論語》須記得孔子十分崇拜周公，只因為周公立下了不朽功業。

孔子的人生理想是仁，後世很多學者視仁為人生修養的最高境界，只因孔子談論仁的時候，往往與人生修養連在一起，而又不輕易以仁許人，就連自己也不敢以仁者自居。他說自己忠信，最多說自己好學，至於人生的理想，自問還未達到。至於比仁者還要高超的聖人，他更不會自以為做到。雖然孔子並沒有界定「仁」和「聖」，但也提到一些判斷的準則：

子貢曰：「如有博施於民而能濟眾，何如？可謂仁乎？」子曰：「何事於仁，必也聖乎！堯舜其猶病諸！夫仁者，己欲立而立人，己欲達而達人。能近取譬，可謂仁之方也已。」

子貢問孔子，能夠博施濟眾的，算不算是仁人。孔子回答說，這樣豈止是仁人，簡直就是聖者，就連堯舜都恐怕未能做到。所謂仁者，在自己想安穩立足時，就讓別人也能安穩立足；在自己想進身通達時，就讓別人也進身通達。能以自身來比方推想別人，就可說是為仁的原則了。這與上文所說的要敞開自己，投向他人，以人心感通人心的道理，同出一轍。仁總不離開人倫關係。當人與人心光互照之時，天心呈現了。這就有如耶穌教人愛神不忘愛人，如果你連鄰近的人都不愛，又怎樣愛看不見的神呢？然而，耶穌仍然強調全心全意愛神，這是宗教聖人與孔子的不同。

雖然孔子嚴厲地批評過管仲的人格，說他器度淺薄。一方面管仲有三處宮室，而且分別有三套人馬輪流服侍，非常奢侈，不知節儉；另一方面，他又仿效齊桓公在家中設影壁和土台，違反禮制，所以孔子非常反對。在孔子眼中，管仲固然有很多人格缺點、修養不足的問題，但卻沒有妨礙孔子推許他為仁者：

> 子路曰：「桓公殺公子糾，召忽死之，管仲不死。」曰：「未仁乎？」子曰：「桓公九合諸侯，不以兵車，管仲之力也，如其仁，如其仁！」

管仲本來輔助公子糾與公子小白爭奪國君之位，還因此射了小白一箭。可是小白不但沒有死去，還即位成為齊桓公，並殺了公子糾。於是子路問，齊桓公殺了公子糾，召忽殉難了，但管仲卻沒有死，這大概未算是仁者吧！孔子回答，桓公九次會合諸侯，不用戰爭，都是管仲在旁輔助，這就是他的仁德！這就是他的仁德！管仲維持了和平，使人民得以安居樂業，從大處著眼，他的確體現了「己欲立而立人，己欲達而達人」的境界。所謂瑕不掩瑜，他品行上的缺點就不能抹煞他的德行了。另外，又有學生問過類似的問題：

子貢曰：「管仲非仁者與？桓公殺公子糾，不能死，又相之。」子曰：「管仲相桓公，霸諸侯，一匡天下，民到於今而受其賜。微管仲，吾其被髮左衽矣。豈若匹夫匹婦之為諒也，自經於溝瀆而莫之知也？」

子貢質疑管仲不是仁者，因為齊桓公殺了公子糾，管仲沒有殉難，還做了桓公宰相輔助他。孔子指出管仲做了桓公的宰相，輔助他稱霸諸侯，匡正天下，過了百多年，百姓仍然受到他的恩惠，如果沒有了管仲，他們恐怕要披頭散髮，衣襟向左開，淪為夷狄臣虜了。難道要他像愚夫愚婦一樣，拘泥小節，在山溝中上吊自殺還沒有人知道嗎？這仍是從維護世道倫常去著眼，人不能只顧自己，畫地為限，守住小節，而是感通天下，成就眾生。這就發揮了人性光輝，使人間充滿了光明。箇中關鍵，仍在於仁者的不麻木，與生命的感通。

若然哲學家視這是一種出於效益主義的考慮，即是以達到最大多數人的最大幸福為量度道德的原則，那麼他便錯解了孔子。然而，認為孔子是義務論者，也是啼笑皆非。近現代的規範倫理學，便是以這兩大流派為主。至於實用倫理學，便意圖透過構想一些處境，檢視這些抽象的道德原則。然而，筆者認為，我們儘可為「仁」下一些判準，但視孔子的哲學為一種規範倫理學，甚至以效益主義，或它的對立面義務論來格義，那便是方枘圓鑿，於仁學本旨，失之遠矣！

04

回也，其心三月不違仁

雖然孔子因為管仲建立了蓋世功業，造福百姓，維繫了人倫社會，而推許他為仁者；但是孔子卻不是現實主義者，並不僅僅以是否建功立業、揚名天下為準則，去判斷一個人是仁者。稍為對孔子的生平思想有所認識，就知道孔子不是一個勢利之徒。我們可以趨利避害，觀察形勢，望風而行，然而此一時彼一時也，現實上的成敗可能轉眼改變，世事幻化無常，我們亦難以佔盡有利位置。至少，以孔子來說，他就不是一個趨炎附勢的人。而另一個被孔子推許為仁者的人，就是現實上貧賤者。這個人在世人眼中，可能是一個失敗者。然而，他在孔子的心目中，卻是罕見的人才，他就是學生顏回。〈顏淵〉篇中提到的顏淵，也就是他了。

顏回短命，不幸早死，去世時只有四十歲，比孔子還早了一兩年。當顏回死時，孔子哭得十分傷心，並說過不為這樣的人哭，還要為誰哭呢？孔子認為顏回天資敏悟，大概可以把自己的學問薪火相傳，但顏回卻比他早去了，因此孔子一邊痛哭，一邊又指著上天說：「天放棄我了！天放棄我了！」其實，在顏回剛到孔子那邊聽課時，從表面上看，顏回對於孔子所教授的東西照單全收，沒有一點疑問。因此孔子還以為顏回不會思考，不懂發問，是一個愚蠢的人。但孔子一再觀察，卻發現原來顏回對於所學的東西，都懂進去了，並且能夠在生活上發揮出來，所以孔子大為欣賞。

孔子曾指出自己好學，並且說世上一定有像他那般忠信的人，卻不一定及得上他的好學，但孔子卻多次對別人說顏回好學。甚至子貢說自己聞一知二，及不上顏回聞一知十，孔子更進一步推許說，他與子貢都及不上顏回，而且是遠遠及不上。孔子又說過，顏回在學問、修養上的進步是沒有停止的。這就可見孔子在自己最有自信的好學優點上，都覺得及不上顏回，因而覺得青出於藍，他終於教出一個可以超越自己的學生了。孔子甚至讚賞顏回到一個地步，他不以仁者自居，卻以仁的境界嘉許顏回：

子曰：「回也，其心三月不違仁，其餘則日月至焉而已矣。」

孔子說顏回的心三月不離開仁，這裡的「三月」，並不就是指三個月的時間。他的意思相當於說，顏回一年到晚都不離仁的心境。至於，其他人不過是短暫達到仁的境界而已。當然，顏回也有犯錯的時候，但是他卻十分警惕，犯了過錯便立即改過來，並不讓自己再次犯同樣的錯誤。這可以看到顏回的好學。

既然作為仁者，顏回與管仲的表現是如此的不同，那麼我們便不好只從二人的行為來猜測甚麼是「仁」了。但可以肯定的是，孔子既不是當代倫理學中的效益主義者，一味從後果去考慮一個行為是否道德，又不是義務論者，只是從一個行為主體的動機作道德的評判。所謂具體情況須要具體分析，對於一個人是否道德亦是如此。我們可以對於「仁」有一些判準，有些人合於某些準則，而另一些人合於另一些，都不礙他們稱為仁。孔子對於不同學生問仁，都會有不同的回答，這是因為各人的性格、品行、才能、環境和遭遇都有所分別，所以他們所需要的提點都有差異。況且在孔子之後，歷代學者對於「仁」的觀念，又按他們的體會，各自提出了新的判準。可見「仁」是一個很有彈性的觀念。而我們對於人生境界的反省，亦不好像對數學上的概念一樣，加以嚴格的定義。

對於顏回的仁者境界，我們可以從《論語》之中，發現一些探討的線索。就在〈顏淵〉篇中，顏回也像其他學生一樣，對於孔子獨創的思想十分好奇，也問及其中的核心觀念，就是問及如何實踐仁德。書中是如此記載師徒二人的對話：

顏淵問仁。子曰：「克己復禮為仁。一日克己復禮，天下歸仁焉。為仁由己，而由人乎哉？」顏淵曰：「請問其目。」子曰：「非禮勿視，非禮勿聽，非禮勿言，非禮勿動。」顏淵曰：「回雖不敏，請事斯語矣。」

顏回問如何實踐仁德。孔子說：「去掉小我，恢復禮義，便是實踐仁德。一旦去掉小我，恢復禮義，天下都會歸依你的仁德。實踐仁德是靠自己，難道是靠別人嗎？」顏回又說：「請問實踐仁德的條目？」孔子說：「不合禮的不去看，不合禮的不去聽，不合禮的不去說，不合禮的不行動。」顏回說：「我雖然不聰敏，但願實踐你這樣的教誨吧！」從這一則對話可見，一方面孔子對顏回的期望很高，並說到一旦做到克己復禮，天下人都會來歸附；另一方面，顏回對於孔子的教導，是拳拳服膺的，以致他後來真的達到了仁者的境界。這裡把「克己」譯作「去掉小我」，亦即是「毋我」。如果人任運而動，沒有人我隔膜，就沒有小我。自我都是人施設的觀念，透過分別人我，我們更能應付世事；而且人或多或少都會有欲望，或者對事物有自己的見解，如果對於這些東西產生執著，就會加深自我。越發現與他人他物的隔閡，就越發現自我；而越執著於自我，就越排斥異己。自我來源於我們心智的分別機能，從這裡分別出那裡，又從那裡區別出這裡。

自我認同不易察覺，比如你正在看這本書，而突然有人把書從你的手上搶去了，你會覺得「我的東西」被搶，因而自我受到傷害。你可能會感到憤怒，或者感到懼怕，只因你已劃分了人我之別。小至身體，大至國家，都可被看成自我的一部分，都被自我認同。有人甚至覺得國家受損，要比他的身體受損更嚴重，比起身體，他更關切國家，這時他便把國家看得比身體更重要，更具自我認同。所謂「小我」，是相對於大心而言。人不像石頭一般封閉，而會投向外在的事物，感通他人。然而，在與外界打交道之中，他會劃分出「我與非我」，在一個活動的心中分出彼此——這是主觀的一端，那是客觀的一端，兩端產生作用便生起經驗。其實，這只是有了分別作用才有的思想。仁心原本是一整個的，無分你我，不別彼此，只要我們觀察一下初生嬰兒，便知道這樣的狀態了。及至知識日長，分別日生，人便施設一個自我來應付世務。

正如上文提到，「仁」字是「二人」所構成，因此仁是人心投向人心，彼此感通，由人心所區分的人我，恢復我與你的交通，因而恢復大心。「大心」是相對「小我」而言。人不執著於小我，於是他的心開了，並感通他人他物，消滅了「我與非我」的界限，並且打成一片。須知仁心不為小我所限，所以去掉小我便能實踐仁德。至於實踐禮義，便是一體的另外一面。實踐禮義，便是去掉私慾的另一種表述。因為要求人一下子達到完全無私，恢復大心並不容易，所以要從謹守禮義，不讓私慾膨脹做起。「克己復禮」的重點仍在於感通，從而恢復大心。也唯獨是顏回天資甚高，孔子才直提「克己復禮」，教他從「毋我」實踐仁德，對於其他人，孔子也不過教些具體方法，而沒有提到自己的心法。

由此可見，顏回也是仁者，一切從感通說起。一方面，是消極的打破人我界限；另一方面，是積極的交通人我。大心便見於我心投向他人，而他人之心又投向我，於是我與你相遇了。宇宙因心而靈動起來，也於你我的交通之中，呈現它自己的本體。

05

夫子之道，忠恕而已矣

孔子既有聰明的學生，如顏回，也有一些資質魯鈍的學生，如曾參。但天賦的聰明魯鈍，並不影響一個人學習仁道。雖然孔子生前曾直接指出曾參資質魯鈍，但曾參敦厚篤實，努力不懈，在孔子過身之後，一樣成為一代大師，傳承儒學，世稱「曾子」。「子」的地位並不容易得到，孔子有弟子三千，精通六藝的有七十二人，在孔子病逝之後，只有二人被眾人推舉為「子」，奉為老師。其中一個是編輯《論語》的有若，即是有子，而另一個就是曾子。如果你翻閱一下《論語》，就會發現除了孔子稱「子」之外，就只有有子、曾子得此尊稱。然而，據一些文獻記載，有子後來因為智慧不足，而被其他孔門弟子拉了下來，就只剩下曾子能善始善終。

說到曾子的魯鈍，《孔子家語》有一則故事。話說曾子與父親曾點在田中耘瓜，曾子不小心把未成熟的瓜藤斬斷，曾點因而大怒，隨手拿起一條大木棍教訓曾子。曾子以孝順著稱，就站在那裡挨打，甚至被父親打至不省人事。他醒來之後，擔心父親氣壞了，便問候了曾點幾句，然後又入室彈琴唱歌，表示自己沒有大礙，並故意把歌聲琴聲提高，恐怕父親聽不到而擔心自己，或者自我怪責。然後，這件事傳到孔子耳裡，孔子便命令門人見到曾子來到，不要放他進來，說不想見到他。於是，曾子便托人問孔子自己做錯了甚麼事，以致老師把他掃地出門。孔子便教訓他說，父親拿小木棒教訓自己，便理當接受，但父親一時怒不可遏，取大木棍打自己，便應該逃走，以免被錯手打死了。曾子就是太過魯鈍，不懂變通，萬一真的給打死了，無論對於自己，還是對於父親，都不是一件好事。自己喪失寶貴的生命之餘，父親還要負上殺子之罪。曾子少年時的愚孝，便是如此。

後來曾子在孔子門下學習久了，便有了自己的心得。有一次，孔子點了曾子的名字，接著就說他的學問能以一條大原則貫徹始終，曾子便答了一句：「是。」後來下課了，同學問孔子是甚麼意思，曾子便回答：

夫子之道，忠恕而已矣。

所謂「忠」，就是成就自己；而所謂「恕」，就是成就他人。這就是推己及人了。曾子不但學會了為自己著想，也學會了為他人設想。如果他一早為自己和父親著想，就不會站著挨打，乃至被父親打至重傷了。有些人指出，孔子學說不只是忠恕這麼簡單，那不過是曾子的報告罷了。當然，孔子有很多精深的思想，而忠恕不過是平實的實踐方法。但對於敦厚篤實的曾子，那就適合不過了。所謂「同檯食飯，各自修行」，跟老師學習，不能把一切都學盡了，就只好選取切合自己的東西來吸收，否則貪多務得也不能消化。況且這也不能說不合於孔子思想，加上二人之間的互動，盡顯師徒默契。

這從《論語》的其他地方可以印證這條原則。有一次，孔子跟子貢說：「你以為我的學問繁多而認識廣博嗎？」子貢說：「是的，不是嗎？」孔子便說：「我的道可以用一條原則貫徹始終。」又有一次，子貢問孔子有沒有一句說話可以終身奉持，孔子便回答：「就是『恕』了！己所不欲，勿施於人。」這只是就推己及人而說。「己所不欲，勿施於人」這句話在《論語》之中，出現過不止一次，比如孔子的另一個學生仲弓問仁，孔子也是如此回答。不將自己不想受到的待遇加諸人身，相對於「己欲立而立人，己欲達而達人」來說，是消極地推己及人。但這與仁者的感通原則同出一轍，可見「恕」也是實踐仁德的關鍵。

人不能如石頭一般封閉自己，不能只保持存在之在其自己的狀態。他的心必須活動起來，首先投向他人，感通天下，而成為存在之對其自己。死物便如此如此地存在了，而且永遠存在於其自己之內，唯有人具備心靈投向他人他物，而對應一切存在而存在。他不但能照顧自己，而且能照亮他人的生命，以至照明天地萬物，使宇宙靈動起來。心的呈現，最初見於人與人的相遇。在人的相遇之中，對方不再只是時空中的一個客體，而為我所對。你我的相遇，是打破了「我與非我」的界限，我的整個精神沉入了你的當中。就這一層而言，也無分主體與客體了，而是成了一片仁心。所謂「忠恕」，是同時照亮了自己與他人。用馬丁．布伯的話來說，不是生成經驗，而是建立關係；不是以「我與他」來道出，而是以「我與你」來說出關係。

曾子早年就領悟了忠恕之道，那是一種平實的實踐方式。到了後來，曾子自己講學了，就表達了更精深的心得。他說人生的責任沉重，而道路遙遠啊！他解釋，以仁為自己的責任，不是很重嗎？直至死了才停下來，不是很遠嗎？他已不再停留於實際運作的層面了，而是觸及感通的原理，提到了「仁」的觀念。曾子多年來篤實地做工夫，修養自己，直到晚年總算有了自己獨特的體會。當然，他多年來也聽過孔子提到「仁」，但卻不會鸚鵡學舌，述說自己尚未達到的境界。因此，他早年只是跟人提到「忠恕」。經過多年的磨鍊，他終於領悟到仁者的境界。但他臨終的時候，仍然引用《詩經》中「戰戰兢兢，如臨深淵，如履薄冰」來表示自己不懈地做工夫，而自此之後，就可以免於大的過錯了。雖然他認為自己尚未達到仁者的境界，但是如此實在地修身，一步一足印，卻是曾子特有的賢者形象，不愧為宗述孔子的儒者。

06

人能弘道，非道弘人

稍為涉獵一下化學教科書，就會知道水是由氫和氧構成，然而古人卻以為它是一種元素。希臘哲學家泰利斯就以為萬物皆由水這種「元素」構成。如果以現代科學的眼光來看，這不過是一種很粗糙的科學。從哲學的眼光觀看亦然。在泰利斯之後，又有不同哲學家提出構成萬物的基質的猜想，而且有人提到物質以外的形式、動力等，以對自然界的現象作出說明。直至亞里士多德提出四因說，分別是物質因、形式因、動力因和目的因，以囊括往昔一切哲學的學說，而構成一套超級哲學。他本人便聲稱他的形上學是「哲學的終結」。從這種思路看來，希臘哲學家的目光早就投放在客觀的經驗世界，他們要從中找到說明一切存在的第一原則，是水也好，是火也好，是原子也好，是數也好，是理型也好，都是沉醉在客觀世界之中。雖然他們也提到人，不過人不過是經驗世界中的一物，哲學家們從客觀的觀點去看人。於是，他們發現了自然。

柏拉圖認為世界的最終實有是理型，即是共相，而經驗界的事物不過是它的模仿。比方說，世界上有不同的馬匹，牠們都共享了「馬」的理型，而不過是不完美的個例。特殊的事物會流變，而終至毀滅，但理型卻是客觀永存的。於是，柏拉圖把世界一分為二，一是經驗世界，一是理型世界。對於共相理論，奧坎曾提出挑戰，他提出簡單性原則。簡單性原則的大意是在一個理論之中，我們不假設不必要的東西，以免多講多錯。這條原則又稱為「奧坎剃刀」，它要剃去柏拉圖的鬍子。姑勿論柏拉圖的共相對於說明事物的存在是否必要，也不論共相是否獨立於一一個例而客觀存在，這裡要指出的是，柏拉圖發現了一個純粹概念的世界。從這種觀點去看萬物，仍是以一種把目光投向對象的客觀化了的觀點。

後來的經院哲學，一方面繼承了柏拉圖及亞里士多德哲學，另一方面卻環繞神的存在提出不同的論證。對於經院哲學家而言，神是萬物的第一原則。他們分別以神為萬物的第一因、推動者和設計者，並用以說明萬物的存在。他們的背景是耶教《聖經》的系統的，雖然他們仍是以一種客觀的觀點去看世界，但是已經會用「神」來作為一切的形上學原理。耶教中「神」的觀念是猶太人發明的，但卻為羅馬人所利用，然而他們仍是以目光投放於客觀世界的老路，於此，人的存在於形上學系統無足輕重。他們觀看的是一個超越經驗的世界。

孔子卻發現了「人」，不是「人」的概念，而是具體的人。不同的古書有「仁者，人也」之說，可見這是當時普遍流行的觀念。人具備仁心，於是他的心活動起來，投向他人，感通天地。由人的觀點出發，於是照明了人文世界，進一步照明自然，再進一步可照明純粹概念，發現邏輯、數學及哲學之理，甚至可以照明神。人上下求索，前顧後盼，左右相望，於是打開了世界。當人說有神的時候，他的仁心就感通了神；當人說有純理的時候，他的仁心就感通了純理；當人說有物質的時候，他的仁心就感通了物質；當他說有仁心的時候，他發現了感通一切的根源。因此，〈中庸〉提到：

誠者，自成也；而道，自道也。誠者，物之終始，不誠無物。

所謂「誠」，是仁心的別稱，而較具宇宙論的意味，意義偏重於照明一切存在的根源，又稱「誠體」。人具備誠體，所以能夠自我完成；而萬物之道，也是我們所照明的道。誠體是照明萬物的開始和終結者，沒有誠體就不能照明萬物。〈中庸〉是孔子的孫子子思所作，提出誠是我們內在的力量，我們實踐仁道，乃至照明萬物，都是出於誠體。誠體不是現成的東西，而要通過人的自強不息，修養而後成的。亦即是說，我們所行的仁道，連帶過程中為我們所經歷的事物，都是靠我們做工夫，才得以照明的。仁心之照明世界，不是靜態的、平面的，而是在實踐中、歷程中，仁者越仁，誠體越誠，連帶仁心誠體所照亮的東西，也越發澄明。因為做誠明的工夫是要與時偕行，因此才說：「誠者，物之終始。」一切都與仁心同在轉化之中。

孔子發現了仁心，立正於人的本位，去照明天地萬物。因此，道不離開人而存在，離開仁心照明的事物亦無從說起，因而也不必說。對於離開人心的神秘之體，我們就讓它歸於沉寂。人要弘揚仁道。既是不離仁心的道，就叫作仁道。孔子說：

人能弘道，非道弘人。

因有仁心，人能夠弘揚仁道；而不是有一個獨立自存之道，來弘揚人的仁心。不是先有一個寂寞的本體，來照明仁心，而是仁心感通天下，照明萬物，而成其道。不過，孔子尚未講到「誠體」，不著重人心的宇宙論意義；他只講仁心仁道，重於人倫之常，重於交通人我。

孔子既發現了仁心，亦即發現了照明一切的根本，而居於廣大中正之位。孔子的偉大之處，在於他的平實，而不出精奇之義。他發現了人，並由此推廣出去，上窮碧落，下達黃泉。就算孔子不發現外在客體，但他已實證了照明的光源。他的形上學理論興趣不強，因而不像西方人那樣先發現了客體，然後折回來發現主體，最後又超於主客相對之上，發現了絕對。後來又因為對於精神把握不住，於是落入了虛無。

總結來說，指點仁心，發現了人的存在，是孔子思想的原初的洞見。人具備了仁心，於是他能感通天下，照明一切存在。至於，後來的儒者或多或少都能把握這一點，雖然他們講的各有偏重，但都能把握以仁為本，以人為萬物樞紐的學問。當然，現代學術產生了一些抽象的純理領域，比如說模態邏輯探討的可能世界，有些哲學家以為這些可能世界是客觀潛存，而獨立於人的認識心的。若我們以仁心為本的觀點去看，一切純理世界，都必為人所感通、所照明。當然，那些客觀實在論者會有異議。但從根本上，難道人能夠脫離以人為本位而討論客觀實在的嗎？以人為本不是最平實真誠的態度嗎？

二

財富

07

雖執鞭之士，吾亦為之

杜佑《通典》是中國第一部體例完備的政書，記載了歷代政治經濟體制的沿革流變。這部史書十分重視經濟活動對於人類社會的影響，於是把〈食貨典〉放在首位，有別於前人把禮樂放在首位的習慣。這大概是因為在現實社會之中，禮樂文化乃建基於經濟活動之上。一開口便說到錢，不但不會使人覺得市儈，而且指出了一個很切身的問題：若沒有財富，怎樣經營國家？就個人而言，人人都需要錢財維持生活，而有了一定的財富之後，才能進行其他更有意義的活動。社會上絕大多數的工作，都是為了賺取財富、維持生計，只因人有會飢餓的腸胃和會感到寒冷的肌膚。因此，人應該工作謀生，通過勞作來賺取金錢。

自孟子以降，儒家學者大多輕視錢財，他們或將利益與道義對立起來，或根本就不談財富的問題。就以孟子為例，他就有「義利之辨」的講法。當梁惠王問孟子能為梁國帶來甚麼好處時，就受到了教訓。孟子說作為一位君王，何必一開口就談利益，利益之外更有道義；再者，如果人人都只考慮自己的好處，國家就維持不了。此外，孟子又以魚與熊掌作為比喻：當魚與熊掌不能兼得，人們就會選取較珍貴的熊掌，而捨棄魚了，就如當道義與生命不能雙全，人就會捨生取義。不但對於生命是如此，而且對於利益亦是這樣。當然，要走到捨生取義這一步，是人生中極端嚴峻的情況，孟子這樣說是為了突出道義的優越性。但是習慣將利益與道義對立起來，並不是明智的做法。況且在人生大多數的情況中，我們還是生命、利益與道義三者兼得的。至少，我們要盡力去維持三者的平衡，而不是一味以道義來抹煞另外兩項，甚至抹煞人生中多種多樣的寶貴事物。

雖然在《論語》之中，孔子也會區分道義與利益，但那不是常態。孔子也教人適當且明智地接受利益。話說《呂氏春秋》記載了兩件事。一次，子貢從外地贖回一個魯人，而根據魯國的法例，他可以得到一筆償金，但是子貢拒絕了。於是，孔子便把子貢召來教訓一番，說他做了這樣的好事而不受回報，如果傳了開去，那麼以後做好事的人怎麼好意思接受回報呢？如果做了好事不得好報，那麼還會有人願意做好事嗎？又說他持著自己家中富裕，而開了壞的先例，實在是好心做壞事！後來，子路救了一個遇溺的人，接受了對方的一隻牛作為禮物。於是孔子說，以後就會有越來越多人做善事了！這兩件事情表示了，就算是接受利益，也可以合乎道義，甚至更有利於世道人情。因此，當我們聽到儒家學說，就不要慣性地排斥利益、輕視金錢，而應該好好地追求財富。

財富也是人生之中具有正面價值的東西，在不與其他重要價值發生衝突的情況之下，我們應該努力追求財富。孔子曾不止一次表示，如果國家政治危亂，社會不穩，你卻撈到利益，達到高位，這是值得羞恥的事；但當國家政治清明，社會繁榮，你卻特別貧窮，而且地位低賤，這也是可恥的事。由此可見，當社會進入小康，大家都走上了發展的道路，過上了富足的生活，唯獨是你落後於他人，這便是你不夠長進，太過懶惰的緣故。因此，落於貧窮就只好怪你自己了。只要是合乎道義，能夠致富的職業，不分貴賤，都可以去做。孔子就曾表示過，為了財富，願意做卑微的工作：

子曰：「富而可求也，雖執鞭之士，吾亦為之。如不可求，從吾所好。」

孔子說：「如果可以致富，雖然是卑微如執鞭的守門人，我都願意去做；否則的話，就跟隨我的志趣愛好。」能夠致富的話，任何正當職業都可以做，而且無須礙於虛榮這種不相干的因素。只因職業的最大目的就在於謀利。然而，當不能致富，那麼我們便該切實地考慮，從事何種工作會獲得最大的價值。只要能糊口，我們便要想到我們的平生志趣了。也只有找到合乎志趣的工作，我們才能一展抱負，並且樂在其中。

雖然孔子生於亂世，並不能在工作中獲取很大的財富，但可以想像如果他生於二十一世紀，很可能會從事智能科技的研發或投資，或者投身金融貿易的職業，哪裡能夠賺大錢便往哪裡去。當然，他亦很可能成為網絡作家，或者開辦網上課程，做他有興趣的教學事業。最上佳的情況是，既能致富，又能實踐志趣；其次是兩者只能選擇其一；再次是兩者都有虧欠，只能夠勉強捱日子；最下流則是連道義都守不住。最重要的是，我們活過充滿意義且無悔的一生。財富亦不過是為這個理想而服務。如果為了小利而失去了重要的價值，那是得不償失。孔子之所以考慮職業能否致富，並和志趣作出比較，是因為有了財富之後，生活寬裕了，我們才有更大的空間去做自己喜歡的事情。

人應當努力追求財富，畢竟他是活在地上，需要物質的支持，而不是生在天上。我們都希望善有善報，總期盼德福合一，這是道德者的善良意願，而且合乎天理人情。但是不必等待來生，能夠做好手上的工作，敬業樂業，又能取得恰當的報酬，過上豐足的生活，那不就是現世的善有善報，不是當眼可見的德福合一嗎？人能夠德行日進，又能累積福報，不是人間的美事嗎？因此，我們當兢兢業業，盡智盡力，追求財富。這可是天經地義的事情呀！由此可知，佔有財產、追求利益不是甚麼罪惡之事。大凡反對百姓自食其力、賺錢營生的學說，都是異端邪說。反之，維護財產權利、鼓勵上進的，都屬於正道。

08

不義而富且貴，於我如浮雲

孟子重視「義利之辨」，也不是完全沒有道理的。這大概是因為財富容易使人生起貪念，而忘記了道義，做不該做的事情。富與貴的確是很多人想得到的東西，貧與賤也是多數人想脫離的事情，於此人很多時會受到誘惑，一時失念便會做起壞事來。順從本能向下墮落是一種重力，而向上提升卻必須用功，是有點難度的。因此，孔子也提點人，君子講求道義，小人講求利益。所謂「君子」，本義是指貴族階級，後來引申為才德兼備的人；所謂「小人」，本義是指地位卑微的平民，後來引申為才德低下、唯利是圖的人物。這裡孔子所說的「君子」與「小人」，應該是就才德的高低而言，不向上精進成為君子，便容易淪為小人，為求利的本能所擺佈。

孟子進一步有「人禽之辨」的主張，人所以有別於禽獸的地方十分微妙，禽獸具有食色的本能，人也為了滿足生物需要而工作，順著自然性好，便會失去「人」的倫理意義。因此，人要逆反過來，不要順勢而動，而要覺悟到人的本性就在於感通，而且能夠知善知惡，並進一步能夠為善去惡。人要成為「人」，成為道德者。所謂「道德」，不是謹守一些別人告訴我們的金科玉律，而是做到內在自決，進而自決地行動。自作主宰，反地心吸力地提升存在的境界，便是道德的核心意義。由是觀之，「道德是自由」乃是分析命題，而當我們能實踐自由，即在具體的情況之中，自決地走出獨一無二的道路，在人倫世界完成一個「人」，那便是真正的仁了。

曾國藩說：「不為聖賢，便為禽獸。」聖賢與禽獸兩種境界，乃處於一條鋼索的兩端，人要從這一端走到那一端，不能停留，否則便會掉下萬丈懸崖，粉身碎骨；而決定我們方向的，乃是道義與利益。我們不能因為追求財富，而行不義的事情，並且要處處提防貪念。人總為自然性好所拉扯，不向上提升，便會墮落，這是再自然不過的事了。人要時時提醒自己，追求財富要合乎道義，不要接受不義之財。孔子就曾說過：

> 不義而富且貴，於我如浮雲。

用不合道義的方法而得到的財富與地位，對我來說就像浮雲一般虛幻。孔子又曾說過：

> 富與貴是人之所欲也，不以其道得之，不處也；貧與賤是人之所惡也，不以其道得之，不去也。君子去仁，惡乎成名？君子無終食之間違仁，造次必於是，顛沛必於是。

富裕與尊貴是人所欲望的東西，不以道義來得到它，不會享有；貧窮與卑賤是人所憎惡的東西，不以道義來擺脫它，不會離開。君子沒有了仁，怎樣成就君子之名呢？君子沒有一頓飯的時間違背仁德，緊急匆促必是如此，顛沛流離也必如此。由於自然性好的力量很大，因此人要時時處處提撕仁心。這裡有一定的緊張性，只要用心做工夫的人都會知道。

面對財富，人要時時省察自己有沒有貪念，追求金錢的時候會否因為不合道義，以致陷於麻木不仁。只要心不至於麻木，而常能感通，那麼就不會受到私慾所蒙蔽。仁心不受私慾所蒙蔽，那麼不刻意遵守道義，就會自然合於道義了。關於這一點，《後漢書》記載了楊震的一件事跡，頗能反映這一點。話說楊震經過昌邑，昌邑令王密半夜密見楊震，並懷著十斤金銀私下餽贈。楊震義正辭嚴地拒絕，王密誘惑他說：「半夜無人知道。」於是，楊震講出了千古名句：「天知，神知，我知，子知。何謂無知？」王密慚愧而退。這就是所謂的「不欺暗室」了。所謂「天知，神知，我知，子知」，就是天地鬼神、人我彼此，都在仁心的感通之中了。仁心既然能夠感通，至於極致，便不受私慾蒙蔽，不囿於一己之偏。只要把握仁心，便能夠從根源上成就道義，面對金錢而不惑了。

人生當以正道追求金錢，成就道義；而成就道義，就要從根本上追求仁心的感通。沒有從根本上枯萎的，而能成就枝葉的，正如沒有真正的感通，就不會成就道德行為。追求財富，無疑是人生的功課，同時是對於人性的一大考驗。人應當警醒，常保持心思惺惺寂寂，於財富而不貪執財富，於物質而不陷溺物質，而常常保持感通。正如耶穌曾比喻地說，富人進入天國，難於駱駝穿過針孔，這可見財富誘人的魔力，容易使人心陷落。就這一點來說，對儒門義理亦然。不過，孔子仍然認為追求財富具有正面的價值，只要不失仁心，以合乎道義的方法賺取金錢，那麼我們須要為此而努力。因為人倫世界及由此而成的文化花果，非常值得我們好好維繫保持，於人間踏實播種耕耘。

由此可知，孔子不從根本上否定經濟活動的價值，只是強調以道義來追求金錢。於是，我們亦能了解孟子「義利之辨」、「人禽之辨」等區分，是因為要強調物質的墮性與提撕仁心的困難。在這種奮鬥的過程之中，其中的甘苦不足為外人道。孔子對於財富的態度，不過寥寥數語，但卻蘊藏深意，耐人尋味。一言以蔽之，對於追求金錢，儒者指出，重要之處就在於維護活潑潑的仁心，感通天下，於宇宙之中敞開自己。一方面，要自我實踐；另一方面，要推己及人；而經濟活動不過是二者的憑藉。仁心就見於具體的行動，包括謀財維生，乃至一切經濟活動。孔子並不阻止別人發財。

09 富貴在天

在古代社會中，最富有的人就是君王，他富有天下，試問誰可比擬？至於齊桓公稱霸諸侯，亦算得上是數一數二的富裕人物了。齊桓公與輔助他的管仲，都是公子哥兒般的性格，二人臭味相投，生活都窮奢極侈，極盡享受之能事。他們在當時便受到了學者的批評。然而，當我們考察一下齊桓公究竟有甚麼地方受人詬病，亦不過是宰了十數隻牛，享用全牛宴罷了。雖然現代人食用牛肉是家常便飯的事，而且吃得十分講究，連甚麼地方出產、吃甚麼部位、怎樣烹調都變出很多花樣，但在古代農業社會中，耕牛卻是重要的資產，不能任意宰殺食用。這就是齊桓公所以為人指摘的地方了。至於管仲受孔子批評，亦不過是因為他有三處住所，享有三套人馬而已。這在現代人看來，亦不過尋常之極，就連一戶普通的小康之家都支付得起，這算是甚麼奢侈呢！

有些考究經濟史的人，往往喜歡把古代的銀錢折算為現代貨幣，他們的算法是以米價來作為中介，看看一定數量的銀錢所能購買的白米數量，可以換算成多少現金。還有一種較為精明的做法，就是以一籃子貨品作為參考，這樣就更能反映實況。由此看來，衡量財富多少，是以它的購買力作為標準。然而，戰國時代，內陸地方難得可以吃到魚類，物以罕為貴，就算是擁有金錢亦難以得到，因此孟子才作了「魚與熊掌」的比喻。又如楊貴妃品嚐嶺南荔枝，談者以為是奢侈的享受，他們怎會想到一千多年之後，就算貧窮人家亦可在市場輕易購得。且不說古人不能以天下錢財，來享受看電影、乘飛機、打電玩、飲汽水、食雪糕的樂趣，就連簡單日常用品都買不到，他們的財富又怎能跟現代人作比較呢？就這一點而言，就算是古代君王，他的財富的購買力也遠遠及不上當代的小康之家。

所謂的財富，有一定的相對性，齊桓公、管仲、楊貴妃的購買力，就未必及得上一個普通的現代都市人。這亦即是說，一個人的購買力是受到時空限制的。在某一觀點上富有的人，如果以另一標準衡量，也可以說是不富有。只因為是否富有，要看他有多少購買力。就這一點來說，並不是靠個人努力所能改變，而可以說是出於盲目的命運，往往沒有道理可說的。況且，一個人是否富裕，與社會時局有莫大關係。當社會昇平，人們生活安定，於是可以較易得到財富，物質條件亦較佳，反之則不然。這也不是一個人的工作業績所能決定的。用佛家的語言來說，他們的財富厚薄是受到時代的共業所影響。這也可以說是出於盲目的命運。

就算是以處於同一時代社會的人來作比較，他們的貧富貴賤，也在很大程度上取決於運氣。比如同是技巧高超的畫家，也可能因為一個人畫風迎合潮流，得到上流社會欣賞，所以作品大賣致富，而另一個卻只能留名後世，生前如梵高一樣貧窮寂寞，而死後畫作的拍賣價錢，卻數以億計。這可見富貴不為人的主觀意志所決定，而常常受到客觀條件，甚至是不可知的因素所影響。據說當年唐君毅逃難香江，身無長物，又不擅營生，於是用了僅有的積蓄於沙田購置田地，打算效法古代隱士晴耕雨讀。誰知唐先生後來任職大學，不但生活步進小康，而且政府決定於新界發展新市鎮，於是地價暴漲，因而致富。這也可見一人所以致富，往往是運氣使然，富貴可遇而不可求。因此，孔子作出了智慧之語：

富貴在天。

所謂「天」，在中國古代思想之中，有很多種意思，其中一種是指盲目的命運，冥冥之中不為人所掌控的力量。比如司馬遷寫《史記》的其中一個目的，就是「究天人之際」，就是探討在國家興衰更替的歷史中，盲目命運與人為努力之間的關係。他在伯夷叔齊的傳記中，就提到顏回早夭、盜跖長壽，而質疑古代「天道無親，常與善人」的教訓。在孔子看來，富貴出於天，應該是指富貴出於不可知悉的偶然因素，簡言之即盲目的命運。

既然巨富不是人力所能求得，所以孔子就說，如果可以致富，執鞭之士他都肯做，否則的話，就跟從自己的志趣愛好。由此看來，孔子還是決定發揮自己的志趣，伸展抱負，從事聖哲之業，而孜孜以求，誨人不倦。這不是說財富沒有正面價值，只不過他知道，因為會被太多未知因素所影響，追求富貴並不明智，所以他才選擇了教學事業。至少實踐仁德，推己及人，是較能自主的事。從這裡可見自主自決在人生之中的重要，我們甚至會為自主自決付出很大的代價，甚至捨棄致富的願望，但這卻是心甘情願的。

我們的知識不足以認識命運，自決力量不足以致富，但智慧卻洞悉自己的無知，仁心卻能自主自決。因此，出於仁德與智慧，孔子捨棄致富的意願，卻要維護人生更為重要的價值。須知財富不是不好，要是天官賜福的話，我們亦不必拒絕。但面對命運，我們所能做的準備，就是修養好自己的才能和德行，以致得到財富時不會驕傲，一無所有時不至頹喪。也許，我們仍可盡最大的努力去發財。正如上一節提到，所有的正當職業都可以去做。只要是保持仁心，實踐仁道，時常感通的話，就可以去幹任何事情。當然，除了仁心之外，人生中具有重要價值的東西還有智慧，即是洞悉命限的智慧；也即是領悟到此生只有一次，要恰當抉擇的智慧；亦即是知道要把握唯一機會，走上一條獨一無二道路的智慧。

10

賜不受命，而貨殖焉

孔子並不太過看重自己的貧富遭遇，他說過君子對於天下的事情，無可無不可，只考慮行動是否合乎道義。既然財富的多寡是受到盲目命運所影響，不是人力所能決定，那麼我們需要智慧去看透這件事。另外，就是我們要有幽默感。所謂的幽默感，來自我們常能以超脫的態度去看事情，包括我們的命遇。唯有能夠超脫，與事物保持適當的距離——你看，我這麼貧窮嗎？是的，但也沒有甚麼大不了，就是這樣的情況啊——這樣我們的心就會不受現實生活的起落所決定，而能夠淡泊明志，寧靜致遠了。也只有不黏滯於事物，我們的心才能躍動，常常保持靈活，並感通天下。只要從根源上保持仁心活潑潑地感通，我們就能知道道義所在。得到財富須要合乎道義，處於困境也要修養自己的仁心。

孔子的學生子貢，又名端木賜，從孔子那裡學成之後，曾在衛國當官。不過他嫌俸祿太過微薄，便在曹、魯之間做買賣，並發了大財。孔子的學生之中，就以子貢最為富裕。原憲居住在極為簡陋的地方，連糟糠都吃不飽，非常貧困。子貢就乘著駟馬並結的車子，攜帶束帛厚禮聘問獻納於諸侯，所到之處，與諸侯分庭抗禮。由於子貢鞍前馬後地輔助，才能使孔子之道得以聞名於天下。司馬遷在《史記》之中就感嘆，這就是得到形勢的幫助而令聲名昭著遠播了嗎？孔子對於子貢非常欣賞，子貢也對孔子十分敬佩，孔子就曾說過：

回也其庶乎，屢空。賜不受命，而貨殖焉，億則屢中。

顏回不是很有德行嗎？但卻十分貧窮。子貢不接受命運的決定，而去貿易經商，對於市場行情判斷準確。在上一節我們提到「富貴在天」，一個人能否致富是受到命運的安排，但子貢卻不接受命運，而憑著驚人的判斷力，做大買賣，並且發了大財，成為富甲一方的人。孔子很欣賞他的才能，對他下海經商一事十分肯定。

子貢成功之後，不但沒有忘記所學，而且不負老師所望，為仁道而努力，把孔子介紹給天下諸侯，使孔子成為國際知名的學者。子貢之所以致富，當然備受考驗，難得的是他富貴之後，不忘初衷，精進不懈，因此他向孔子請教：

子貢曰：「貧而無諂，富而無驕，何如？」子曰：「可也。未若貧而樂道，富而好禮者也。」子貢曰：「《詩》云：『如切如磋，如琢如磨。』其斯之謂與？」子曰：「賜也，始可與言詩已矣！告諸往而知來者。」

子貢問：「貧窮卻不阿諛奉承，富有卻不驕縱傲慢，這樣修養自己，怎麼樣？」子貢由貧入富，經歷了金錢的考驗，由此他自述做工夫的心得。孔子說：「可以，但未及貧窮而安貧樂道，富有而喜好禮義的人。」孔子肯定了子貢的修養，說他過關了，但還有更進一步的工夫要做。在這一句「貧而樂道」之中，有些版本並沒有「道」字。如果這個字是後來加上去的，那麼這個人讀《論語》讀得十分透徹，這個字加得十分精妙。子貢聽到之後，便引用《詩經》中「如切如磋，如琢如磨」一句，表示君子既有好的德行，還須要如璞玉一樣，經過進一步切磋琢磨，精益求精，並以此自況。這可見子貢的口才如此了得，說話之婉約雅達。於是，孔子便說：「子貢呀，可以跟你談《詩經》了，告訴你前面的，你連往後的都知道了！」孔子不但肯定了子貢的美德，就如璞玉一樣，而且讚賞了他的口才，說要跟他談論《詩經》。

由此可見，孔子欣賞能夠靠自己能力致富的人，對於從事貿易的商人亦不反對。實踐仁德的君子，能夠安貧樂道固然高尚，但經歷成功之後，擁有巨富而不被迷惑的，也很難得。須知富人會碰到很多誘惑，這不是一般人所能切身體會的。貧窮就是物質匱乏，只要挺直腰板，就能捱過去。但富人具備優厚的物質條件，心靈容易陷溺於物，爽失它的靈動之性，而變成麻木不仁，這就須要十分警惕。在《管子》一書之中，就曾提到「以物養性」是常道。這就是說普通人都會以物質來奉養生命，吃飯、住屋、穿衣都是為了好好過活。反之，有些人卻顛倒過來，變成了「以性養物」。這就是以生命來追逐物質，放縱欲望，縱情聲色，最終迷失本性，甚至損害生命。而富裕的人條件優厚，較易張致物質，因此容易縱欲，而陷溺其心。這就是富豪所容易有的行為偏差，亦因此在這方面較一般人更受到考驗。

君子愛財，取之有道，用之亦然。一個人若得到了巨富，而為富不仁，最明顯就表現於對財富的貪執，而成為一個守財奴。須知財富是一種有效的工具，它為了人生而服務。貪執的人，心靈失去了靈動之性，不能主宰物質，反受物質的控制。有一種以性養物的人，不但不揮霍無度，反而十分慳儉吝嗇，捨不得用錢。他們不但對人吝嗇，也刻薄自己。只因他們忘記了金錢的意義，而不知善用錢財。反之，他們不惜身命，去積累財富，而且是為了積累而積累，貪多務得，以至於沒有止境。除了金錢之外，守財奴一無所見，不能以財富成就其他的價值，而這就是他們的麻木不仁了。

君子對於錢財，較能超脫，不論貧富，他們都能灑然自足。當然，這種灑脫是有所根本的，而它的根本就在於活動的心。耶穌說，如果一個人贏得世界，但喪失生命，又有甚麼益處呢？謀財固然是人生的功課，善用也是一種修煉。駕馭一筆巨富，不但需要充沛的魄力，而且需要健康的心靈和入世的智慧。由此看來，對於錢財，君子也有他的智、仁、勇三德。而唯有真正的君子，才能不為財富所迷，而能保持心靈自決了。

賢哉回也

面對貧窮，有人選擇反抗，也有人選擇安順。對於孔子來說，人生的價值並不在於擁有很多財富，因為財富只是人生的配角，重要的是不忘人生的主角——那就是你自主的心。心靈充實的人，不會因為物質匱乏而感到空虛，卻會安於平淡，樂天知命，活出不平凡的一生。我們所仰慕的人物，不是那些鉅富土豪，而是歷史上的聖賢與天才。他們在現實中往往失敗，但在歷史長河之中卻成為勝利的英雄。這些人可能十分貧窮，但卻創造出超凡的東西，甚至他的一生就是傑出的作品。我們追尋他們走過的道路，打聽他們的神奇事跡。他們在黑暗之中光芒四射，不像平凡人無聲無色，乏善可陳。人生最可貴的東西，不在於物質，而在於物質承載的精神生命。

我們都不希望度過此生之後，才發現一生汲汲營營，沒有做過幾件重要的事情。不要在踏進墳墓的時候，才發現自己是個不折不扣的悶蛋，一直只是為了維持生存而生存。我們不但要生存，而且更要生活。財富固然可以資助我們，問題是我們的心必須躍動，不受現實環境所決定。況且，真正有意義的東西，很多時不是金錢所能獲致。就如楊絳在《我們仨》中表白，時間不是金錢，而是生命！言下之意，生命的價值不能以財富去衡量，也不要白白以時間去交換金錢。雖然人不能沒有金錢，不能沒有物質作為生活的條件，但那亦不過是條件而已，而不是生活本身。如果我們倚靠的物質條件越多，那麼我們就越無助。因為萬一稍有匱乏，我們便會倒下來，而跌入絕望的深淵之中。所求越少，就越覺充足。我們在心態上所依待的越少，就越是快樂。

孔子也說過食用粗糧，飲白開水，彎著胳膊當作枕頭，生活簡簡單單，仍然不失快樂。這是因為他無待於物，不為窮困所苦。亦只有無待於物，心思超脫，才能夠發現物外之趣。據《論語》所載，不單孔子物質匱乏而活得快樂，顏回也因為安貧樂道而受到孔子稱讚，孔子說：

> 賢哉回也！一簞食，一瓢飲，在陋巷。人不堪其憂，回也不改其樂。

顏回真是有賢德啊！一籃食物，一勺涼水，居住在簡陋的巷子。人們為他的貧窮不勝憂愁，他卻我行我素，不改變他的快樂。這可見人不必依待豐厚的薪金，一樣可以過得很快樂。我們見過富有的人心靈空虛，坐擁金山而不快樂。但卻不曾見心靈充足的人活得憂愁。只因為真正的快樂不在於擁有大量財富，而在於由心而發的喜悅。對於心靈自足的人，只要基本的物質需要得到滿足，甚至就算有一點缺乏，他們仍是自得其樂的。

宋儒就很喜歡討論「尋孔顏樂處」這個話題，究竟是甚麼原因令到孔子與顏回這麼快樂？又究竟是甚麼原因令凡人這麼憂愁？問題出在心靈上，而不是財富上。叔本華曾經指出，財富有如海水，越飲越渴。只因人的心靈，總是超出現實所有，而推想到更多。比如你擁有千萬財富，就會想到上億的金錢，而當你擁有上億金錢，你又仍不滿足。因為你的想像總是剛好超過了現實所有，所以才會陷入無止境的欲求。叔本華又指出，如果要判斷一個人是否富足，只考慮他所擁有的財富而不考慮他心中的欲望，那就像計算分數時只看分子而不看分母一樣。由此可見，心靈充足的人不能一味向外追逐，而要安於自身所有。既是貧窮，就安於貧窮。問題仍不在於你是否放棄賺取更多金錢，而在於你是否能夠處於任何情況都心安理得。重要的是能夠安心。

孔子曾經跟子貢說過，貧窮而不希罕金錢，不阿諛奉承，仍然不是最高境界；更進一步的修養在於能夠安貧樂道——因為你心中有道而快樂。孔子與顏回的快樂，就在於他們心中有道，明白到人生的歸宿。人生的意義是甚麼？就在於發現真正的自我，發現仁心，而且能在感通之中踐行仁道。如果一個人能安於仁德，他就能安貧樂道。孔子說他樂於學習，就是樂於仁學；顏回可能境界還要高一點，他是自樂其德，就是因內在自足，而感到快樂。關於這點，我們也不好說得太過高遠。比如一個鐵路迷，只要能夠搜尋鐵路的資訊，又能常常乘搭火車，漫遊鐵路，他吃得簡單一點，在其他方面匱乏一點，是不成問題的。只要接觸鐵路，他就不改快樂。這時他沉醉於自己的喜好，不因外在環境而變化心境。而孔子就好比沉醉於學問的仁者，而顏回就更進一步，完全沉浸在與天地萬物感通的境界之中。一般人感通了還要著於事物，而孔子顏回就因領悟到仁心而感到喜悅。

因事物而快樂，仍然有待於物，因此會受變化影響而失去快樂。至於，因為自己的德行而感到快樂，這便可以無待於物，只要安於仁道，滿足於自主自決的心，就算失去財富，乃至損失生命，他仍然會不失安寧愉悅的。當然，這是仁者的境界。對一般人來說，他們未必做到這一點。但我們必須明白，人生的立足點，不在於外在的事物，而在於自主自決的仁心；生命的意義不全在於擁有財富，而在於如何走出一條自主自決的道路，那就是仁道。「仁」看似是很遙遠，其實十分切近人身。只要我們反身自誠，就會發現孔子講的非常實際——重要的不是賺取更多的財富，而是在於能夠自決怎樣走下去，以及自決如何使自己獲得快樂，而且活得有意義。雖然這成為了老生常談，但是仍不得不這樣說：人生不在於得到甚麼，而在於成就甚麼。

三名

12

君君，臣臣，父父，子子

談到「名」，有一定的複雜性。名原是指事物的名稱，後來因為思想家循名求實，才產生了名分的意思。有了名稱，就有相應的本分，這就好像名實之間有一種一一對應的標籤關係。這是非常樸素的語言哲學。但我們在這裡不詳細探討語言哲學的問題，而只是指出一點：有些名言概念不一定具有標籤作用，比如「東」、「南」、「西」、「北」等，就不是指涉一個抽象的實體，而是相對於被給予的參考坐標，指出與指南針所指方向的相關的方位。然而，在社會哲學上，孔子卻認為相對一定的名號，就有相應的分位，而所謂的「正名」之說，也就是恢復名實關係的思想。因此，當齊景公問孔子執政的方法時，孔子就回答：

君君，臣臣，父父，子子。

就是有「君」之名，就要做好君主的本分；有「臣」之名，就要擔當臣子的責任；乃至「父」「子」及其他名分亦然。齊景公聽到之後，大為讚嘆，並回答說：「如果君不君，臣不臣，父不父，子不子，那麼就算有很多糧食，我還會吃到嗎？」孔子這樣的回答，好像隱藏了一種本質主義，即認為大凡一種事物之所以用某一概念名言來指稱，都由它的本質所使然。就如稱作「君」的，就有君之所以成為君的特質。當然，我們可以不必如此理解。名號與分位只是就一定的社會情況，由人們對相關人物的期望，所約定的名稱、身分與社會角色和責任的關係。這亦即是說，一切名分都是約定俗成的。

所謂「名」，固然有一定的客觀性，成於人互相毀譽的現象。但毀譽現象之所以出現，從根本上即具有一定的主觀性。一方面，人會有求譽避毀的心理事實，如小孩喜歡人家稱讚，就是生來的自然性好；另一方面，人會對他人的言行品質產生好惡之情，進而產生毀譽。由此可見，在最初一步，名之所以產生，就在於人會在他人的心中留下印象，而又互相生出好惡之情。人之存在，不只是在其自己之在，而是心靈會投向他人，感通他人。此外，名之產生，不只是主觀之事，而是互為主觀，而具有客觀性。不但我在他人心中留下印象，而使我受到他人的好惡，而我心亦投向他人，又對他人生出毀譽。再者，我對於所得之名，又能生出不同的判斷，具有不同的態度，而對於毀譽加以毀譽，這就構成一大毀譽的網羅。人可以求脫離社會，但卻不能禁止他人對自己生出毀譽。這就如唐君毅所言，人總不能脫離毀譽之網。這是因為，人一旦為人認識，必然就在他人心中佔一地位，並得到或善或惡的名聲；人之在他人心中佔一地位，即具有一定的客觀性。由此可見，人不能只是在其自己的存在，而且是對其自己的存在，不像死物一樣封限於自身的存在，而是投向他人，感通天下；而人心又不能只具有主觀性，只對他人留下印象，而又為他人所認識，在他人心中佔有位置，故此人心與人心之間，乃是一種互為主觀的關係，並具有客觀性。人之所以成為「人」，就在於他踏出了主觀性，得到了名，而成為倫理的存在。

人們以名相贈，即見人是社會倫理的存在，而人之求譽避毀及對他人生起好惡之情的心理事實，即是這一社會現象的主觀性根源。人心之兼具主觀性與客觀性，即在人之存在能超出它自己，人心與人心之間能夠互相感通，因此名的現象是仁心的體現。若然人沒有仁心，不會躍動起來，敞開自己，走向世界，那麼他與他人亦不會建立關係，而不能成就具有客觀性的倫理。名即是人的存在在他人之心的倒映，這種現象兼具真實性與虛妄性。人具有某種品質，比如思考靈銳，人即按其喜好之心賞譽之，或因嫉妒而詆毀之，但在根本上這個人在他人心中留下的印象，可以合於事實，而同時又可以不合於事實。這即是說，人們以善名譽人，或以惡名毀人，皆可具有真實性與虛妄性。這一來是來自人的認識能力的不足，不能對人有全面的了解；二來人的好惡之情又會幫助或阻礙他對別人有正確的判斷。比如《呂氏春秋》就有一則寓言，話說有人遺失了斧頭，卻懷疑鄰居的兒子偷了，於是看鄰居兒子的言行舉動，都是賊形賊相的。直至那人在山谷裡掘土，發現了自己的斧頭，才疑慮盡消，再看鄰居兒子的形相，也不再像賊子了。這可見人對別人的判斷，可以是虛假的。名之於人心，亦復如是。

正是由於人的判斷具有虛妄性，人在人心中的名也具有虛妄性。此外，人亦可能因為要邀譽於人，因而假冒偽善。人天生就有好名的傾向，這就像兒童喜歡人家稱讚一樣，是一種求譽避毀心理現象的延伸。也有人沽名釣譽，一方面佔據了善名，另一方面行不善之事。正因為世間有很多名實不副的情況，於是名帶有虛幻性。人佔有了虛名，而行不實之事，致令政治混亂，禮樂崩壞，於是孔子提出了「正名」的思想。他呼籲世人撥亂反正，恢復名分的真實性。這是因為名代表人心與人心的交通，孔子極力提倡仁說，勸告天下人回復內在的真實性，讓人過著「人」的生活。也只有回歸仁道，天下人才有善的道路可走，而正名只是一端。名實相副只是表面的，重要的是仁心的感通，以及人與人之間的真實交往。而當人貪佔虛名，或假冒偽善之時，他的心便被私慾蒙蔽，而痲木不仁了。

名具有客觀性，不是個人主觀能力所能主宰的。雖然名具有虛幻性，但它卻是源自人的真實本性，以仁心為根本。孔子就非常看重人心與人心的交通，又知道不能根絕名的現象，於是他奔走天下，勸人以善，教人正名。正名，是要扶正天下人心，撥反世道，補弊起廢，為人倫世界而努力。須知一個人具有名分，不是他一個人的私事而已，而是天下人共同的事。名之為物，不但源自主觀原則，同時具有客觀性。因此，匡正一個人的名分，就是為人所共同構成的客觀世界而努力，同時也是為了仁道而努力。仁就存在於人與人之間。

13

名不正，則言不順

一般來說，「名」這個概念在社會政治哲學上具有多層意義，可以指名號、本分、地位，及由此等事物而生的權力和勢力，而這一切都在孔子的討論之中。名具有客觀性，人於眾人心中佔有一定的地位，那麼他就會具備影響力，從而享有權勢。權勢是名的延伸，比名號、本分、地位更具有客觀性。人之享有權勢，不但在於他在眾人心中佔有地位，更由於眾人所約定的社會體制，賦予他一定的主宰能力和影響能力。人在社會上發起群眾運動，掀起軒然大波，即在於眾人受他主宰影響，即他不只在人心中佔據高位，而且被賦予了權勢。權勢比名分、地位更不為主觀意志所左右，因而更具客觀性。因此，一位享有權勢的政客，要比只享有高位的君王，更具客觀性。政客對人的主宰影響能力越大，他便越具有客觀性。名位權勢是天下的公器，因此孔子提出「正名」的思想。正因為名位權勢具有客觀性，影響百姓福祉，所以為政者在這方面必須謹慎認真，端正莊重，而不能輕率苟且。

孔子離開魯國之後，曾訪問衛國，他在那裡就受到享有高位的衛君，以及擁有實際權勢的王孫賈爭相拉攏。於是，子路便問孔子：「如果你受到衛君重用，你首先會做些甚麼？」孔子回答：「一定是正名了！」子路便說孔子迂腐。然後，孔子就批評子路不懂，勸戒他不要亂說，又進一步解釋：

名不正，則言不順；言不順，則事不成；事不成，則禮樂不興；禮樂不興，則刑罰不中；刑罰不中，則民無所措手足。故君子名之必可言也，言之必可行也。君子於其言，無所苟而已矣。

名分不正當，政令就不能順暢下達；政令不能順暢下達，政事就辦不成；政事辦不成，禮樂就不會興盛；禮樂不興盛，刑罰也不會中肯；刑罰不中肯，百姓就會不知怎樣安放他們的手腳了。因此為政者必然要有名分可以下達政令，下達政令就必然要可以實行。執政者於他的政令，不會苟且亂來的。孔子之所以這樣說，正是針對衛國國情。名位權勢不能統一，對於國家政治會帶來很大的傷害。因為政出多門，沒有了統一的標準，百姓就會無所適從了，所以孔子才誇張地說，如果不正名，人們就會不知怎樣安放他們的手腳了。

名位權勢具有客觀性，是天下公器，因此不可以假手於人。若然將名位假借於人，這會令政治混亂，社會不穩，影響百姓的生活。因此，孔子才主張正名，而所謂正名，就必須具體地實施於禮儀器物之上。《左傳》記載了一件事，孔子提出了相關的意見。話說衛國的孫桓子攻打齊國，戰敗而受敵人追擊，新築大夫仲叔于奚救了孫桓子，孫桓子因此得以脫免於難。於是，衛國賞賜仲叔于奚封地，但他卻拒絕了，卻要求賞賜他一種叫做「曲懸」的樂器以及上朝時馬車可以「繁纓」來裝飾。雖然這是僭越禮制的，但是衛君允許了。孔子聽到了便說：「可惜啊！不如多賜給他封地，唯獨器物與名位不可以假借於人，而必須由君主掌管。名位產生威信，威信才能保有器物，器物包藏禮制，禮制用以實行道義，道義才能生出正當利益，有了正當利益才能統治百姓，這是為政的關節。如果將器物與名位假借於人，等於將國政假借於人。失去國政，就會失去國家，這是難以抵擋的。」由此可見，名位體現於具體的禮儀器物，因此為政者不能不謹慎，而不能苟且行事。名位本是由人心與人心之間的互為主觀性，而生出的客觀事物。這種客觀事物又必具體著實於器物之上，而所謂的器物，具有了禮義精神，而成為仁心的符徵。因此，正名必須從物質世界開始，而始於器物的管理安排。

關於名位權勢具有客觀性，因此要嚴正上下之名這一點來說，司馬光完全繼承了這種正名主張。在撰寫《資治通鑑》時，開首就借周天子承認三家爵位大發議論。他指出為政者必須維持禮制，維持禮制就以分別職分為最重要，分別職分又以辨別名號為最重要。他又指出：「君臣之禮敗壞之後，天下就以智慧力量互相稱雄，於是令到聖賢的後代，即是那些做諸侯的，國家無不滅絕，百姓生靈塗炭，這不是很悲哀嗎？」名位既具有客觀性，即用以維繫人倫世界，令社會安穩，使秩序井然。一旦客觀的名位受到損害，社會秩序就會受到干擾，人倫世界就會失去合理的安排，致令土崩瓦解，天下人歸於互相爭勝角力。

既然名位具有客觀性，又在政治運作上具有實際效用，因此孔子才會覺得為政之道，首重正名。名號與本分相應，地位正當，連帶權勢等延伸部分都得到合理安排，不但社會穩定，人心亦能安於仁，而不必返於以智識物力較量的原始狀態。社會秩序之所以重要，就在於它能維持人與人的交通，而歸宿於仁德。

由是觀之，名位權勢之為物，於客觀的人倫世界之中，具有必然性。人與人既然互相交通，人的影子就會存於他人之心，而留下印象，並佔據地位。由此就產生了名位權勢，也就產生了政治體制。這些都是人心的客觀表現，而體現了仁。因此，人需要一種智慧，去洞悉名位的先天成素，才能了解正名的本意。而不能只視正名為一種現實上的、暫時的策略，而代之以其他現實上的手段。這種「不能」，不是說經驗上你不能如此，而是說在道理上不該如此。人心之求對世界敞開自己，與人交往，這是人的先天本性。因此，應當去除所有妨害人實踐本性的因素。雖然名在現實上帶有虛假的性質，但它在本質上卻源自人心之仁。要實踐人心之仁，令人與人好好相遇來往，就必須努力去除錯誤。於此，在客觀政治上，就須要由正名做起。

14

君子去仁，惡乎成名

名帶有一定的虛幻性，雖然名聲能夠在一定的程度上反映一個人的才德，但只靠耳朵，我們難以真正認識一個人。只因名聲可以是虛假的，而且人們往往會誇大事實，甚或製造謠言，對他人產生不良的影響。所謂「謠言止於智者」，這句話就是教人多用眼睛去看清實際情況，而不要去傳遞未經證實的傳聞。謠言之所以容易流傳，就在於人喜歡諸事八卦，又喜歡說長道短。海德格在《存在與時間》中指出，人在非本真的狀態之中，喜歡閒聊，而言不及義。他們在好奇心的驅使之下，只要是外界有些甚麼訊息，都照單全收，然後又在不經自覺的情況之下，風聞言事，遊談無根。這時人與人的交往流於表面，而不是出自真實本性。他們人云亦云，隨波逐流，受社會及心理條件所決定，不是出自真正的感通；因為他們沉淪在閒談之中，迷失於日常的紛紜瑣事，而沒有自覺自己的言行，更不要說提撕仁心，從而達到內在的自決。反而，人們對於自我與他人一無所覺，而陷於麻木不仁。這種交往似感通而非感通，並且往往是失去當下現在的。在閒談之中，人們任由時光流逝，談甚麼都好，好能逃避自由。保持警醒是困難的，隨時推移是輕鬆的。

虛名容易流傳，只因一方面人心容易墮落，而陷於對世界的麻木，另一方面人心不安於本分，卻又遊目四顧，找尋刺激。因此，他們喜歡眩人眼目的東西，追求層出不窮的變化，並在小玩意上變出很多花樣，但那是廣度的、平面上延展的、過眼雲煙的，而忘記了生命的深度。這是似感通而非真正的感通。根據天生的本性，人心喜歡投向外界事物，不能稍為停止休息。人們不但在日間留駐於外在的資訊，就連在睡夢之中，仍然不斷處理日間的訊息，無時或止。然而，真正的仁心是一種內在的自決，它要求自作主宰，而從機械條件之中躍起，追問存在的意義。仁者不但叩問自己，而且叩問他人，更叩問天地萬物。這時仁者滿心而發，對世界敞開自己，致令世界進入澄明之境。在感通之中，人把握心的能動性、自主性，而投向世界，不是停留於事物的表面，而是透入世界的核心。他們不再只是接受無關痛癢的資訊，不只是受好奇心所驅使，而是與他人他物息息相關，喚醒事物的真性。所謂「世界的核心」，不是指物理空間上的事物內部，而是指在諸事八卦的態度之外，人進一步認識萬物的深層意義。仁心照明世界，世界亦澄明起來。

對於一位君子來說，雖然他不能完全成就仁者之境，即不能全然把握內在自決的能力，但是他卻能保持警醒，而常常自覺這顆自決的心。當然，這種自覺的能力，與內在的自決，就只有一線之差。我決定去自決，這是內在的自決，雖然我不能真的於現實上自決，但在根本上這便是仁心的端倪。而當我去自覺這種自決的能力，保持警覺時，至少我的心是空靈的，也體現一定的自由，而同時根本上也是仁心的端倪。然而，保持自覺與內在自決還有很微妙的分別，這就在於著力決意的程度。內在的自決，亦即決定去自決，不只是一種觀照或自我認識，而同時是一種實踐，或實踐的開始。只要我決定去自決，在這一刻，我便自決了。另外，當我去觀照這顆仁心，保持警醒，這時我的心雖也從被決定的俗流中超脫出來，因為當我知道自己是自由的，我便是自由的。然而，僅是知道自由的自由，尚未是決意實踐自由的自由，但也不離仁心，而且是內在自決的根本。觀照自由是一種智慧，而實踐自由就是一種仁德。雖然二者有一點點分別，但是在實踐自由的心境上，亦不過是一步之差而已。

雖然對於一位君子來說，他的名聲也不是他能自主的，他不能決定眾人之口怎樣說他，甚至不能決定在他人心中留下甚麼印象；但是如果他要成就真正的君子名聲，首先他要成為一位君子。這就是孔子提出的正名思想。正如孔子所說：

君子去仁，惡乎成名？

如果君子離開仁德，怎麼能夠成就君子之名呢？要成就君子的名聲，就要有君子的實質，我們先要成為一位真正的君子。而君子之所以成為君子，雖然他不能完全實踐仁德，但是至少保持警覺，亦即是提撕仁心，對仁者的境界有所追求。也就是自覺有這一種對於仁德的追求，這使君子脫離俗流，而更接近仁。一個人能夠自覺自由的心，這使他不沉淪於人云亦云、隨波逐流的狀態，也不會陷於受環境左右的被動心境，而能保持獨立的人格，成為一位君子。因此，君子總離不開仁，而離開了仁，難道還是一位君子嗎？還憑藉甚麼來成就君子的名聲呢？

君子不追求虛名，也不要求別人必然對自己的品格有真實的認識。君子要實至名歸，因此他必須玉成自己，具備作為一位君子的實質。馮友蘭曾經說，孔子的「正名」主張，其實是「正實」的思想。因為，按一個人的名來要求他的實質，這即是說，名雖然重要，但更重要的是，要求各人做好他的本分，並具備應有的才德。對於君子來說，亦是如此。一個人要成就君子之名，就先要自問，他有沒有君子的才德。這種自我叩問，使他的心由向外投放，反過來省察自心，深入自己的存在。這時，他便從外在廣度的認識，轉向內在的深度。一個人也只有收斂精神，向內探索，才能發現自己的本心，或至少對於自心有所觀照。也只有反向的內省，人才能不隨波逐流，才能成就獨立的人格。因此，說「正名」是「正實」也不為過。然而，孔子還是很重視名的。因為人的內在追求屬於主觀的事，而名卻具有客觀性。孔子重視主觀的內省之外，也重視人心與人心之間的感通，因而亦重視人倫世界的客觀性質。

15 不患人之不己知，患不知人也

名具有客觀性，是人心與人心相交的結果。名之為物，即在於人互相感通，在彼此心中留下印象。通過名聲，我們甚至可以對陌生人有所認識。比如我們都沒有見過秦始皇，但卻可通過他的大名，知道他的種種事跡。名是一個人由主觀的存在走入客觀的人倫世界的一條通道，因此名要比身體更具客觀性。雖然人的精神交往很多時是透過身體，我看見對方、觸碰到對方的身體，並以此為媒介，與他人的精神溝通。而名聲就是人身的延伸，雖然我看不見彼方的身體，但通過名聲的傳播，我認識了歷史人物。名聲使人的形象存在於眾人之心，它要比一副朽骨更為客觀化，更具存在性。我們都會朽壞，只有少數人能夠青史留名，為後世的人所認識，長存不朽。

因此，一個人總渴望為他人所認識，總渴望得到大名。就如飲食是人的需求一樣，求名也是人的精神需求。通過求名，我要在他人心中佔一地位，不但使他人認識我，而且長久記憶著我。正如桓溫所言，縱不能留芳百世，也要遺臭萬年。通過或善或惡的名聲，人能夠存活於他人的心中，並在大心之中佔一位置。威廉·詹姆士曾說，越是偉大的人物，求名之心越是熾熱。這是因為偉大的人大多希望擴張他的存在，於別人心中存活。這並不在於他本人是否在生，亦不在於他是否泉下有知，而只在於他希望客觀化他自己，擴充他的存在。也只有心量及於客觀的人倫世界，一個人才會希望獲得大名，並為大眾所認識。因此，偉大的英雄人物總希望名垂不朽。

然而，並不是所有偉大的人物都能夠得到客觀世界的認識，不必能在眾人之心留下深刻印象，並佔據重要的位置。君子的才德也不必為人所了解，因而君子也不一定能夠獲取大名。名帶有一定的虛幻性，人心可對他人有錯誤的認識，甚至對於君子的賢能一無所知。在獲得大名的英雄背後，有多少賢能的人默默努力，而又默默無聞？一個人的才德，不必然能夠在客觀世界得到認證。只因我的努力可為我所自主，而具有主觀性，卻不必能夠被他人所知道，而獲得客觀性。主觀性與客觀性之間，並不具有一一對應的關係。一個人之所以獲得大名，其中具有偶然性。君子所能做到的，就只有自主的一面，通過努力而成就自己，至於是否為世人所認識，卻是無可奈何，而要訴諸機緣了。

正因為大名具有一定的偶然性、虛幻性，就算是有才德的君子，也要等待人來認識。孔子知道君子能夠自主仁心，但卻不能勉強客觀世界，不能主宰他人之心。因此，孔子教人一種幽默的智慧，說：

不患人之不己知，患不知人也。

作為一位君子，不必憂慮別人不了解自己，只怕自己不了解人。君子既不能自主在客觀世界獲得大名，因此對於名聲一事，也只好淡然處之。對於盲目的命運，也只好安順了。仁者不必在客觀世界佔據重要的位置，而只能在主觀的自心中自作主宰，所以大富大貴皆不是君子所希求。因此，孟子才有「天爵」之說。人間的名位，所謂帝王將相、公卿大夫，即是「人爵」，不是君子所求；反之，仁義道德，即是「天爵」，卻能由自己作主。因此，人當追求天爵，而不是人爵。

孔子在前半句提到了幽默的智慧，後半句卻提醒人要了解他人。這是因為君子重視人與人交織而成的人倫世界，也重視客觀存在，所以要努力改善它。所謂客觀世界，乃由人互為主觀所構成，而人倫世界是由每個人的參與而建立。因此，要玉成客觀世界，我也有我的責任所在。如果沒有了每個人的主觀努力，客觀世界將會瓦解，所以要改善客觀世界，就由每個人的自我要求做起。客觀世界是否變得更合於理想，君子認為要從自身做起。他人不了解我的才德，不是我所能控制，但我是否了解他人，這是我能夠努力的。關鍵仍在於感通。仁者要感通他人，以仁愛為懷。仁者不但自我努力，同時為他人努力，而這兩方面於仁者而言，並不是截然不同的兩件事情。我越感通他人，就越能發揮自己的本心，實踐仁德。「仁」是由二人所構成，仁德就是人心與人心的感通。他人不了解我，並不妨礙我認識他人。

從得不到名聲一事，孔子指點仁心，喚醒人的感通能力。我不在客觀世界佔據位置，我心卻能包藏客觀世界，感通他人。了解他人的才德，使人或多或少得到肯定，獲取名聲，這只是一端。重要的是仁，是感通天下。牟宗三曾批評杜甫的詩流於窮苦，但瑕不掩瑜，這無礙杜甫是詩家的聖者。他之所以被譽為聖者，就在於詩中流露了悲天憫人的深情。在《茅屋為秋風所破歌》之中，杜甫失去了安居之所，年老無靠，為孩童所欺，卻仍然懷有「安得廣廈千萬間，大庇天下寒士俱歡顏」的心願。他受餒餓寒冷，卻為天下貧窮之士發願。聖之為聖，就在於「己欲立而立人，己欲達而達人」的胸懷，而在於感通。由自己的失意，而關心同是失意的人；由自己的才德不被了解，而想到了解他人。雖然我不能主宰客觀世界，但我仍然能為人倫世界而努力。

雖然君子也許不被人了解，一生只能默默無聞，但對於享有大名，他卻能漠然淡泊。然而，君子卻不放棄了解他人。君子之了解他人，既是主觀之事，同時也是客觀之事，只因我的主觀努力，也構成客觀世界的一部分。在現實上，君子不必能獲得大名，於人心佔有位置，因而取得客觀性；然而，君子另有客觀化他自己的道路，這就在於感通他人，使人獲得名聲，令自己的善良意願實現於人倫社會，從而改善客觀世界。了解他人，也是君子客觀化他自己的道路。

16 子見南子

名譽是人格的防線。對於一位君子來說，他可以沒有盛大的名聲，但卻不可失去名譽。因為君子不需要大眾都了解他，但卻不可接受別人的污衊侮辱。人須要保護自己的人格尊嚴，就要珍視他的名譽。名聲的傳揚可使一個人為陌生人所認識，保持名譽卻可使君子的人格受到基本的肯定，能夠立足於社會，行走自己的道路。好的名聲可以是錦上添花，甚至令人的事業更上層樓，而名譽卻是人格的保證，是事業大廈的基礎。若一個人得到名聲，卻失去名譽，那麼連他的名聲都會變壞。一旦名譽受損，再多的名聲都不能補救損失。因此之故，君子不必擁有大名，但卻要盡最大的努力保護自己的名譽，以免人格尊嚴受到損害。

名聲使人的存在客觀化，而名譽亦具有客觀性，使君子的人格在眾人之中受到肯定。名之為物，是人倫世界的事物，由人心光相照，彼此認識之後所產生的。一個人在社會上行走，名譽是他的通行證，可以使人處處得到信任。名之為物，同時具有主觀性，人總須與他人交往，並希望得到別人的認可，而須要擁有名譽。這是人的精神需要，一如飲食是身體需要一樣。因此，就人的主觀一面來說，也需要名譽來滿足精神需要。因此，一個人做了有害於社會的惡事，人即定之以惡名，剝奪他的名譽，那要比起其他刑罰，更為傷害那人的精神生命。人不能自絕於人倫，否則他的精神將會枯死。這就猶如離開了大樹，花果自然飄零。因此，對一個人最惡毒的刑罰，是使他失去名譽，徹底與他人的精神隔閡，不受重視。我們可以想像，如果整個社會都敵視你，朋友清算你，家人批鬥你，兒女數落你，那會將一個人趕上絕路。史賓諾莎之受教會逼害，受社會隔絕，那種煎熬是何等難耐！因此，人需要名譽，那不但是客觀的人格尊嚴防線，而且是人的主觀精神需要。

南子是衛靈公的夫人，是一名絕色美女，但為人卻淫佚放蕩，名聲極壞。她本是宋國人，曾與公子朝私通，後來嫁給衛靈公，受到百般寵愛，以致她弄權亂政，翻雲覆雨。孔子到衛國訪問時，南子就多次邀請孔子會面。她說，如果孔子重視衛國國君的話，就不得不見見她。為了保持基本的禮貌，孔子只好應邀。關於這次會面，《史記》有詳細的描述。話說南子隔著簾幕與孔子見面，孔子聽到她身上的珮環錚錚作響。至於他們談的是甚麼，卻無從得知。這件事令人浮想聯翩，不少文學家更大做文章，將之寫成香豔故事，林語堂更視此為幽默。其實，對於孔子會見南子一事，當時的人已有所議論，更使孔子發誓維護自己的名譽。在《論語》之中，就有這樣的記載：

子見南子，子路不說。夫子矢之曰：「予所否者，天厭之！天厭之！」

孔子會見南子，子路感到不快。於是孔子發誓說：「我若是做了不該做的事情，上天也討厭我！上天也討厭我！」南子與孔子不在廟堂上相見，而是私下會面，況且堂堂大學者與聲名狼藉的女人交往，不能不使人議論紛紛。子路性格爽直，他敬愛孔子，尊重孔子，所以當聽到別人的流言，就感到非常不悅。我們可以想像，他甚至當面質問孔子。於是孔子當天發誓，事情並不如別人所說的，他並沒有犯下過錯，也沒有做不該做的事情。孔子為了保護自己的名譽，更不惜以上天的名義發誓，可見當時流言傳聞嚴重，而他不甘受人中傷。

人應該愛惜羽毛，珍視名譽，決不能讓惡名加諸己身，更要小心流言。君子立身處世，雖然不必聲名遠播，但卻需要良好的名譽，這是為了他的事業著想。若然孔子名譽受損，身負惡名，他的事業亦會因而受到傷害，理想也不能達成。由此我們才看到孔子以誓言來澄清誤會，防止流言蔓延。這可見孔子杜漸防微，不讓人言蠶食他的名譽。子貢對此也有心得，他說歷史上的紂王並不是那麼壞的，只是後人繪影繪聲，增加了他的惡名而矣；因此君子討厭居於下流，因為如此的話，天下的惡名都會歸於他了。這是說人言可畏，我們不能不提防。因此，君子擇善而處，決不同流合污，而以清流自居。

由此可見，孔子有一種洞悉世情的智慧。在流俗世間，大多數人都憑耳食傳聞去下判斷，況且就算是有心弄清一件事的始終本末，也不是很多人有相應的判斷力。因此，一個人就不得不珍惜名譽。名譽可使一個人的人格，得到客觀世界的肯定，能使人屹立於社會而不倒。一個人要事業成功，聲名遠播，首先就要有良好的名譽。名譽就如大廈的地基，是事業和名聲的基礎。反之，一個人名譽不佳，天下的惡名也就會歸於他。人因一件事而名譽受損，很容易就會變成聲名狼藉。只因人大都有墮性，並不能善用頭腦分析，不能事事獨立思考，而有個人的判斷，只能人云亦云，大眾討厭他也討厭，大眾憤怒他也憤怒，大眾聲討他也聲討。古斯塔夫．勒龐的群眾心理學就指出，當進入群眾，一個人的智商就會大幅下降。這是因為他以群眾的意見取代了冷靜思考，不再獨立判斷事情。因此，人要提防大眾給予惡名。

名譽既是人於人倫世界的立足點，沒有了名譽，別人對於我的人格無從肯定，我也沒有辦法維護一己尊嚴。當然，名譽是抽象的，而通過名譽，我們並不能對於一個人的人格有深切具體的了解。名譽只是別人認識我的必要條件。我們的認識能力有限，並不能對每人每事都有所了解，但通過名譽，我們對於別人可以有普遍的認識。名譽是一種普遍的社會肯定，也是抽象的人格尊嚴防線。只要不犯下大錯，一個人還是能夠保持良好的名譽。因此，名譽是一種資格，能使我們得到基本的社會地位，過一種普通人的社會生活。反之，人就會受到很大的損害，所以人要極力維護名譽。

四　立志

17

吾十有五而志於學

有人說過春天萬物復甦，生機勃發，最適合讀《論語》。當然，諷誦孔子之語使人如沐春風，心志勃發，意氣飛揚，並由此喚起一種自內而發的力量，而仁就是生發的泉源。植物種子的核心也稱作「仁」，例如柏子仁、松子仁，醫學家徐靈胎在注解《神農本草經》時，就提到人生之理在於仁，仁藏於心，而草木的生機亦藏於仁，因此草木之仁能養心氣。仁是一種生命的力量，就像草木的生機藏於種子一樣，只要加以適當的培養，當條件成熟，它就能茁壯成長，並可以成為一棵參天大樹。因此，春天讀《論語》，可提起人的意志和理想，而少年時讀《論語》，可令人希聖希賢，終身不忘。

仁是一種生機，亦是純亦不已的力量，而一切人生的理想與實踐皆源於此。當人決定去自決的時候，仁心就透露了。這即是說，當人立志去自主人生時，就是自我實踐的開始，亦即是創造的開端，而仁就是這種創造的力量。因此，人於少年時，在他尚未能足以自立於社會之前，就要立志。當一個人下定決心去自主他的人生的時候，就如種子的仁破開硬殼，顯露生命的端倪了。志是心之所向，決定理想的型態和人生的大方向，人立下志向，不但為自己決定現實生活上的目的，甚至是為自己與他的生活世界立下終極目的。現實人生中的種種行動，都為了實現生活的目的，而人的實踐與他實踐時所接觸的萬事萬物，都向終極目的而趨近，而成一和諧。如一位畫家的終極目的是要表現天地的大美，那麼他吃的一飯一粥，他所看到的一草一木，莫不籠罩於他的理想之下，成為他實踐終極目的歷程的一部分，而使宇宙萬物與之成一和諧。簡而言之，仁總攝萬物。

佛教討論佛因與佛果，亦是這個道理。一個有情生命發菩提心時，他立下志向究竟成佛。就他這個究竟成佛的終極目的而言，他的一切修行，連帶他修行時所經歷的一一事物，都向佛果而趨，而終成為佛法身的體現；而這個佛果又是他起步修行的動力，而倒過來成為佛因。因此，佛性出纏就成為遍滿常的佛法身，佛法身在纏就是含攝恆沙佛法的佛性。因此，要討論一個有情生命是否具有佛性，跟討論一個人是否具有心臟，是不同的。禪門祖師教人領悟自性，就在於菩提心發動之處去體會。正如只要人立下志向，他就會以成就理想為他實踐的動力，因而有了實踐的因與成就的果。然而，這時再談因談果，亦不過是我們太過習慣用這一範疇去區分事物。不作概念分別，無因無果，善始善終，一切都在仁心的涵攝之中。

也只有人，才能對世界敞開他自己，投向外物，又返回自己；仁心照明世界，使萬物澄明。也只有人，才能立志，人心之志能貫通人的過去、現在與未來。正因為有了志向，我們會籌畫未來，檢討過去，實踐當下。這亦是人與動物的不同。動物大多活在短暫的瞬間，牠們也有對於過去的記憶，但罕見會規畫將來，並投以目的。石頭封限於自身，植物會與外物交流，動物對於外界有所知覺，也只有人不但意識到空間，甚至能貫穿時間，對世界敞開他自己，成為對己的存在。人以目的為導向，使時間變得具有實踐的意義。《易經》上提到「方以智」、「圓而神」，又說：「知以藏往，神以知來。」「智」與「知」相通，是對於經驗事物的認識，那是現成的、靜態的、過去的；「神」是對於天地始終的感通，那是實踐的、動態的、未來的。所謂「知幾其神」，神就是對於存在之幾有所感通，在事物尚未形成、似有還無之時，就預先知道了。這就如人立志，因心之所向，而創造了一個未成的理想。這亦如人能夠感通現在、未來、過去一樣。這就是仁道，而仁道由立志開始。

少年方興未艾，適宜趁早立志。孔子說：

> 吾十有五而志於學。

《論語》分別有「志於學」、「志於仁」和「志於道」的說法。志於學是仁學，亦即是學仁，志於仁是立志成為仁者，趨向仁的理想，而志於道是有志於實踐仁道。道有道路的意思，因此包含了目的、歷程、實踐、方法等意義。仁道就是趨向仁德、實踐仁德和本於仁德的道路。這樣說好像表示仁德還可分為三個時態，當我們不作概念分別，其實不過是一片仁心而已。仁心就是感通，而當我們立志的時候，就是感通整個人生，乃至感通全部生活世界。於是，仁具有了生發的意義，是照明世界的根本。

春天適宜閱讀《論語》，人生之春亦然。少年生命萌發，仁心初露，是感通天下之時。所謂「成人」，亦即是成為成熟的人，亦即在於成仁。少年立志，乃能以仁心照澈整個人生，知道自己的理想與實踐的道路。這好像說，仁道可分為過去、現在和未來，實即三態都統攝於仁心，亦不過是當下的感通而已。這亦可說無分過去、現在與未來，而打成了一片。當然，只是說感通、說仁心、說打成一片，可能會被學者批評為「渾淪」，令人不得其門而入。這種批評亦不無道理。無論如何，總是要在仁心透露消息的時候，把握住這種內在的動力，而這一切又要從少年立志說起。

少年立志，適宜為自己選擇偶像。所謂偶像，就算是流行歌手也好，都是一些理想人格，吸引我們自我提升。不是說流行歌手本身的人格就一定很理想，而是偶像距離的時空越遙遠，就越能振拔我們的精神。因此，偶像最好就是古人，這樣能使我們發思古之幽情。理想人格是我們向上拋出的對象，當拋得越遠，它回到心靈時的衝擊力量就越大。這就如諸葛亮在隆中時，常以管仲、樂毅自比，也是為自己設定理想人格。遙想這二人雖已屍骨朽壞，但他們都曾為家國天下做出一番事業，而名垂不朽。諸葛亮想到他們，看不見其人，聽不聞其聲，就只能在閱讀史書時，得知他們生平的一鱗半爪，所以就要運用想像力，把書本上記載的空隙都填補了。當接觸到的物質含量越輕越小，精神所發揮的作用就越重越大。因此，少年選擇偶像，最好就是從歷史中去尋找，就算是小說中的曹操也是好的。

當然，選擇偶像也有識見與品味的高下之分，一個人為自己所設定的理想人格，越能反映他的性格和志向。魏晉名士就很喜歡月旦評論，當時甚至有品鑑人物的習慣，流風所及，鍾嶸在《詩品》之中就把古代人物分為上、中、下品，例如曹操就只得下品了。對於這種品評，我們可以不贊同，但我們可以知道人物的品格確有高下之分，並且如果相關品評得到社會，甚至歷史的肯定，就可以獲得客觀性。當一個人所選擇的偶像才德越高，相對而言，這樣對自己品格的提升作用就越高。因此，一個人要好好設定自己的理想人格，重要的是有自己獨特的判斷，而不是人云亦云，任由時勢流風所擺佈。說到這點，我們不得不指出孔子也有他的偶像，而他的偶像就是周公旦。周公旦是西周初年的政治人物，他是周武王的弟弟、周成王的叔叔。周武王死後，成王年紀太小，周公旦便攝政，並遇上三監聯同殷商殘餘勢力作反。他不但出兵平定叛亂，而且制禮作樂，穩定政局，還奠定了周代八百年的基業。最後，他還政於成王，功成身退，毫不貪戀權勢，表現出極高尚的品格。孔子畢生努力，便是要恢復周代的政治文化，安定天下，使百姓都過上有品質的生活，而周公旦便是他的偶像。孔子晚年曾說：

> 甚矣吾衰也！久矣吾不復夢見周公。

這可見孔子老了，精神不及年輕時那麼振拔，因此很久夢不到周公旦了，孔子為此感慨不已。這也可能是因為到了晚年，孔子見理想還遠遠未能實現，自己就要朽壞，才會發出不再夢見周公之嘆。少年人精神勃發，感覺距離理想不遠。反之，老人經歷世事多了，便知現實與理想的真正距離，明白實踐理想的艱難。唐君毅晚年就有「聰明不及於前時，道德日負於初心」的自責了，甚至在《人生之體驗續編》中深論人生的悲劇罪惡一面，甚至打算寫《原惡篇》專論中國哲學中的罪惡問題。這大概是因為理想越高遠，就越能夠發現現實上的不足，就如光線照明越強烈，相對事物的陰影就越深刻。

我們應該崇拜歷史上的英雄，他們都是創造歷史的聖賢和天才，卡萊爾就曾說，世界歷史就是偉人的傳記，世界歷史都是英雄把他們的思想和精神實現的結果。他又說，偉大人物是天上的閃電，平凡人只是備用的燃料，有了偉人這個火花，他們才能燃燒發光。這是一種歷史的英雄主義，而崇拜英雄就是崇拜創造歷史的偉大人物。當我們崇拜的英雄越偉大，表示我們的精神所想到的境界也越偉大，我們的心靈境界也就越高。我們的心靈經歷一次波瀾壯闊的英雄歷史，我們的人生也會變得波瀾壯闊。當我們所立的志向越高尚，就越能提撕仁心。因此，在我們的人生之中，總需要一兩個偶像。我們感通偶像，偶像為我們照明前路。偶像就是仁心反身自照的媒介，透過崇拜英雄，我們找到人生的方向，而效法理想人格，使我們的志向得以實現。

孔子崇拜周公，等於高舉自己復興禮樂文化的理想，而每次夢見周公，就是一次又一次對自己的鞭策。也只有能夠感通的人，才會通於理想人格，而有了偶像。偶像也許是古人，也許是與我們同時代的人，而且大多早於我們出生，但在時態上，他們卻是屬於未來的——都是我們人生所要達到的目標，甚至是我們畢生都達不到，而永遠地屬於未來的理想。未來尚未到來，就正如理想是理當如此一樣，是我們現實上所不能完全達到的。孔子不能成為另一個周公，但他崇拜偶像，卻成就了他的人生。我們不會真的成為偶像的重複，但透過效法和模仿，會創造屬於自己的人生。

少年志向不定，又無所憑藉，因此最適宜崇拜偶像。偶像是我們仁心的對象化，也是理想人格的現實化。崇拜偶像使年輕人有了明確的實踐方向和學習對象，並有助提醒我們如何過活。縱然是崇拜流行歌手，那也有我們崇拜的理由，偶像形象總有一些超出我們現實上自我的特點，因此能夠提升少年的精神境界。況且，崇拜偶像也是仁心的發用，也只有超出了自我中心，投向他人，看到他人的好處，我們才會有偶像崇拜。對於基督教只敬拜無形的神，而反對偶像崇拜的說法，也是不真實的。至少，無形的上帝也必表現為具體的耶穌，人的精神才有了投向的對象。基督徒甚至以十架刑具為耶穌犧牲的象徵。這說明一個道理：人的理想不能只是一個理，而必然要著落於具體的對象之上。重要的是我們不要偏執於具體事物，而忘記了背後的理想，因而麻木了。因此，崇拜偶像，也不要死心於現實對象，而要常常保持感通。這大概就是既崇拜偶像，又要維持理想的純粹性的理由了。

19 匹夫不可奪志也

當人立下志向的時候，他就開始自主人生了。因為當人立定自己的人生方向時，便等於決定去自決一切心思言行了，他的心思言行都會朝著一定的方向而活動，那就是他的志向。志既有方向的意思，也有主宰的意義。當人立志之後，他的人生就會為志所主宰，心就會為了自己所投向的目的而活動。「志」之一字，不但有「心之所之」的意義，而且「志」可同時配詞成為「意志」。康德哲學中，所謂「自由意志」就是人心自主的能力；意志必然自由，「自由意志」不過是語意重複。然而，康德並不肯定人具有自由意志，他只是以自由意志為道德的三大設準之一。雖然他指出道德是理性的事實，但他的形式主義哲學只負責對「道德」概念作出批判，這與儒家聖哲指點人心內在的道德力量不同。儒家思想自孔子開始，便是一種實踐為主的哲學。

關於志，孟子有他獨特的思想。當孟子說「以志統氣」時，就是教人以志去主宰身體與物質。正如當一名畫家立志為藝術而活，那麼他的整個人生都會為志所主導，他的身體與他所擁有的物質都會成為藝術活動的載體，為創作的目的而服務。人要立志，來作為氣質的統馭。當然，當物質的力量過大時，它會反過來影響意志，因此人的意志要專一，來統馭身體與物質。例如，當一個人看見小孩遇溺時，他將跳進水裡救人，這時不但他的仁心在發動，而且由仁心而進入氣質的層面，這涉及他的體力、勇氣、泳術等經驗條件，因此一個道德行為必由仁心而落實於氣質層面，氣質之性甚至會決定行動的成敗。因此，人的心志要強，能夠統馭氣質，使氣質能夠體現仁心；否則氣質的力量不夠，就不足以實現仁心。

此外，叔本華提出了「生命意志」的概念，他認為自然界的物理現象莫不是意志的表現。然而，這不是把自然精神化，而是把精神物理化。所謂「生命意志」，也是語意重複，生命現象與物理現象一樣，都為宇宙的盲目力量所決定；而人的自主就在於否定生命意志，從盲目的驅力之中解脫，從而得到心靈的平靜。尼采就繼承了生命意志的學說，不過他不贊成叔本華否定生命的見解，而肯定了生命的力量，並提出了「權力意志」。尼采指出宇宙中的一切都是權力意志的體現，各種事物都表現宇宙原始的力量，這些事物之間互相角力、衝突、吞噬……都是權力意志的表現。人要成為強者，去主宰生命的力量，創造出屬於自己的價值。這是一種強者的哲學。尼采認為在力量之外，並沒有所謂的心靈，一切都由意志所決定。

雖然儒家哲學不是一種唯意志論，但孟子提出有關「以志統氣」的思想，就認為實踐仁心與氣質密不可分。雖然有些時候，我們可以從儒家哲學中分析出一個「心」、一個

「氣」，然而孟子卻明顯提出了「志」的觀念來統合二者。志為氣的主宰，不是說有一個「心」，又有一個「氣」，而是當氣質體現仁心時，就是志的表現。當我們成功一個道德行為時，也沒有分心和氣。心和氣的分別，就是當我們行動不成功時，發現了氣有不順的時候，我們著意於二者並不合一。這即是說，當我們要拯救遇溺者，卻有心無力，或者力不從心，這時候我們同時發現了心的超越性與氣的限制性。其實，離開氣質不能體現仁心，離開仁心不能照明氣質。因此，「以志統氣」有點唯意志論的意味。意志既不是心，也不是物，而是主宰事物的一種力。

雖然宋儒分出了一個「理」、一個「氣」，並認為人既有天地之性，又有氣質之性，而氣質之性往往是體現天地之性的障礙。然而，孔子並沒有這種分解的說法，而是以「志」去統合二者，而成一種圓融之教。對於孔子來說，志是人生的統帥，就有如三軍的統帥。孔子曾說：

> 三軍可奪帥也，匹夫不可奪志也。

就算是三軍，都可被奪取了主帥，但若一個人被奪取了志，就不成其為一個真正的「人」了。人要成為「人」，就要具備不拔之志。正如唐君毅所言，志是人生的核心動力，就如引擎之於汽車。沒有了目的地，汽車仍然是汽車；但若沒有了引擎，汽車便不會動了。

人固然可以有種種理想，或人生藍圖，為心之所對，但志卻是內在於心靈，使心靈有所指向。因此，志是人生的主宰，也只有通過立定志向，一個人才能夠自主人生。

雖然在哲學理論上，我們可以分解出「心」與「氣」兩個層面，然而在實踐上卻只是一個「志」。志統合心與氣，當心主宰氣，或氣實現心時，便是志的表現了。當然，若氣有所不足，比如身體不夠強壯，不足以下水救人時，我們便發現氣質對於仁心的妨礙。因此，人要立志，成為強者，不但心要夠強度，氣也要夠力量，否則便不足以言志了。志既為人生的主宰，則不分心、氣，而成為整個人生的主宰。雖然這有一點唯意志論的意味，但是孔子卻不必然認同「生命意志」說把精神自然化。當然，孔子也不必認同泛心論把自然精神化。也許，孔子學說同時具備了兩種傾向。不過，對於孔子來說，這不是一件理論上的事情，也不是一個只用來研究的問題，而是必然見於實踐之上。因為當一個人立志的時候，他就統合心與氣，並主宰自己的人生。

苟志於仁矣，無惡也

一個人可以有特殊的志，例如他要成為一位音樂家，這是很個人化的事。也許，有人會覺得教人立志，這種說法有點空疏，甚至會令人無所適從，但是只要一個人反省一下他的特殊性，比如性格、天賦、愛好、職業、社會地位、財富等，就大概可以立定他的志向，知道他未來所要走的路了。特殊的志向大多只是個人化的事情，適合你的志向，就不見得也適合別人，亦是由於這種志向人人不同，所以稱作特殊化的志向。在特殊的志向之外，另有一種普遍化的志向，那就是立志成為一個真正的人，人要成為「人」，成為一個具有倫理意義的人。對於這種志向，人人都應當存有，無論你立下甚麼特殊志向，都應當以成為「人」為目標。這就是所謂的「志於仁」了。立志成仁，無疑是一種公心，這是相對於私志而言。立下普遍的志向，便屬於公心；反之，立下特殊的志向，便是私志。雖然，達成私志，比如成為一位隱士，都可以成就極高貴的人生，但是從根本上我們卻要成為一個具有倫理意義的人，因而除非離世脫俗可以保持道德，否則我便不會離群索居，當一個敗壞倫理的人。

人要抱持公心，立下普遍的志向，這是因為他不同於石頭只能是在其自己，而他的心必投向他人他物，向世界敞開自己；他甚至不是脫然獨立的個體，而是在關係之中，用馬丁·布伯的說話，是一個與「你」相遇的「我」，甚至是經驗著「它」的「我」，總是離不開外在的世界。這裡所謂「外在的世界」，說出來仍有點隔閡，其實也是我心的一部分。大凡我心活動所及之處，都是「我的世界」，都內具於仁心之中。因此，說我之外有一個經驗世界，只是按日常習慣的說法而已，但不是十分準確，因此我們同時要強調這是「我的世界」。因此，當一個人立下公心，而志於仁的時候，他就是為「我的世界」立下普遍的志向了。由於我對世界敞開自己，我所關注的不再只是小我，而是我心所及的事物，因此仁心便及於他人他物。比如，范仲淹提到「先天下之憂而憂」，就是出於公心了。有了一種主宰自我的公心，人便會投下關注，並盡一己之力服務他人。人甚至會關心自然世界，比如為了北極熊的生存環境而努力，這顯然都是公心的表現。

如果立下了普遍的志向，人就會向著這個方向而努力，那麼他所擁有的一切，包括身體與物質，都會投向他的終極目的，而為心志所主宰。這時他的一切私慾，亦即是背道而馳的引力，都會被駕馭，而統合在普遍的志向之下。既是志於仁，我便不會為了個人的享受，而做出損害仁的行為，否則我就不算是志於仁了。孔子甚至曾經提過，志士仁人在必要時會殺身成仁。可見一個人立下公心，便會成其統一身心的志。孔子說：

> 苟志於仁矣，無惡也。

如果志於仁了，那麼便不會有惡的起心動念。這既是分析命題，同時是令人反省自己的提點語。志於仁，自然會清除生命的雜質，使自己走上仁道，而當人要反省自己是否已經志於仁時，就當觀察自心是否還有惡念。如果尚有惡念，那就不算是志於仁了。因此，志於仁並不只是口頭上說出某些話，或心裡產生一個閃念，而是整個人的實踐取態改變，是全心全意地走上仁道了。

所謂的「志於仁」，是仁者的初衷，亦相當於佛家所謂的「發菩提心」。《金剛經》提到關於發菩提心的一段對話。一天，須菩提問佛陀，善男信女發菩提心，應當如何安住，如何降服其心。佛陀便回答說，應當這樣發菩提心，這樣安住，這樣降服其心。佛陀的意思是，當你發心要成菩提的時候，心便安住了，雜念便降服了。因此，佛弟子應當好好發菩提心，所謂初心不退，成佛有餘。志於仁亦一樣，只要善於保持成仁的志向，就可以自我主宰，而成為仁者了。仁者亦不過是努力不懈，一點一滴地累積而成為仁者。這就如孔子讚賞顏回一年到頭都不違反仁心一樣，也只有靠堅毅的意志，不改初衷，這樣才能達到成為仁者的終極目的。由此可見，志於仁，能使人自作主宰，去掉惡念，清除生命之中的雜質，而成就純亦不已的力量。這亦是孔子教人志於仁，而行仁道的道理。

人要成為「人」，就要立下普遍的志向。這是相對於私志而言，而是所謂的公心。公心不立，亦難以成為真正的仁者。對於孔子而言，人首先不是一個理論家或藝術家，而是一個倫理的存在。他必然有生他的父母，與養育他的人，因而他與人相遇，從而建立關係。因此，當一個人對世界敞開自己的時候，他發現自己身處於由關係交織的網羅之中。亦因為如此，他要成為倫理意義上的人，就不能不顧及與他人的關係。至少，我的存在地位，亦由他人所賜，所以既要盡心成為仁者，就要考慮到自身對他人的虧欠與責任。志於仁可使我們擺脫私心，並自我主宰，清除生命中大大小小的障礙。上文提到，當我們氣有不順之時，便會同時發現心的超越性與氣的限制性。只有具備不拔之志，才可統合二者。當我們立下普遍的志向，要志於仁的時候，心與氣皆為仁心所統馭，而能證見「我的世界」往仁心而趨，而成一大仁道的流行，一切皆成為仁德的載體。當然，這是作為仁者的理想境界。但這一切又由我們立下志向，自我要求實踐仁德，而不改初衷作為始點。

21 士志於道

一個人既志於仁，那麼他就可稱為「志士」了。士志於仁道，就是立志要實踐仁德。這時他所立的志，便是他實踐仁道的始點，而他的仁心就是他立志的根據。因此，孔子說過：

> 志於道，據於德，依於仁，游於藝。

除了立志於實踐仁道之外，人還要以美善的德行為標準，並且以仁心為本，最後就是游心於六藝。所謂實踐仁道，也有它的載體，我們不能只是空談只存在而不活動的本性，更要涉及即活動即存在的仁心，仁道必須表現於它的活動之中。因此，仁心不能只是一個空凌的心，而要見於學問和事業。也只有在學問和事業之中，人才能夠更切實地實踐仁道。而無論一個人的學問與事業為何，他都是離不開「游於藝」的境界。

所謂的「藝」，是指禮、樂、射、御、書、數六藝，而不止於書本上的學問。它們都是須要身體力行的技藝。仁不是一種抽象的東西，而是實踐性的學問，它就見於具體的實踐之中。一方面，仁是創造的能力，能夠建立一己的生命；另一方面，仁是立人之學，而必然在與人的相處之中，成人之美。實踐仁道就在於成己成人，成己同時成人，成人又所以成己，二者密切而不可分離。仁以感通為體，故此人必須敞開自己，投向世界。而「仁」就是「二人」，人又必在彼此的關係中，實踐仁德，以成仁道。仁道不是一己之道，而是成己成人，使天下人皆有道可走的大道。因此，人的志願本是主觀性的東西，而它必然落實於具體之中，與他人互為主觀，而獲得客觀性。比如禮，就有賓主之禮，於進退應對，皆有其道。又如樂，獨樂樂不如眾樂樂，在音樂的和聲之中，與他人情感相通。其餘的，比如射，《論語》中亦提到揖讓升降，是君子之爭，就算是體育活動，也必與他人在一起。因此，「志於道」終必「游於藝」，立志於仁就要放開手腳去做，仁心必然是活動的。

唐君毅曾經指出，人生是由兩條不同方向的路線組成的。一條是物質的，一條是精神。人擁有身體與物質，而無時不在消亡之中。人既長，而老，而死，正如叔本華所言，人生就如一葉在巨浪中掙扎的小舟，而它的終點卻是萬丈懸崖，令人粉身碎骨。由此可見，在物質生活上，再多的努力也不過是一死。然而，人生有不斷生成的另一端，那就是精神生命。物質不過是載體，在身體消亡的過程中，人通過身體的活動而成就了精神的內容。人不但成就學問與事業，而且在與人的感通之中成己成人。由嬰兒無知，及長，及至花果壯實，至秋收冬藏，身體的死亡不過是精神的完成。子貢更發出感嘆，說：

大哉死乎！君子息焉，小人休焉。

君子與小人皆有死，而死是一生努力的終結，是人格的完成，這亦所以人們喜歡說「蓋棺論定」，小人可以休止了，君子可以安息了。物質是無常的，在消逝之中，而所成就的精神內涵，卻與日俱增，以至於完全地現實化。人的精神生命必始於主觀的躍起，即立志，而終於完全的客觀化，即表現於人我交通的世界，而終於自我的完成。

立志就是統合心氣二者，使之成一整體，令人生各部分得以統馭。正如上節所說，志是人生的統帥，比將領之於三軍更為重要。精神既以物質為載體，物質不斷流逝，而精神世界卻日趨成熟。這一切又由立志開始。如果人不立志，就不能自我主宰，更難對於精神生命有所自覺。精神之為物，即是如果你不能自覺，它便幾乎等於不存在。而一個人越能自覺精神生命，他的精神世界就越是深刻、實在。因此，士志於道，就會重視精神多於物質。畢竟物質是精神的載體，只要能完成精神生命，物質生活差一點卻不是甚麼大的問題。因此，孔子又說：

士志於道，而恥惡衣惡食者，未足與議也。

士既立志行仁道，而恥於粗衣惡食的，就不足以與他談論仁道了。人立志行仁道，所重視的就在於精神生命的長進，所以對於物質的享受反而會不大重視。當然，作為君子，他是自然如此的。就如牛頓曾因沉醉於物理學，而把陀錶當成雞蛋煮了。只要你真的熱愛精神生活，那麼你自然就會忽略其他東西。然而，你又不能把孔子這句說話當成教條，去套用在別人身上。因為這是孔子對於仁人志士的日常觀察，你只好用來作為印證，而這些印證不過是如人飲水，冷暖自知罷了。

總的而言，立志是精神生活的開端，若不立志，則漫漫人生，無所歸宿。如果人立志於仁道，那他將成為一個真正的「人」。人成為「人」，就是行仁之道。立志是主觀性的，而人必須由此而客觀化自己，而將心志實踐於人倫世界。因此，人必須有自己的事業。這亦是人由普遍的志向，轉而立下特殊的志向。仁者成就普遍的仁德，但都各有特殊的事業；而特殊的事業就是仁者實踐仁德的憑藉。故此，在下一章，我們會談到工作。那將會是討論立志一章的續篇。

五　工作

唐君毅曾說，當他聽到《鳳陽花鼓》詞中「奴家沒有兒郎賣，背起花鼓走四方」時，便了解到無職業的艱難，並為此而感到無限悲哀。人莫不為求生存而工作，而社會上的大多數職業都是人們為求互相解決生存問題而有的。人需要工作，正如人要求生存一樣嚴肅。人不知為何生於這個世上，又不知為何要如此如此地求生存，這裡於人有一種芒昧之感，但人必須如此如此地接受。哲學家罕有討論生存的問題，那是他們的過失。工作固然可以具有種種意義，但從根本上人就需要職業來維生，需要工作來糊口。關於工作，開始時我們不必說得太過高遠，就先從最平實的地方談起。人之所以工作，就在於他能夠從中得到報酬，而這往往是以金錢來計算。

孔子也有他的職業，他的主要工作就是主持喪禮。《禮記》就曾記載，孔子十七歲時，與老子一起主持喪禮。當時在運送靈柩的途中，遇上了日蝕，老子便叫大伙兒停下來，事後又跟孔子說，這才合乎周禮。《論語》也有兩處記載了孔子的工作的情況。其中一則就說孔子在有喪者的身旁，是不曾吃飽的。另外一則則記述，孔子哪天哭過，便不會唱歌。這些生活片段，都反映了孔子是以主持喪事為職業的實況。孔子生活十分平實，就像一般人一樣，需要工作維生。也有人說他教學要收取學費，但傅佩榮就反對這種說法，他認為孔子不是以教學糊口，而是靠主持喪事來維持生活。無論如何，孔子也要為生存，而奔波勞碌，甚至做一些卑下的工作。

雖然孔子為謀生工作，並沒有奇特之處，但正因為他平實，所以他的學說到今天還具有說服力。他不像耶穌大顯神蹟，在加納婚宴中，將水變成酒，亦沒有以五餅二魚來把數千人餵飽。而在曠野之中，當魔鬼誘惑耶穌把石頭變成麵包時，這時耶穌卻指出人之生存不只是靠麵包，而要靠精神的食糧。此等種種，都可見宗教先知未必能正視工作的意義。至於佛陀，在放棄榮華富貴之後，亦不過是托缽乞食，而不需工作謀生。孔子之為聖哲，不但沒有宗教教主的神通，而且也不脫離世俗生活，他混跡人間，在最平凡的地方也能看見他的身影。孔子能夠勤勤懇懇地工作，這是他的平凡之處，亦是他的偉大之處，而這不是宗教先知所能及。

孔子對待工作，一如他對待其他東西一樣，都是以人倫世界為本位的。他不以神界佛界的觀點來看待職業，也不以天堂地獄的果報來對比工作所得的報酬。他是有生活需要才工作。孔子大抵也有家人要奉養，為了自己，為了家人，他不得不付出勞力，以賺取微薄的薪金。孔子視工作為他的本分，勤勉如守禮一樣重要，他說：

出則事公卿，入則事父兄，喪事不敢不勉，不為酒困，何有於我哉？

在外就事奉政府官員，在家就事奉族中父兄，對於主持喪事不敢不勤勉，不酗酒，這對我來說有甚麼困難？孔子以這四件事並舉，可見孔子循規蹈矩，安守本分。安分守法，安養親族長輩，對工作認真，不醉酒鬧事，就是在社會上做一個好公民。

社會就是由無數安於本分的平凡人組成，他們就如正常細胞之於身體器官，在一般情況之下，它們維持健康，一個個並不顯眼。也只有它們在變異，甚至是病變的情況下，才會被視為突出而不受歡迎的部分。前者有如普通公民，後者好似一些不守法度的人物，這種人其中有一些是出類拔萃的天才，也有一些是世不一見的奸宄寇賊。雖然歷史是由天才來推動進步，但是人倫社會畢竟靠多數平常人來維繫。孔子並非沒有極高明的一面，難得的是他肯回過頭來而道中庸。他以身作則，以庸言庸行來教示一切平凡的人，安於平常，不思出其位。而這就見於安穩生活，努力工作。

我們看到孔子的敬業，至少他要求自己主持喪禮時，具備真心誠意。因此，《論語》才記載了孔子這些生活片段。我們不一定很喜愛自己的工作，正如孔子也未必對主持喪禮充滿熱忱，這也是無可奈何的事。然而，我們還可以保持敬業精神，以嚴謹的態度來對待工作。畢竟，工作也是為人服務。雖然在工作之中，我們不是直接地以性情與人相交，但是我與他人在社會中互取所需，各盡其力，也算是一種客觀統一。就算不是我直接服務的人，也會因為我的努力，使社會得以正常維繫，而享有安穩生活。因此，縱是素未謀面，我們也會在客觀的社會中被間接地統一起來。

由是觀之，在最根本之處，工作是為了維持生存，進一步是為了安守本分，而當人們互相依靠，各取所需，這就成了一種客觀化了的間接統一。社會靠不同的人來運作，我們貢獻自己的一分力量之餘，也支持了社會的現況。若缺少了任何一人，社會又不是以現在的面貌存在了。因此，可以這樣說，現存的社會是靠我努力工作去維持，而我同時又受到社會大眾的恩惠，因為沒有他們，我的生活也將面目全非。人們以工作來維持社會，也是一種客觀化了的感通。當我們自覺到這一點時，我們就會了解到平凡工作的真正意義了。

23

君子不器

工作不但是為了糊口，而且是參與社會的一條途徑。透過工作，人與他人被間接地統一起來。人群互依互存，各盡其能，各取所需，他們的工作交織成社會的共業。這種共業，就是共同的事業。人不但要有職業，而且要有終身為之努力奮鬥的事業。關於「事業」，古人有嚴格的界定，一般並不輕易地談及。《易傳》有言：

舉而措之天下之民，謂之事業。

職業只是賴以維生的手段，旨在賺取金錢；至於事業，是貢獻於人倫世界的工作。當然，在現實人生之中，職業與事業並不是涇渭分明的兩種東西。一個人的工作，既可以是他的職業，又同時可以是一種對於天下有所貢獻的事業。比如一位教師，不但以教學為賺取金錢的手段，而同時可以透過他的工作貢獻社會。我們很少能夠找到一些職業是不對他人作出貢獻的。職業與事業，大概是以不同的觀點去看同一件事。職業也好，事業也好，在這裡我們都稱之為工作。

上一章我們談及立志，接著這一章便論及工作。立志是一個人主觀的意願，而工作是意願實現於客觀世界的環節。正如唐君毅所說，工作是志願的身體。也只有把志願客觀化於人間，才能使之真實化，否則空談志向，而不努力工作，到老也不過是一場虛空。因此，人要把握青年時期，努力創造一番事業。孔子就曾說過，一個人要是四十歲都沒有成就，是不足畏懼的。當然，我們會找到這句說話的漏洞。因為就算是喬治·華盛頓也是接近六十歲時才當上首任美國總統，並且成為後來的美國國父。然而，同情地了解，若然一個人在青年時期不努力奮鬥，不嘗試成就一番作為，那麼我們也不會寄望他的老年會如何成就輝煌。因此，我們要在少年時趁早立志，又要在青年時努力不懈，而不論在世俗之中，我們是否取得富貴，也無損我們工作的價值。我們可以推想，孔子也不是勢利之徒，不必以世俗的成敗論英雄，他不過是鼓勵青年人努力向上，勤奮工作而已。

由是觀之，能夠糊口的工作有很多，卻很少工作切合我們的志趣。取其上者，我們要按志趣來選擇職業，否則我們便須要在已有的職業中，找到自己的事業之路。雖然不是所有工作都合乎我們的志趣，但我們可以在不少的工作中找到人生的意義。在現代社會中，不少人迷失於機械化的社會分工。在不少崗位上，人們只負責整件工作的一小部分，以致他們看不見整體，不知自己的位置。因此，從最初一步，我們要了解行業於社會的意義。其次，是要了解工作的整個流程。而最好就是，我們能在工作中發揮我們特殊的才能。如果做不到以上幾點的話，我們就要考慮是否要轉工，或在職業之外尋找自己的事業。我們不能安於只成為一個小職員，而忘記自己的理想，否則我們會淪為社會這個大型機器的一個零件，隨著外部運轉而運轉，失去了主動的能力。孔子指出，我們不能成為一種特定的器物，不能物化，而是要奪取主導權，成為一位具備獨立人格的君子，所以孔子說：

君子不器。

君子不能成為單調的工具，他不能刻板地過著無聊的生活，更不能只為了維持生存而生存，他要能夠成己成人，努力地為這個目標而工作。人要成為「人」，就在於他能對世界敞開自己，與他人建立關係。如果一個人終身只是重重複複，按指派而被動地操作，看不見工作的意義，不能創造自己的事業，那麼他不過是一件有用的器物罷了。然而，君子具備人格，他會以工作來自我實現。就如孔子一樣，縱然他在現實上是失敗的，財富地位及不上一個小國的君主，但他的工作卻是成功的。他建立了萬世不朽的事業，至今仍然為人所稱頌。這甚至不是齊桓公、晉文公等春秋霸主所能比。

工作的意義有一部分可以金錢來衡量，但不是全部的工作意義都能以個人得失來量度。工作是生活的重要部分，它佔去人生的大量時間，如果工作只是日復一日來以時間換取金錢，那就得不償失了。我們必須在工作中找到意義，並實踐志向，最終工作會為你帶來超越薪金的報酬。耶穌曾打了一個比喻，說一位財主臨行之前，按照才能高下，分別把五個塔冷通、兩個塔冷通和一個塔冷通，給了三個僕人。第一個僕人用心經營，賺了另外五個塔冷通；第二個僕人也賺了他的兩個；最後一個僕人就把錢財埋在地下，原封不動。結果前二人受到主人賞賜，而後者則受到剝奪。這即是說，人若不好好發揮自己的天賦才能，那麼他將一無所成。如果人不能好好立志，而又踏實工作，成就事業，那麼連他的人格也會喪失，而淪為一件器物。

人要靠工作來開闢出一條道路，而在事業之中成己成人。人是尋求意義的動物。如果人不能在工作中發現意義，那麼就連禽獸也會覓食，他不過是一隻會運用工具的禽獸而已。人要保持感通，就算在工作中，他也要投向他人，並建立關係。一個人的事業，固然是他自己的事業，但這同時關係到社會大眾，而是天下人的事業。人必須工作，不只是旨在糊口，更在於實踐志向，客觀化他自己，甚至是與他人建立關係，互相感通，建立一個美好的人倫世界。因此，孔子的工作並不停留在維生的層面，他也不斷尋找工作機會，實踐自己的理想。他希望復興周代文化，為天下人作出一點貢獻，而這就成為了他的事業。

沽之哉！我待賈者也

人之所以要工作，除了為了糊口之外，還要滿足他的精神需要。人不但需要麵包果腹，而且會尋求意義。人總希望過一個充滿意義的人生。因此，既然要工作，那不如做一份能實踐志向的工作吧！只是為了維生而工作，那就有點乏味；為了理想而工作，與同業者競爭並進，那就是一種對於自我的挑戰。在勞苦的工作中，重要的是不忘心之所之，在時日中琢磨出核心的自我。工作不是我們的一種擁有物，而是使我們得到了身分的東西。正如農田不只是農夫所擁有的物品，而是令農夫之所以成為農夫的活動場所。如果失去了農田，農夫將失去踐行身分的憑藉。我們的工作也是一樣，工作令我們得到的，不但是一種社會身分，而且是存在地位。當一個人思索自己在宇宙中的存在地位，就不得不考慮他究竟做了些甚麼工作。在日復一日的工作中，人的核心自我逐漸形成，就如璞石琢磨出美玉一樣。

孔子也有他的理想，並希望能夠透過參與政治工作，實現他的文化理想。這就是孔子之所以多次尋求出仕機會的原因了。子貢以言語見稱，他就曾經十分巧妙地詢問孔子，試探老師出仕的意圖，《論語》如此記載了師徒二人的對話：

子貢曰：「有美玉於斯，韞匵而藏諸？求善賈而沽諸？」子曰：「沽之哉！沽之哉！我待賈者也。」

子貢問孔子：「這裡有一塊美玉，是用櫃子把它藏起來？還是求得識貨之人把它賣掉？」孔子說：「把它賣掉吧！把它賣掉吧！我等著識貨的人。」子貢所問的美玉，就是借喻才德兼備的孔子。他真正的問題是，孔子是要把自己藏起來，還是等著別人賞識呢？而孔子的回答是，他待賈而沽，願意為賞識自己的人效力。所謂「士為知己者死」，得遇賞識者，能夠實踐理想，誰不心動？這就好像諸葛亮終身不忘劉備的知遇之恩，鞠躬盡瘁，死而後已。可見得到別人的賞識，並給予開創事業的機會，確是非常難得，因此我們應該好好珍惜了。

就在孔子由齊國返回魯國的時候，季氏權傾朝野，甚至威脅到魯君的地位。公山不狃是季氏的家宰，並擔任費邑的長官。他心中不服季氏已久，結果終於反叛。《論語》中記載公山不狃想靠孔子自重，畢竟孔子當時是知名學者，又擁有眾多才華出眾的弟子。《論語》這樣記載：

公山弗擾以費畔，召，子欲往。子路不說，曰：「末之也已，何必公山氏之之也。」子曰：「夫召我者而豈徒哉？如有用我者，吾其為東周乎？」

公山不狃以費邑來反叛，密召孔子，孔子意欲前往。子路知道後不高興，對孔子說：「沒有地方去也就罷了，何必要前往公山不狃那裡呢？」孔子回答：「召見我的人，豈會只是說空話？如果有人用我的話，我將會在東方復興周室！」公山不狃之所以召見孔子，大概是因為孔子以反對權臣聞名，而他估計可以利用孔子來打擊季氏的勢力。孔子之所以意欲前往，可能是想憑藉公山不狃來匡扶魯君，從而借魯國的力量來復興周室。雖然孔子最後都沒有前往，但得到伸展抱負的機會，孔子是不會輕易放過的。有學者批評孔子想到以這種途徑來復興周室，實在是太過迂迴曲折了，並不現實。錢穆在《孔子傳》提到，當時孔子的憂鬱心情，確是躍然紙上了。然而，孔子終不前往，可見孔子的智慧了。

為了把握實踐理想的機會，不計較對方是誰，而意欲前往的事，在孔子身上發生過不止一次。就在孔子離開衛國，前往匡、蒲的途中，晉國發生內亂，晉國大夫范氏及中行氏攻打趙氏，失敗而出走。當時的中牟邑宰佛肸是范氏家臣，想起兵幫助范氏，於是召見孔子。《論語》記載：

> 佛肸召，子欲往。子路曰：「昔者由也聞諸夫子曰：『親於其身為不善者，君子不入也。』佛肸以中牟畔，子之往也，如之何！」子曰：「然。有是言也。不曰堅乎，磨而不磷；不曰白乎，涅而不緇。吾豈匏瓜也哉？焉能繫而不食？」

佛肸召見，孔子意欲前往。子路說：「從前曾聽聞老師您說：『親自做壞事的人那裡，君子是不去的。』佛肸以中牟來反叛，您想前往，這又怎樣解釋呢？」孔子說：「是的，我確是如此說過。沒有聽過堅硬的東西嗎？磨也磨不壞；沒有聽過潔白的東西嗎？染也染不黑。我怎能像個瓠瓜一樣？只掛在那裡而不讓人吃呢？」由此看來，孔子的確想把握每一個機會，闖出一番事業。重要的是他有一種自信，不受外在環境影響，而保持自己的堅白。順帶一提，我們提到「堅白」一辭，很容易會想到公孫龍子「離堅白」之說，然而孔子提出這個辭彙，要比公孫龍子更早。總而言之，孔子渴望機會，能夠做好工作，開創事業，從而伸展抱負，實踐理想。

從孔子這些軼事可知，我們應當認真對待每一個工作機會，甚至為了成就大事，不必拘泥小節。雖然對於兩次召見，孔子都沒有前往，但他也曾為此而動過心。不能實踐理想，被社會埋沒，的確令人憂愁。而這又與是否能夠富貴不一定有關。不能夠一展抱負，永無出頭之日，讓人鬱鬱忡忡。因此，縱然在百世之後，孔子的心情仍然使人產生共鳴。一生棲棲遑遑，如喪家之犬，也不過是為了得到自我實踐的機會。孔子的憂鬱，如在昨天，令人感同身受，而又低迴不已。

25

天下有道，丘不與易也

孔子也曾因為理想不能實現，而感嘆不已。他說要乘獨木舟到海外，到沒有文化的蠻荒之地隱居；又說與他同行的，大概就有子路了。子路聽了十分雀躍，而不知道孔子不過在感慨中原的文化事業低落而已，並沒有打算真的成行。於是，孔子對子路說：「你比我還要急躁，對於事情的輕重不懂仲裁。」在這裡我們看到孔子工作不順，也會發點晦氣，說要放棄文化事業。但要是真的放棄嗎？他又不會。雖然孔子被歷代學者奉為聖人，高高在上，可是在《論語》之中，我們卻能看見他平常的一面，他不是常常板起臉孔地說話的。面對困難，孔子並沒有放棄，他還是用心工作，繼續成就天下事業，只因他認為自己對於社會大眾要有所承擔，不能輕言放棄。若然一個人放棄了他的事業，不能透過工作來照亮社會，照亮別人，人生還剩下多少意義呢？正如耶穌教導門徒，說燈要放在桌子上來照明，又問及如果鹽失去了味道還有甚麼用處，著他們做好工作，成為地上的鹽、世界的光，到天下去傳揚福音。人生是必須透過工作來成就存在的意義，工作是志願的身體，有了主觀的志向還不夠，我們要把它於客觀世界之中實現。

在《論語》之中，也記載了孔子與一些隱士的互動。這些隱士的理想很高，卻知道天下混濁，而不能達成理想。因此，他們放棄天下事業，要把自己藏起來，潔身自好。當然，這也是一種十分高貴的人生，可是這只能夠成就私志，而不能成就眾人。比如孟子就批評過楊朱「拔一毛而利天下，不為也」。其實道家思想也有點道理。因為逐個人去救濟是無補於事的，重要的是令天下人自力更生，所以你不必幫我，我不必幫你。我們不能包辦天下的善事，只好「各人自掃門前雪，休管他人瓦上霜」了。然而，問題是：又有幾多人能像聖哲或狂狷者一樣獨立自足，而不依靠別人呢？又有幾多人能走入祈克果所說的，僅容一人通過的窄道，而由主觀精神通往絕對的神性領域呢？正如上文所言，眾人總是在客觀世界中而被間接地統一起來。因此，人不能脫離社會事業，而總要為此而努力不已地工作。

曾經一次，孔子一行人趕路，子路跟隨在後而落後於大隊了。他遇上一位老人，用拐杖挑著農具。子路問老人有沒有見過孔子。老人說：「四肢既不勞動，五穀又分不清，誰是你的老師呢？」說完，就扶著拐杖除草。子路有禮地拱手站在一邊。於是，老人留子路過夜，殺雞煮飯給子路吃，又吩咐兩個兒子跟子路相見。翌日，子路告辭，趕上了孔子，並把遭遇報告孔子。孔子說：「他是隱士。」著子路回去會見老人。到了卻發現老人出門了。然後，子路留下了幾句說話給老人：

不仕無義。長幼之節，不可廢也；君臣之義，如之何其廢之？欲潔其身，而亂大倫。君子之仕也，行其義也。道之不行，已知之矣。

「不出仕便不能對社會大眾盡義務。長幼之間的禮節，不可廢除；君臣之間的大義，又如何能夠放棄呢？想潔身自好，卻破壞了社會的大倫理。君子出仕，是為了盡義務，至於不必能夠使天下走上軌道，這早就知道了。」這大概是孔子著子路留下的話。人既活在人間，就不能脫離社會獨立，人與人之間還是密切不可分的，所以我們便對於社會有了義務，而對於人倫世界有了責任。如果要潔身自好，不染纖塵，反而會破壞社會的大倫理。因此，人既沉浸在倫理之中，就當盡他的義務和責任。

另外，《論語》又記載了孔子與隱士的另一則軼事：

> 長沮、桀溺耦而耕，孔子過之，使子路問津焉。長沮曰：「夫執輿者為誰？」子路曰：「為孔丘。」曰：「是魯孔丘與？」曰：「是也。」曰：「是知津矣。」問於桀溺，桀溺曰：「子為誰？」曰：「為仲由。」曰：「是魯孔丘之徒與？」對曰：「然。」曰：「滔滔者天下皆是也，而誰以易之？且而與其從辟人之士也，豈若從辟世之士哉？」耰而不輟。子路行以告。夫子憮然曰：「鳥獸不可與同群，吾非斯人之徒與而誰與？天下有道，丘不與易也。」

長沮、桀溺兩位隱士並肩而耕，孔子經過，派遣子路詢問迷津。長沮問：「車子裡的是誰？」子路說：「是孔丘。」長沮問：「是魯國的孔丘嗎？」子路說：「是的。」長沮說：「他是知津人。」又問桀溺，桀溺說：「你是誰？」子路答：「是仲由。」桀溺問：

「是孔丘的學生嗎?」子路回答:「是。」桀溺說:「濁浪滔滔天下皆是,誰也阻擋不了。況且與其跟隨避人之士,那樣避開禍害,還不如跟隨避世之士,忘掉這個世界?」二人耕作不輟。子路以所見所聞報告孔子,孔子說:「人和鳥獸不可以同群,我不與人打交道而與誰打交道?天下有道,我就不會逆流阻擋了。」孔子這裡是說,他們只好各存其志了。

也許,我們能夠做到減少與其他人接觸,但生活在人倫世界,很難真的與世隔絕。在孔子的時代,為天下事業盡力的最佳途徑就是出仕做官,但到了現代,我們不必做官,只要我們好好做好手上的工作,無論從事何種事業,我們都能對社會盡公民責任。只要在工作中與他人互動,為他人服務,就能成就社會的公共事業。社會由人的共業交織而成,也只有有了眾人的努力,才有社會事業;也只有有了社會事業,才能成就人生的意義。人生的意義就在於與人感通,在工作之中成己成人,而這就是仁的表現。這也是之所以孔子不放棄工作,而擁有一顆淑世之心的原因了。

現代漢語之中，「明哲保身」具有貶義，意思是指為了保存自己，因而在應該據理力爭的地方退讓下來。這不但成為一種消極的工作態度，而且成為中國人十分流行的處世方針。考究此詞，原來出自《詩經》，是周代大臣尹吉甫讚美仲山甫挺身而出，忠言直諫之事。所謂「明哲」，本來不是指考慮個人利益，而是指對於國家大事，能夠高瞻遠矚，別具洞見，非常睿智的意思。但不知從何時開始，「明哲保身」就有自我保存、潔身自好的意思。比如《資治通鑑》就用這句話來嘉許張良急流勇退，退隱修仙，並且得以善終的事跡。此詞後來更引申成為退縮不前的貶義了。一個人立身處世，語默進退，並沒有固定的方式，重要的是具備智慧，因時制宜，靈活變通。而孔子對於工作態度，亦是如此指點。子張是孔子年紀最小的學生，比孔子小四十八歲。他曾經問及為官之道。孔子教他多聽多看，說話和做事要有分寸，這樣就能減少錯誤。所謂多聽多看，善聽就叫做「聰」，善看就謂之「明」，一個人多聽多看，就是得到聰明智慧的最佳方法了。

關於工作態度，究竟在事情上要積極進取，還是潔身自好，這是沒有一定的，相信不同的人有不同的做法，重要的是具有聰明智慧，令自己的言行無悔。孔子就曾讚許史魚的正直，說他在政治清明的時候，像箭一般直，在政治黑暗的時候，也像箭一般直。孔子又同時稱譽蘧伯玉為君子，說他在政治清明的時候，就出來做官，在政治黑暗的時候，就隱居起來。其實，只要在不違反道義的情況之下，採取何種處世方針，乃隨各人所好。孔子就曾說過，君子對於天下的事情，無可無不可，重要的只是謹守道義。工作之中也必須謹守道義。季康子就曾問過孔子，子路和冉有是否可稱為「大臣」。孔子對於大臣有很高的要求，認為做臣子的要做到以道義事奉君主，不能達成道義就離職，才能稱為「大臣」。至於子路和冉有，大概就只能叫做具備才能的「具臣」罷了。季康子又問：「難道他們二人會服從君主，做一些不合乎道義的事情嗎？」孔子對他的學生很有信心，說叫他們做弒父弒君等大逆不道的事，也不會跟從的。由此可見，孔子所重視的，在於道義，進退之道也不過存乎一心。

冉有和子路，一文一武，是孔門兩員大將，並成為了魯國季氏的家臣。後來季氏打算攻打顓臾。顓臾乃周武王分封的小國，負責祭祀蒙山，春秋時代成為魯國的附庸。二人將季氏將要出兵的消息告訴孔子，孔子恐怕出兵會禍起蕭牆，引起內亂，危害社稷。冉有說他也不願眼見戰爭發生，但是沒有辦法，於是引來孔子的嚴厲批評。孔子說：「冉有，有句諺語說：『身在其位就要盡一己之力，不然就辭職』，危難時不持守，顛覆時不扶助，要你這個助手又有何用？而且你的話說錯了，老虎和犀牛跑出籠子，龜甲和玉器毀在盒中，這是誰的過錯？」孔子又指出，二人輔助季氏，現今遠人不能歸附，內部分崩離析，他們的確要負上責任。這可以看見孔子的明哲保身思想。既然身負重任，就應該在工作上，看得遠、想得透，遇事不能夠退縮，這才能稱作真正的「明哲」。如果你擔當不了責任，就該當辭職，不應貪戀俸祿權位。從這件事情中，我們可以看到孔子很有智慧，他早就知道子路和冉有做不了大臣，既不能以道義匡正君主，又不能放下權位；他們就只能當個具臣罷了。

一個人要在工作上做到明哲，並不容易。要做到很有聰明智慧，是一件很難的事；但要深藏不露，而不表現聰明智慧於人前，卻是一件更難的事情。孔子就曾經說過：

甯武子邦有道則知，邦無道則愚。其知可及也，其愚不可及也。

甯武子在政治清明的時候，就表現得很有智慧；在政治黑暗的時候，就佯裝愚昧無知。他智慧的表現別人可以及得上，但他愚昧無知的表現，就不是別人及得上的了。我們現在用「愚不可及」一詞，屬於貶義，但考究它的本義，卻是孔子用來稱許甯武子的處世智慧。明哲的人也要懂得韜光養晦，在不適宜行動的時候就停下來等待時機，在時機來到的時候就好好發揮才智。所謂明哲保身的工作態度，也不過是由多聽多看，謹慎言行而有的工作態度。這是孔子在工作中的智慧。

總括而言，人的工作始於糊口，而終於成己成人。既然我們在客觀世界中，成為間接的統一，我們就要各盡其能，又各取所需，互相服務。工作也能實踐仁德。我們要是能在創造事業之中，實現自我的價值，並能找到自我的精神內核，這便是透過工作來實現個人志向。志願是主觀的，而工作能夠將它客觀化，因此工作是志願的身體，有了這個身體，心志能夠變成實在可見的東西。此外，對於工作，我們也要有適時的聰明智慧，並且在事業的道路上，作出合宜的進取之道。重要的是把握一己的主導權，按道義去行事，而不是隨波逐流，人云亦云，忘失自己的志向。保持感通，對世界敞開自我，用心於重要的事物之上，與人交通，縱然在工作中也是如此。這就是孔子所謂的仁道，同時也是工作的智慧了。

六　愛欲

27

飲食男女，人之大欲存焉

無論愛情表現得如何高雅美妙、不食人間煙火，其實都是深根於性欲土壤之上，才能直指天空，向上伸展。叔本華曾指出，性愛幾乎是人類一切意願和努力的最終目標，人為之時而貢獻財富，時而獻上健康，而愛欲的滿足構成了人生長期痛苦和短暫快樂的泉源。不但詩人謳歌時受到愛欲驅使，就連政治家、冒險家、思想家等創造事業的過程中，都受到原始欲望的影響。叔本華又認為，宇宙的本源是一種盲目意志，而這種盲目意志於生命中的表現，以性愛的力量為最大。雖然我們不必將愛欲形上學化，但性愛的確是推動人生的一大驅力。對於很多人來說，愛欲不但是人生的基本構成元素，而且具有終極的意義。愛欲之於人生，不可一日或缺。比如佛家認為人生之痛苦可怖，就是由於人生充滿愛欲，只有離欲才能得以解脫。叔本華繼承了這種思想，但他卻認為人所能達到平靜離欲的狀態只是十分短暫，這時人能以純粹認知的態度反觀世界，構成形上的觀照，然而維持不了多久，人又跌入意欲的旋渦，為愛欲所主宰。愛欲的力量還是人生的主要動力。

人生於世，有種種不同的追求，而性愛是最重要的其中一種。性愛的追求甚至比求生的意欲還要強烈。無論你是否願意，人是如是如是地生存著，而又如是如是地追求性愛。

愛欲是人生不可否認的現實，也只有加以正視，才能對人生有深刻透徹的了解。哲學家常忽略人生實存的一面，這確實是他們的過錯。在《禮記》之中，記載了孔子對於人生原始欲望的確認。他說：

> 飲食男女，人之大欲存焉。

孔子以飲食與性愛並舉，可見他對人的生存實況，有深刻的同情。他肯定愛欲是人生的「大欲」，而不加以否認，亦不主張從根本上斷絕性愛。人不能不追求性愛，正如人不能不飲食，這些都是基本的需要。確定生命的基本需要，對於反省人生的現實及其終極目的，有關鍵的重要性。

人的生命由性愛而來，亦即是由男女的結合而生，而一切男女，又是由父母所生，人的生命可上溯至無數男女，而源於兩股對立力量的結合。生命由男女所生，對立結合了，即又成為男或女，決定為某一面，而又尋求與對立結合。這就有如兩段不斷分合的流水，生命就是來自這種對立而又結合，結合而又再分裂，分裂又復對立，對立又求合一的勢力。因此，生命便是以愛欲為本質的。就算是同性戀者，都會受到性愛的力量驅使，而有愛欲的追求。至於宗教家之求貞潔者，亦需要很大的力量克制這種與生俱來的驅力，而難以畢生完全不動心。柏拉圖《會飲篇》借希臘神話指出人天生就會追求另一半，就是對於生命的內在矛盾有深刻的體會。這種源源不絕的性愛力量，以及由此構成的內在矛盾，是一般人難以克服的。聖徒保羅就曾在給哥林多教會的書信勸導教眾，與其欲火攻心，不如嫁娶為妙。生命欲望確是需要撫慰的，一切從根本上禁絕愛欲的學說，實在無有是處。

生命既然來自愛欲，又趨向愛欲，愛欲確是人所不能壓抑，而又不能不正視的。因此，儒家提到人生的五種倫理關係，夫婦即是其中之一。孔子曾說：

君子之道，造端乎夫婦，及其至也，察乎天地。

男女愛欲既有身體的一面，又有精神的一面。由男女而成夫婦，進而建立家庭，這不但是將愛欲規範化，而且將性愛精神化。在婚姻之中，人不但有愛，而且有敬。愛所以合同，而敬所以別異，既愛且敬，就有如琴弦一樣，上得太緊不行，上得太鬆亦彈不出音樂，也只有保持適當的距離，才能琴瑟和鳴。夫婦之所以要互相敬愛，而令關係轉趨深細，是因為人的愛欲除了物質的一面，還有精神上的追求。所謂物質與精神的分別，亦不過大體而言，而在愛欲的現實之中，卻不能真的分別出一個物質，一個精神。因為在所謂的物質中，亦具備精神性質；而在所謂的精神中，又以身體物質為媒介。男女愛欲，亦所以見人的心思投向他人，而與人交通，而必然在感通之中。就算在最淺俗的男歡女愛之中，我們亦能夠發現生命核心的仁。人生之中，仁有不同的體現，只是有深淺之別，而性愛是其中一種。

愛欲有如其他世間事物一樣，只要人心不陷溺其中，而是以之為憑藉，作為擴充仁心的途徑，就能夠成就正面的價值。重要的是仁心，而箇中工夫就在於保持感通。齊宣王曾坦率跟孟子提到，自己的老毛病就在於好色。孟子指出這不是問題，而且是推行仁政、實踐王道的憑藉。因為太王也好色，愛慕姜女，並帶同她到了岐下，這個時期的百姓都得其所愛，內無怨女，外無曠夫，所以孟子勸告齊王如果好色，就與百姓一同好色。孟子不但不主張從根本上禁欲，而且從一己愛欲出發，推己及人，既知人與我皆一同好色，又令他們得償所願。這就是「己欲立而立人，己欲達而達人」的具體實踐了，亦是成己成人的仁政與王道了。於愛欲中保持仁心，甚至在愛欲中體現仁德，這就是儒者的胸懷。

孔子既承認愛欲是人生的基本需要，又要求這種需要得以昇華，成為仁心的體現。雖然以上所引述的孔子之語，皆不是出自《論語》一書，但從整體而言，這兩句說話與《論語》所表現的孔門思想，是一致連貫的。而孔子思想的核心要義，就在於仁，工夫就在於感通。只要不離仁道，能夠感通他人的，孔子都不會從根本上反對愛欲的。這一節只是介紹孔子愛欲學說的開端，《論語》之中的其他有關思想，我們在以下數節還會提到。不過，重要的還是在於仁心，在於成己成人，並且在於感通。

金聖嘆在批《西廂記》的時候，特別提到〈酬簡〉一段，戲曲中描述崔鶯鶯與張君瑞幽會的情節，他就指出性愛是人間最尋常不過的事情，家家戶戶都在做，但卻視之為禁忌，確有虛偽矯情之嫌，而《詩經》以〈關雎〉為首篇，可見聖人不但不避談性愛，而且非常重視。莘莘學子諷誦經書，卻昧於聖人之意，確是可憐可笑。關於書呆子板起臉孔，一本正經地論道，卻不解風月之事，蒲松齡創作了〈書痴〉這個故事，加以諷刺。話說書痴家道中落，傢俬都變賣了，唯獨老父藏書卻不敢動一卷，只因他利慾薰心，真的字面地相信「書中自有黃金屋」一語。後來讀書至顏如玉現身，同居日久，便問及男女同居則生子，何以顏氏沒有懷孕。顏氏告訴他若要生子，在枕藉之間，還需一番工夫，可見書痴竟不解男女之事。顏氏乃以「枕藉工夫」教他，與他行房。書痴不意世間竟有這樣歡樂美妙的事情，於是逢人便告訴如此這般，聽到的人無不掩口而笑。書痴憨狀可掬，故事亦在一定程度上反映世情。

文學家心靈比較敏感，確實比一般以經術為業的書生，更同情人間的男女愛欲。《詩三百》本是文學作品，後來被漢儒奉為《詩經》，而為了講求經世致用，在政治上產生作用，於是他們對這部經書下了不少不通人情的注解。想孔子當年教人讀《詩》，重視箇中的真實情感，並作出了「思無邪」的評語，可見孔子通情達理，卻不一定認同漢儒的讀法。對於〈關雎〉談及男女愛欲，孔子就評價：

〈關雎〉，樂而不淫，哀而不傷。

這是說〈關雎〉一詩，快樂而不過分，哀愁而不悲傷。〈關雎〉以雎鳩鳴叫起興，提到君子追求窈窕淑女，不但日裡想她，夜裡更想她，在求之不得的情況下，君子整晚輾轉反側，睡也睡不好。於是君子採取行動，以琴瑟、鐘鼓等音樂來抒發愛情，以求得到淑女的青睞。全詩十分簡潔雅致，既提到愛情，也提到性欲，由夜裡想她，到以禮樂的方式來追求，表現了完整的男女之情。這就是孔子說它恰到好處的原因。

愛欲既有身體物質的一面，又有精神交流的一面，正是由生物欲望的發動，寄託了人心感通的需求，愛情半天半人，一半是自然的，一半是人文的。愛情是仁心感通而有所著落，指向特定對象，至於春情卻是仁心萌發而無著落之處，無所指向。所謂「春色惱人眠不得」，便是「春惱」；「原來奼紫嫣紅開遍，似這般都付與斷井頹垣。良辰美景奈何天，賞心樂事誰家院？朝飛暮卷，雲霞翠軒，雨絲風片，煙波畫船，錦屏人忒看得這韶光賤」，便是「傷春」。這種蘊而不發，欲著無著的情感，蘊蓄一切，而又甚麼都不是，就是「春情」。春情溢滿而不著於物，千頭萬緒，蓄而不發，形成一種內在的洄漩，是生命之在其自其。牟宗三就在他的自傳中，提到少年時的一番體會。他說：「傷春的『春情』不是『愛情』。『愛情』是有對象的，是生命之越離其自己而投身於另一生命，是向著一定的方向而歧出，因此一定有所撲著，有其著處，各獻身於對方，而在對方中找得其自己，止息其自己，但是『春情』卻是『無著處』。『閨中女兒惜春暮，愁緒滿懷無著處』，這『無著處』正是春情，愛情是春情之亨而利，有著處；結婚是利而貞，有止處。春情則是生命之洄漩，欲歧而不歧，欲著而無著，是內在其自己的『亨』，是個混沌洄漩的『元』。」[2]牟宗三借《易經》的元亨利貞來說明春情與愛情，而這個生命之元，就是生命內在之仁了。後來，牟宗三說他在一個嚴冬的日子裡，看見馬戲團的一個十三四歲的小女孩騎在馬上，清新俊逸，而又楚楚可憐的樣子，令他產生了愛情。他說那是他一生唯一的一次愛情流露，自此之後，便再沒有那種乾淨無邪而又是戀愛的心境了。

在愛情最初萌發的地方，最易看到仁心的顯露。由春情發展至愛情，是生命之仁之在其自己，而投向對象，著於戀人，成為生命之離其自己。愛情使人對戀人敞開自己，迷戀而陷入狂醉之中，而這種狂醉的境界，就有如尼采所說的戴奧尼索斯式的酒神精神。通過愛情，人失去了自我，而以自己的生命投向另一生命，而不惜種種犧牲。這種在狂醉中的

2 牟宗三，《五十自述》（臺北：鵝湖出版社，2000年），頁10。

自我銷解，就是酒神的力量。因此，於自我而言，愛情是帶來痛苦的。正如尼采所說，就算是最甜美的愛情，也是苦的，但這不要緊，且飲盡愛情的苦杯，也只有在愛情與婚姻之中，人才能自我超克，而創造出超人。雖然孔子不用神話來說明愛情的力量，但愛情的確令人又哀又樂，既是自我的又超出自我，進而銷解自我，而成就另一個更大的自我。

愛情是仁心的萌動，而著於一特定對象，既是人心之敞開，又是人心有所著落。愛情半天半人，雖是仁心萌動，卻又夾雜性欲；愛欲半人半天，雖是源於性欲，卻又能夠昇華，達至人我交通的境界。性愛是精神交通的媒介，就算在最淺俗的男歡女愛之中，亦有仁心的表現。愛欲具有精神的性質，而縱欲之所以為人所詬病，是因為它妨害了更高級的精神表現，而形成價值上下顛倒的情況。愛欲本身不但是人生的事實，而且是交通人我的力量，具有正面的價值。青年男女的互相悅慕，其中所表現的情感，孔子是欣賞的。亦因為如此，孔子也欣賞〈關雎〉一詩。它不但提到愛欲，而且指出了禮樂的昇華。它還道出愛情之中複雜的情感，樂而不淫，哀而不傷。性欲是屬於身體的，而愛情是屬於詩歌音樂的。身體沉重，而詩歌音樂輕盈，愛情是要由沉重走向輕盈，由物質表現精神的。而男女愛欲，也是一種由自我而超克自我的途徑。

29 吾未見好德如好色者

孔子訪問衛國，衛靈公老了，不能用孔子，又寵愛南子，但仍然十分欣賞孔子。南子想借助孔子的名聲，鞏固自己的政治實力，於是私下接見了孔子。後來更安排孔子與衛靈公一起出巡，大張旗鼓向百姓展示孔子，表示連國際知名的大學者都為自己站台。可推想孔子為了得到實踐理想的機會，能夠在衛國的政治舞台立足，便答應了此事。可是出巡當天，衛靈公並沒有表示足夠的誠意，他沒有盡待客之道，不與孔子乘坐同一輛車子，而是與南子同車，而孔子乘坐的另一輛車子只是緊隨在後。衛靈公不能禮待賢士，孔子受到冷待，我們可以推想孔子當時的心情，他的一股熱誠被潑了冷水，失望之餘，不能不生出怨言，他說：

吾未見好德如好色者也！

孔子感嘆他未曾見過有人愛好賢德有如愛好美色一樣。一方面，這是指自己作為賢德之士受到冷落，待遇比不上一個絕色美女；另一方面，這也是孔子對於人生現實的普遍觀察而有的智慧之語。的而且確，一般人都喜好美色，尤其是男性，都會喜歡美麗的姑娘。

這既是因為愛美是人的天性，也因為愛欲之所使然。孔子站在男性的立場說話，指出男性大多好色的現象，正如他肯定愛欲是人生的「大欲」一樣。這可見孔子對於生存的現實體會之深。

愛好賢德固然是仁心的感通，愛好美色也是仁心的萌動，只是程度深淺不同而已。孔子沒有將兩者對立起來，要人取捨之意，而是將兩者比較，說未見愛好賢德有如愛好美色一樣。要比較兩件事情的深淺高低，就要有一個共同的標準，否則無從比較，而這個比較的準則就在於感通了。後來的儒家哲人也不會將好德與好色對立起來，而以仁德來扼殺自然生命的欲望，但卻是比較二者的程度，甚至以好色來比喻好德。《大學》裡就提到：

所謂誠其意者，毋自欺也。如惡惡臭，如好好色，此之謂自謙。故君子必慎其獨也！

所謂「誠其意」的工夫，就是不要自我欺騙。就有如討厭惡臭，又有如愛好美色，這就令到自心滿足。因此君子獨處時必須謹守這顆仁心。這裡以愛好美色來比喻仁心發動，說仁心發動就如愛好美色一樣真實自然。當然，愛好美色也是來自生命的內在力量，也就是這顆仁心。人心之投向他人，敞開自己，照明世界，愛好美色也是其中的一種途徑。

後來門人徐愛問及王陽明「知行合一」的道理，王陽明便引述了《大學》中的這一段來解釋，指出「知」與「行」不是兩件事情，真知便必須行得出來，實踐即是真知。他說：

故《大學》指箇真知行與人看，說「如好好色，如惡惡臭。」見好色屬知，好好色屬行。只見那好色時已自好了，不是見了後又立箇心去好；聞惡臭屬知，惡惡臭屬行，只聞那惡臭時已自惡了，不是聞了後別立箇心去惡。[3]

《大學》中所謂的「好好色」，便是「知行合一」了。一般來說，見到美色是知，愛好美色是行，但當我看見美色時，就同時愛好美色了；而當我真的愛好美色時，才能真的知道這是美色。美色之為美色，就在於我愛好這個美色。因此，不是先看見了、知道了美色，然後再立一個心去愛好、去實踐。這是比喻良知的「知行合一」。用宋儒的話來講，這是「德性之知」，而不是「見聞之知」。因此，見父自然知孝，再立一個孝的心，然後再去行孝，那已是造作不真誠了。王陽明用愛好美色來說明知行合一，亦即是說明仁心發用，可見二者性質是相同的，都是感通。

雖然好色與好德都是感通，但是卻有程度之分，好色是愛欲的表現，因此所涵具的物欲性質較多，不及好德那麼純粹。雖然好德，比如愛好賢人，都要透過身體行為去表現，甚至以禮物作為載體，但這不容易使人陷溺於物欲，而變得麻木不仁，反而更能感通。然而愛欲往往著於身體，容易使人產生貪執，陷溺於物欲而忘失了感通的真義，令人麻木不

3 王陽明，《傳習錄》（臺北：金楓出版社，1999年），頁7。

仁，而不能更有所感通。因此，雖然好色也是感通，卻及不上好德的純粹又不是人能夠容易把握的，而好色人人都會，哲人從中指點，就能使人容易領會仁心。就在好色之中，甚至愛情的萌生之處，平常人也把握得到感通之義，就是生命由在其自己，而離其自己，與他人交通，對世界敞開自己，同時又照亮他人，使世界澄明起來。仁心就見於愛情的火花，當夜越黑暗，火星就越光亮。況且在愛情之中，我們感通他人，而在此之中，對方必具有人格，就算在性愛之中，甚至在性幻想之中，我們必視對方為人，而具有人的位格，而不只是洩欲的死物，否則性愛，乃至性幻想即不可能。性愛也是感通，也是人心投向人心，縱然是如此微明。

要把握仁心，說易不易，說難不難，我們從性愛之中也能領會到仁心的作用，在平凡的性行為中也能感通他人之心，但就連孔子也說他不能充分地實踐仁德，尚且要終身孜孜以求。孔子以好色與好德來作比較，從而透露仁心的端倪。雖然如此，我們必須留意愛好美色的不純粹之處，愛欲使人容易陷溺沉迷，而變得麻木不仁，不能更進一步地感通。但是我們又必須注意到，仁心是如此包羅萬有，無孔不入，就連宗教家視為不潔的污泥之中，也能領悟生命內在核心的仁心之德。孔子之教，就是如此高明，又是如此平實。

賈寶玉初試雲雨的年齡，應該不過十一歲。他在秦可卿的房間作了一場春夢，而且夢遺。事後襲人問他是甚麼一回事，寶玉便答以太虛幻境的光景。然而，寶玉之所以在可卿的房間作春夢，實在事有蹺蹊，送他入夢的是可卿，他夢見的也叫可卿，叫醒他的也是可卿。由此反映，賈寶玉雖是秦可卿的小叔，但在他的幼稚的心靈中，可卿氣質不凡，可是他戀慕的對象，因此他會睡在可卿的房間，否則後來聽聞可卿的死訊，他就不會激動得咳出血來。寶玉含玉而生，這象徵他是帶著情欲來到塵世，而可卿就象徵女子作為紅樓一夢的牽引者、帶領者和警覺者。對於可卿的評語，一字記之曰「淫」。寶玉生於此世，是要經歷一番愛欲，寶玉是「假」的，但「假作真時真亦假，無為有處有還無」。紅樓一夢，雖是如此虛幻，又是如此真實，而現實世間看似真實，到頭來又是一場空;虛無變成存有，而我們又要捨棄存有，至於虛無，以至一無所有。寶玉戀上可卿，又與襲人初試雲雨，可見少年人心性未定。及至後來遇上了林黛玉，卻情定終身，他對黛玉說如果她要是出家了，他也會去當和尚，而當黛玉病逝，他果然削髮為僧。賈寶玉不是甄寶玉，「假」不是「真」，但愛欲是如此真實，愛情能使人終身不渝。

《黃帝內經》說男子二八天癸乃至，十六歲而能生兒育女，不過這是大略而言。觀乎賈寶玉生於富貴之家，物質條件較好，故十一歲而能遺精。這有如種子之仁破土而出，乃是生命力量的萌發。少年對性愛好奇，一如小孩對一切事物好奇，似乎看見美好的物件都要破壞，實則是好奇心驅使他拆解事物，探索一番。不少人視愛欲為洪水猛獸，其實性欲也是仁心的萌發，因此要善加引導，以歸正途。而所謂正途，即在於不閉塞仁心，不妨礙感通，不因小失大而造成價值顛倒之事。正因為仁心最初萌發，要善加保護，所以對於色欲，少年要保持戒慎。因此，孔子說：

> 少之時，血氣未定，戒之在色。

人在少年的時候，血氣心志尚未穩定，因此要對色欲生出戒懼之心。這裡有兩點值得注意。首先，「戒」當不是指斷絕、革除，否則古人早婚，反而不能行夫婦之事；因此，這裡應當指警覺、防備，對愛欲要慎重，否則便會泛濫。其次，血氣未定，不是指發育未全，不能行房，而是指未有統合身心的志向，不宜苟且行事。不少人誤以為色欲傷身，殊不知正常的性愛不會有害。徐靈胎在《醫學源流論》一書中論及腎精，以《易經》中的井卦來作比喻：「腎中有藏精之處，充滿不缺，如井中之水，日夜充盈，此長存者也；其欲動交媾所出之精，及有病而滑脫之精，乃日生者也。其精旋去旋生，不去亦不生，猶井中之水，日日汲之，不見其虧，終年不汲，不見其溢。」這可見腎精有長存之精，亦有旋去旋生的精液，而道家之「煉精化炁」之說，亦是教人煉就先天元精，當然煉炁的人要防止先天之精化為後天之精，才能積精儲氣，否則便會漏丹。然而，一般來說，只要不縱欲，對於身體的損害不大。因此，少年戒色，是為了不至於愛欲泛濫。

少年固然心志未決，以致血氣未定，而未至於貞正。愛情是生命的亨而利，婚姻是生命的利而貞。婚姻是愛情的止息之處，使愛欲不致於泛濫無歸。亦因為如此，人需要婚姻，或需要穩定的愛情關係。不但男性如此，女子亦然。《金瓶梅》的三位女主角之一的李瓶兒，在遇上西門慶之前，便是一股愛欲沒有人承受，因而沒有止處，成了漫無歸宿者。她的前夫花子虛不解風情，她便與西門慶私通，後見西門慶面臨抄家之禍，便改嫁蔣竹山，但後來發現蔣竹山中看不中用，又嫁給西門慶。雖然在小說的前半部，李瓶兒是個淫婦，但到了後面，她把一股愛欲都投放到西門慶身上，得到了愛情的歸宿，成為了賢妻良母。她不但愛護兒子官哥兒，而且對於府中上下，都溫婉敦厚，大方得體，縱然得到西門慶的寵愛，她還是十分謙讓，推說照顧兒子，把丈夫讓給了其他人。至於，後來她因受到潘金蓮的妒忌，被害死了，卻不能不使人感到悵然。李瓶兒之得到讀者同情，並非沒有原因的。然而，她害死前夫，所以應有此報。這都是因為她血氣未定，一股熱烈的愛欲找不到承受者，直至愛欲同樣熱烈的西門慶出現，她便將自己的愛欲毫無保留交付西門慶身上，燃燒殆盡。牟宗三曾說，《紅樓夢》屬小乘境界，而《金瓶梅》屬大乘境界。就是要探討一切有情眾生，在愛欲之中如何得到救度，得以解脫，即於煩惱愛欲而得證無上菩提，這就是

《金瓶梅》恢宏之處。正是由於它的恢宏大度，所以能令人不沉溺。孔子則更有進於《金瓶梅》，不但教人戒慎而不沉溺，而且教人憑藉愛欲，實踐人生的正道。

孔子不教人斷絕性愛之事，而指出少年人心志未決，血氣未定，要戒慎行事，不要被一時衝動所誤。既然指出少年人心志未決，血氣未定，這就暗示了少年應該尋思出路，把心志定下來，使血氣愛欲有止息之處。仁心萌發是一人主觀的事情，而確立關係，互相肯定，彼此感通，就是互為主觀，求生命的客觀化了。人之所以能立足於人倫世界，就在於能客觀化一己的生命；而生命的客觀化，就在於發展家庭與事業。有關事業的思想，在前一章已經論述了。這一章論愛欲，亦宜以建立夫婦關係、成家立室為歸宿。本節以小說家之言作論說，其實在對於愛欲的反省之上，筆者深深得益於這兩部小說。在春秋戰國時代，小說家被視為不入流的街談巷議，當時固然以論道為主流，但卻未出現偉大的小說，因此小說家被人輕視，實在是有理由的。不知孔子復生，如果一讀《金瓶梅》與《紅樓夢》，又會作何感想？

七　人性

31 夫子之文章，可得而聞也

現代西方心理學視「人性」為人所具備的性質及所表現出來的特性，這是受了他們的哲學觀點所影響，視人為一種客觀所對之物，來對人之為物加以研究。就算是研究主體的思想範疇，西方哲學也是將思想中的概念，視為心之所對加以探討。比如黑格爾的《小邏輯》就很重視「反思」，並以邏輯學的本旨就在對於思考加以思考，是一種後於思考的思考。因此，所謂「反思」，亦即是「後思」。雖然黑格爾對於以往的批判哲學，有「學會游泳之前，切勿下水」的諷刺，而自視其「後思」的邏輯學，是主體的思考本身，但是他在方法上，仍是以思想中的概念為思考的所對，並加以探索。黑格爾可能也受到了東方哲學的人性論影響，而發展他的德國唯心論。他之研究邏輯學，研究思考之在其自己，亦不過是他的唯心哲學的前奏，而為其精神現象學的一個環節。簡而言之，黑格爾既以思考為後思的所對，而又知道前思與後思皆出自主體，皆是精神的遊戲。雖然他不直指人心，但已接近中國哲學之重視反身內證的哲學。而所謂「反身內證的哲學」，既是唯心的，又是實證的。

筆者很喜歡讀黑格爾的《小邏輯》，視之為打開精神哲學，甚至是探討黑格爾式的人性論的寶典。本人就此曾請教於吳明老師，可是吳老師卻不視之為哲學的正途。當然，探討人性論最好是直指人心，就如孟子以不同的方法，指點人去體會仁心之端，從而自證善性，而不是以人性為主體所對的客觀對象，而加以認識探究。這所以陸象山的心學不是來自禪宗，而是直承孟子之學。若說象山是禪，那不如說六祖惠能是佛門的孟子。禪門祖師大多是中國式的心靈，他們的禪法也受了儒家極深的影響。西方哲學家探討人性，多視之為客體之物；而中國人探討人性，多直指人心，教人反身而誠。我卻喜歡黑格爾所走的一條獨特的道路，他是先張羅一個思想之網，鋪天蓋地地把客觀世界籠罩了，然後收攝於內，視客觀概念網羅為主觀精神的辯證作用，因而研究客觀的概念，亦即是探討主體的純思。筆者就是喜歡黑格爾哲學的這種曲折。當然，這不但是為了滿足個人的理論興趣，而且是因為他這樣做哲學，可能對我們探討人性，更為有益。

在《論語》之中，孔子是極少提到人性的。他不像孟子身處的時代，經歷了道家的批判，而要極力提出性善之論。孔子不是沒有對人性的獨特觀點，只是他更重視具體地實踐仁心，因而著重平實的教學，而沒有積極建立人性論。道家則批評文化之惡，視種種人文成果為人性的桎梏，而要透過無為的工夫，回復靈臺的空明。因此，孟子積極建立儒家的人性論，為人文化成的正面價值，作出根本的說明。《論語》中有兩處直接提到人性，其中一處就是子貢述說他的聽課心得：

子貢曰：「夫子之文章，可得而聞也；夫子之言性與天道，不可得而聞也。」

子貢指出，孔子的禮樂文章，他是聽到過的，至於孔子之談人性與天道，他就沒有聽說過。關於天道與人性，是後來儒家學者所探討的哲學問題。牟宗三指出宋代儒學都是環繞「天道性命相貫通」的命題而展開。一方面，宋儒有他們的宇宙論式的表述，主張天道下貫而為人性；另一方面，宋儒又有工夫論上的路數，主張下學而上達，踐仁以知天。無論如何，他們都重視人的主體性，不是視天道性命為客觀探討的對象，而是以仁學為自證自明的生命的學問。因此，宋儒較重視內在的證悟與具體的實踐。自孔子以來，「仁義」不被視為一個嚴格的概念而加以探討，而仁義總是靠前人的指點來作存在的實證。

亞里士多德探討人的性質，即透過類差的方法來對人作出邏輯定義，因而對人的靈魂作出定性。孔子即不對人性作出客觀的定性，而所謂人之「性」亦不是性質或性相的意思，而是內證的本性。正如唐君毅在《原性篇》所說，「性」由「心」與「生」構成，「生」是指由無而有的創造能力，「心」是指虛靈不昧的感通能力。內證由生命與心靈構成之性，不同於認識經驗對象的性質，物性是現成的、既定的，而人性是活動的、不定的。因此，一方面，中國哲學家即生言性，就生生不已的生命來談論人性；另一方面，卻是即心言性，就虛靈不昧的心靈來談論人性。歷代哲學家偏重或有所不同，但大略而言，都不離即於生命與心靈來講人性。順帶一提，唐君毅晚年的哲學著作題為《生命存在與心靈境界》，就是生命與心靈兩者兼重的了。

子貢說孔子講論禮樂文章，即是重視人文化成的一面，而一切文化的作為，皆是人性的表現。於孔子來說，人性不是獨立自存的抽象物，而見於具體的文化表現。因此，學習禮樂文章，便能對於人性有所體會。一方面，是體會生命的創造之能；另一方面，是反省心靈的照明之源，合此二者便見人性。孔子曾經反問：難道禮樂就是玉帛與鐘鼓這些死東西嗎？他又問：人而不仁，如何實踐禮樂呢？這可見禮樂文章都是人性的表現，而要對人性有所體悟，就不離禮樂文章了。難道離開生命心靈的全幅體現，還有一個凌空的人性嗎？這亦是孔子沒有專門討論性與天道，而著意用心於文化教養的緣故了。

正如上兩章所言，人除了有主觀的志願外，也必須客觀化他的志願，而成就天下事業。在孔子心目中，人性早就客觀化而成為禮樂文章，這亦所以孔子說自己好學好古，就是要從已有的文化事業之中，了解永恆的人性。正如上文所說，從客觀化了的思想概念，反溯至思想主體，並又去掉主觀客觀的對立，而達至無主無客的絕對境界，便是黑格爾的哲學道路了。孔子不像黑格爾由客反主，而達至絕對精神，而是無分主客，一開始便是絕對，而也無所謂絕對不絕對的境界之中，平實地指點禮樂與仁義的實踐。既不作概念分解，又不作辯證綜和，這是當體就是圓融的教法。這亦是之所以在孔子的學問中，性與天道可證而不可聞的緣故了。

宋代朱子認為人性可分為義理之性與氣質之性，這是人在反省之中，同時發現自己的超越與限制兩面。義理之性即是超越的天理，它永遠超出現實，而為我們奮鬥努力的理想。它恆久地存在，深根於我們的本性之中，而又不為我們的生死成敗而生滅變化。雖然天理就好像客觀自存的實體，但它又必須從人的實踐中去琢磨，從而在本性之根中實證的。這就是朱子既講「性即理」，而又重視「格物致知」的道理。不講天理，則一切格物致知的實踐就如散錢無貫一樣，漫無所歸；而不重視格物致知，則天理無從證見。因此，從道理上講，朱子重視天理的客觀性，而又重視主觀的實踐。至於，氣質之性就是在天理的倒映之下，人在工夫實踐之中所照見的限制性。比如人有他的智愚不同的稟賦，又如人有他自然生命的欲望，這都是就人的實存一面，而構成天理全幅實現的限制。當然，我們必須知道氣質之性，就是身體與物質，它們雖然具有一定的限制性，比如在為善之中，我們只能如此而不能同時如彼，能救一人而不能救盡天下的人；然而，它們也是實現天理的憑藉，我們必須透過實存的身體與物質，來實踐出合乎道義的行為。因此，沒有天理，不但我們不能照見氣質之性，而且沒有氣質，我們也不能實現義理之性。雖然朱子講「理先氣後」，這是從本體論上來講，但是從工夫論上，我們是同時照見天理與氣質。而離開工夫論的支持，朱子亦難以憑空去講本體論，即獨立地提出一個虛懸的天理。

朱子畢生的功力，就見於《四書章句集注》一書，甚至在他死前一天，仍然修改這部著作。在這部著作之中，他是以「性即理」的思想，去注解《四書》。而在《論語集注》之中，他批評了孔子所講的人性論。在〈陽貨第十七〉一篇之中，記述了孔子言「性」的第二處：

> 子曰：「性相近也，習相遠也。」

孔子說：「人性本來是相近的，但在實踐之中，就越走越遠。」所謂人性相近，即是不同，這與孟子所講「聖人與我同類者」的善性有所差異。天理是一，而理一分殊。義理之性必然是普遍的，人人皆然的，不同的就只有氣質之性了。因此，朱子在這一章的注解中說：

> 此所謂性，兼氣質而言者也。氣質之性，固有美惡之不同矣。然以其初而言，則皆不甚相遠也。但習於善則善，習於惡則惡，於是始相遠耳。[4]

4 朱熹，《四書章句集注》（北京：中華書局，2001年），頁175-176。

這是就孔子所講的人性，不只是就義理之性而言，而是兼就氣質之性來說。氣質之性，是就人的稟賦的善不善來說。就先天而言，人性差距不遠，但後天學習有善有惡，就造成人性的差距了。由此可見，朱子認為孔子是兼言義理之性與氣質之性的。他又引述了他的老師程子的講法，這與他的見解是相似，但是不同的：

程子曰：「此言氣質之性，非言性之本也。若言其本，則性即是理，理無不善，孟子之言性善是也。何相近之有哉？」[5]

這裡的程子應該是指程頤。程頤說孔子言性，就只是氣質之性而已。這與孟子所講的性善論不同。而程頤認為本性就是義理之性，而「性即是理」，因此是普遍地屬於善的，人人皆然，而不能有所不同。因此，程頤以教訓的口吻來質問孔子：「何以只是說『相近』而已？」

孔子這裡說「性相近」，是兼就生命存在與心靈境界而言。一方面，是就人的實存，而即生言性；另一方面，是就人的虛靈，而即心言性。孔子是同時說義理與氣質，而不作二分地說。既然相近，就是同中有一點差異，而差異之中又強調相同。如果以程朱理學的系統去看，孔子還是較強調普遍的天理，而同時指出理一分殊。然而，值得注意的是，孔

5　同上，頁 176。

子不是單獨地講論人性，而是落實在工夫實踐上說，所以他說「性相近」之餘，又提到「習相遠」。「習」的意思，一如「學而時習之」的「習」，是說人的實踐，有身體力行之義。人既同時有生命與心靈，那是相似相近的。但是當人實踐道德，與人感通，而創造文化事業的時候，他們所表現的，又各有成就高低之分，而且相距甚遠。這就指出了文化實踐的重要，而不能不嚴肅對待。由此可見，孔子的人性論，不是決定的，而是強調人的實踐與努力。就是因為人的實踐與努力的不同，人性的實現亦差異甚大。雖然人有義理之性，正如孟子點出了「乃若其情，則可以為善」，人有可以行善的能力，但是人之所以是善的，還是靠他努力不懈地實踐道義。這所以見自覺人性之平易，以及實現人性的艱難。

孔子所講的不但是「性相近」，而且指出了「習相遠」。雖然實踐本於人性，但是沒有離開實踐，而能夠抽象地談論人性的。正如天理必須實現於氣質，而有深淺高下之分。這就是「理一分殊」的道理了。由於孔子的人性論重視實踐的一面，所以他就大張旗鼓地講禮樂文化了。一切禮樂文化，都是人性的實現，而人文化成非從天降，而是深根於人性，而有其所本的。如果說人性是本，禮樂文化是末，那麼就必須是本末俱榮，而不可偏枯。如果說人性是體，禮樂文化是用，那麼就要即用見體，而體用一如，沒有離用之體，也沒有離體之用。因此，孔子選擇以禮樂文化為教，是要使人成為文化教養者，這就隱藏了他的人性論了。這亦是所以孔子即「習」而說「性」。程頤之所以不理解孔子，就是不了解這一點。朱子之糾正程頤之說，不亦宜乎？

人之生也直

所謂「即生言性」，是著重「性」的「生」字一旁，是就生命存在來講性。「生」乃象形字，據《說文解字》所說，乃象草木出土的樣子。因此，「生」取創生之義，是指由無到有的意思。所謂生命的創造義，是指人日新又新，而在這日新的過程之中，體會到自己的性命。這就是王船山所謂的「命日降，性日生」的意思了。人的天命就見於日新不已的人性，人生天天更新，上天日日降命，因而人必須努力不懈，而沒有一勞永逸的完成，人要以生命為自己的性。即生言性，與即心言性不同，或攝心於生，不視心靈為獨立實體，而為依附身體的功能；或將心靈化約為物理機能，如自然主義者之所為。總的來說，即生言性的哲學家，並不重視心靈的超越之義，而重視生命的實存性。

近世的存在主義哲學家，就是重視描述生命的實存性，而極力限制心靈超越的一面。其中，尼采雖然提到他的超人哲學，重視自我超克，但他只是就權力意志來說，而反對傳統的靈魂學說。在尼采心目中，人是盲目意志的體現，一切之間不過是力的較量。他不但要自主，更要支配一切，成為主人，而成就主人道德。然而，尼采又不是像大眾所誤會的一樣，他不是達爾文主義者。因為，他雖重視人類演化，而企慕超人，但他不重視自我保存，或自我延續，反而要克服自我，為成就更高的存在而努力。所謂自我超克，是就權力意志而言，而不是指心靈的超越。於尼采，靈魂不過是一個謊言。尼采主張超人哲學，尚且重視生命的實存性，而尼采已是最重視自我超克的存在主義者。其餘的存在主義哲學家，更罕有談論心靈的超越一面，如西方古典哲學家之所為。

當然，孔子的思想十分平實，也十分重視生命存在的一面。但他的思想並沒有先提倡人的超越性，並經歷一番理論曲折，再反照出人的限制性，而大談人的實存一面。他也沒有像宋儒一樣，分出一個理、一個氣，同時照見人的超越與限制兩個方面。這亦是孔子思想不及後來哲學家精奇的地方。然而，孔子不走極端，腳踏實地，而實話實說，所以他的學說歷久彌新。在《論語》之中，也提到生命的一面，孔子說：

人之生也直，罔之生也幸而免。

人的生命正直而真誠，不正直真誠的人生只是倖免於禍亂而已。所謂「正直而真誠」，是就生命的本然與應然來說，是「本該如此」的意思，否則人只會陷於禍亂之中。這種生命的正直真誠，是相對於矯情造作而言。所謂矯情造作，是指心靈中的曲折，屈而不直，它本身不一定出於惡意，甚至可以出於善的動機，只是不夠正直真誠而已。

人心能夠超越，所以能夠投向別人，想像未來，而有種種謀慮。人的行動，一旦有了謀慮，有了計較，就有了曲折。因此，人有心靈，就可能會使生命屈而不直，受文化桎梏，而變得偽善。在《論語》之中，有兩處記載了孔子談「直」，而其中一處是這樣的：

子曰：「孰謂微生高直？或乞醯焉，乞諸其鄰而與之。」

孔子反問：「誰說微生高正直而真誠？有人問他借醋，他向鄰居索取而給人。」表面上，微生高解人之難，做了一件好事。然而，事情並不這麼簡單。這不過是一件雞毛蒜皮的瑣事，但微生高卻要借助他人之力來幫助別人。他是一心行善，但從這件事卻反映他對於善行產生執念。他想行善，就連借醋的小事都不放過。其實，對於小事，我們辦不到便讓別人來辦，不一定由我來把持。一來，他的確是沒有醋，本來幫不了人；二來，他問鄰人索醋，是代人行善，慷他人之慨而獲享美名，並以善人自居。他不一定好名，但卻要包攬善事。這便是矯情造作，屈曲不直了。生命本來是直來直往，是就說是，非就說非，不自以為是，亦不居功。無力卻要包攬善事，貪天功以為己有，這就是「觀念的造作」。牟宗三所講的「觀念的造作」，小者會造成生命的桎梏，大者會造成時代的魔難。老子教人無為，就是不包攬，不虛偽，不妄作，讓人各行其是，使「百姓皆謂我自然」，否則就會釀成禍亂。至於，另一處談及「直」的地方就是：

葉公語孔子曰：「吾黨有直躬者，其父攘羊，而子證之。」孔子曰：「吾黨之直者異於是。父為子隱，子為父隱，直在其中矣。」

葉公跟孔子說：「我鄉下有正直的人，他的父親偷羊，作兒子的指證他。」孔子說：「我鄉下的所謂『正直』與此不同。父親為兒子隱諱，兒子為父親隱諱，『正直』就在其中了。」對於「善行」產生觀念的造作，就會執定一定形式的善行，而忘記了生命最直接的情感。忽略了生命的實感，而委身於一種固定的善行，執著一定的目的或形式，無論是來自宗教也好，政治運動也好，甚至是歷史哲學也好，都違反了生命的真實，因而不能是正直而真誠。當然，貪執固定的「正直而真誠」的面目，也是似是而非，而罪過更大。

尼采預知宗教信仰的沒落，因此他宣告「上帝已死」，人們從傳統的造作之中解放，而經歷一次虛無主義。然而，尼采哲學並不停留於對基督教的否定，而是要回到生命的實感，並創造新的價值。尼采好像有很多反對道德的講法，但他口中所謂的「道德」，都是僵化了的教條，都屬於奴隸道德。人要做生命的主人，因而必須是自主的。雖然孔子沒有經歷宗教的專制與失落，但是他也重視存在的實感，因而說生命本該就是正直而真誠的。這是即生言性，重視人性的實存一面。生命就是一種由無到有的創造，它本身是直接的，不經過思慮的曲折，而講究當下即是。當然，除了即生言性之外，孔子也講即心言性，結合這兩方面就成就完整的人性論。生命原本是樸實無華的，心靈卻照明一切，使世界澄明起來。關於即心言性的一面，我們下一節還會談到。

所謂「即心言性」，是就人心虛靈不昧的一面來講人性。石頭封限於自身之中，只是在其自己，也只有人能投向他人他物，對世界敞開自己，並感通天下，成為對其自己的存在。人不但會知道經驗事物的存在，甚至會想到純理的世界。再者，他又能反照自身，不但自覺到生命的實存性，而且能自覺心靈的超越性。人能認識超越的對象，如純粹之理，同時又能反省自心的超越能力，從在其自己而對其自己，又返回自己。這就是心靈的作用了，亦是它自身的體性。當心靈所張開的認知之網越廣大深遠，同時他從中體會到的自身之性亦越廣大深遠。當然，上天下地，古往今來，無不被我們的心所照明。若不被我們的心所照明，亦無所謂存在不存在的問題。若只就認識心的層面來說，也是如此。就算康德提出物自身不可知，但也是被認識心所照明。簡單來說，我們之所以看到蘋果是紅色的，這個現象是物之自在與我們的認識心互相作用的結果。我們見它是紅色，一隻小狗所見就未必如此。至於，一隻蝙蝠所感知的世界，又非我們所能經驗。我們只能就我們的表象去認識事物，那不過是表象，至於物自身是怎麼的，又非我們、小狗、蝙蝠或其他有限存在所能知。物自身不可知成了哲學上的定論。然而，人之所以提出「物自身」的觀念，即見人的知性及於表象世界的背後。正如叔本華所說，「物自身」的觀念也根據邏輯推論，即所謂「充足理由律」而被提出，也是我們的知性所及。可見就算不可知的物自身，也為我們的認識心所照明。

物自身既為人心所照明，但卻不可被規定。說它紅的，它不是紅的；說它是一或多，它都不是。我們不是真能從認識客觀對象去知道物自身是甚麼，但是我們只要反身自問，我們的生命現象背後的物自身是甚麼，那就再親切不過了。那就是人性，即生命與心靈之性。叔本華從自身生命中，體會到他的物自身就是盲目意志，而認知能力，即我們一般所講的心靈，不過是從屬於生命的東西。人一生的大多數時間，意識總為意欲服務。若能擺脫意欲的左右，心靈取得獨立的地位，它便能從事純粹的認識，包括思考形上學的問題。因此，反過來說，雖然叔本華以盲目意志為人的物自身，但他之所以提出這樣的學說，在最初的一步，即需要哲學的心靈來照明這一切。心靈好比一切事物的光源，它同時照明生命與心靈。因此，就算是即生言性的哲學，也必須由虛靈不昧的心靈作為存有論上的根據。這即是說，無論超越的一面，還是實存的一面，都要由人來自覺才能被提出。因此，在道理上說，即心言性是更為基本的人性論。

上兩節我們提到程頤認為孔子所講的人性是氣質之性，而在接續的一章，朱子又以為孔子是氣質決定論，即是人性是由生命稟賦所決定的。孔子講了一句歷來被誤解的說話：

唯上知與下愚不移。

這句說話向來被解釋為：天生上等智慧的人與下等愚蠢的人，是不能受後天努力改變移易的。關於這一章，朱子說：

> 此承上章而言。人之氣質相近之中，又有美惡一定，而非習之所能移者。6

這是說這一章承接「性相近也，習相遠也」而有。雖然在上一章之中，「性」與「習」對舉，重視人性的自我實現，但是朱子指出氣質的善不善是命定的，不是學習所能改變。如此說來，孔子的說話豈不是自相衝突？朱子這樣注解孔子的話，並不融貫！想孔子之重視學習與教育，又怎會認同這樣的氣質決定論，而忽視人的努力呢？於是，吳明老師對於這一句有另一種解釋：唯獨是崇尚智慧與貶抑愚昧的主張，是不可改變的。這是鼓勵人努力學習，脫離無知的意思。這樣的解釋，不但合乎常理，而且與孔子的其他教導融貫一致。也只有重視虛靈不昧的、即活動即存在的心靈，才能不囿於現實的限制，而超越人的實存性，為生命保留自主自覺、自我實現的可能。

孔子確是重視人的自決能力。正如我們在前言提到，雖然人不能在所有事情上自決，但是人能夠內在自決。當他決定要自決時，這個決定自身，便是自決的。這亦是之所以人

6　同上。

能自證自決的力量。當你自決之時，便能超越機械論的因果決定，因而是超越的。而當人心自證超越的體性的時候，他同時發現生命的實存一面，並在自我實現中發現限制性。證見人性，就是同時自證生命存在與心靈境界。然而，仁具有根本重要性，它照明這一切，它是世界的光源，世界因而澄明起來。人敞開自己，又打開世界。人敞開自己時，就同時打開世界，這就是仁心。總而言之，仁總攝一切。

總的來說，孔子所談論的人性，不是先對人作客觀的認識，視人為對象之物，而加以界定其性質或性相；反而是教人自省，從內在自證主體之性。關於這種主體性，有即生言性，以及即心言性兩路。「性」之一字，即由「生」與「心」構成。這即是生命的實存性與心靈的超越性。然而，生命與心靈並不是平衡的二物。心靈比生命在人性論中具有更根本的意義。心靈不但能照明生命的實存性，而且能夠自我照明。也只有具備心靈，人才能靈動起來，由在其自己而對其自己，又由客觀返回主觀。孔子的人性論固然圓融，但是不經一番曲折，不經辯證，亦難以曲盡它深刻的地方。雖然孔子重視仁心，以仁來總攝一切，然而必須分解出生命存在與心靈境界，並且綜合二者來講人性。因此之故，宋儒的討論與叔本華、黑格爾和尼采的哲學，皆能各出精義，而不能以圓融為說來一筆抹煞。正如大地承載一切高山，包容所有深谷，也只有能夠融攝各家精義，才成仁說的圓融之教。

35 文質彬彬，然後君子

赫曼．赫塞無疑是偉大的小說家，他的小說充滿了哲學思考，不但是德國式的，而且也充滿東方色彩。赫塞的哲學不但是唯心的，而且是生命的。他在《德密安》中提到一個饒有意思的想法，這是一個有關人性論的講法。他說我們不但認識世界，而且承受著世界；如果外在世界毀滅了，我們任何一個人都能把它重建起來，一切形色都潛藏在我們的靈魂之中。因此，凡是在人的靈魂生活過的東西，我們的人性中都有。他指出每一個存在過的上帝與魔鬼，不論是希臘的、中國的，還是秘魯的，在我們的心靈之中都有它的根源。而如果人類一旦從世界上消失，只剩下一個不怎麼聰明的小伙子，而他又沒有怎麼受過教育，那麼他也會重新發現演化的過程，並再創造出每一樣東西：上帝、魔鬼、天堂、地獄、戒律、《舊約聖經》、《新約聖經》……由此觀之，一切外在的事物，都是客觀化了的東西，都深根於我們的人性，甚至是每一個人的人性。這使我想到黑格爾在《法哲學原理》序言的那一句名句：

凡是合乎理性的東西都是現實的；凡是現實的東西都是合乎理性的。[7]

黑格爾指出除了理念之外，沒有東西是現實的，而現實的東西都屬於理念的；並且哲學是探究理性的東西，或用中國哲學的話來說，是性理，所以它是了解現在的東西和現實的東西。當然，黑格爾在書中探討的主要是國家，而我們在這裡說的是精神世界，甚至包括精神化了的自然世界。一切出現過的事物，都會再出現，不但是道德的事情，而且包括罪惡的嘗試，只因無論道德與罪惡都被人性中的良知所照明，而從一切日曬與陰影的地方我們都會發現陽光。

人性中潛藏了一切已有文化的形式與內容，而現有的文化是客觀化了的人性。因此，我們可以從悠久的文化之中去體會人性。因此，孔子談論「性」之餘，也很重視「習」。他不但重視質樸無文的人性，而且重視文化教養，要人把深藏的人性實現出來。孔子既重視文化的先天之體的人性，又重視人性的後天之用的教化，合此二者才能成就一個健全的心靈。《論語》中有一章就談到這種微妙的關係：

子曰：「質勝文則野，文勝質則史。文質彬彬，然後君子。」

7 黑格爾著；范揚、張企泰譯，《法哲學原理》（北京：商務印書館，2016年），頁12。

孔子說：「質樸超過了文采，就是野人；文采超過了質樸，就成祝官。只有文采與質樸平衡，才能成為君子。」質樸就是由內在的人性直接表現出來，文采就是已成的文化對於人心的指引，即是客觀化了的人性，從已有的成績，指示出主觀人性自我實現的道路；綜和主觀的自我實現與客觀的文化現實，就是滿心而發的仁心了。當然，最理想的是質樸與文采並重，一無所缺，但二者之間，還是質樸的人性較為具備根本重要性。畢竟所謂的文采，本來都是靠質樸的人性來成功的，所謂的文化也不過是人性的客觀表現。因此，我們不能以客觀的文化成果，來束縛人心。正如對人有禮是仁心的表現，我們不能反過來以繁文縟節成為仁心的桎梏。又如作畫有一定的技法，那都是以往的藝術家所創造的，我們不能以此限制新的創作。因此，主觀精神要不斷地躍起，來保持它的創造性，而又維繫客觀精神的靈活性，使之不至於陳腐僵化而死於過去。

然而，所謂客觀精神，即已實現了的人性的文化成果，亦有它的重要性。雖然我們強調主觀精神的躍起，即返回對於人性的原初觸動，但我們不能因此就抹煞已有文化的價值。孔子之提倡仁說，不過是為了崩壞的周禮重新注入動力，使之生動起來。已有的文化固然根深柢固，以人性為本，而人性亦能再實現出一切文化，但是我們並不好完全丟棄前人的成績，而回到史前，由自己來重新創造一切。我們反而要從歷史文化中體會永恆的人性，要了解人性的現實。正如哲學史既是精神的表現，我們只好站在巨人的肩膀上作出個人的思考，而不好開歷史的倒車，自己再經歷一次哲學史。對於黑格爾對哲學史的具體判斷，我們不好全盤接受，但是他的「哲學就是哲學史」的主張的確值得我們深思。這也是之所以唐君毅孜孜不倦，寫成《中國哲學原論》，並在《原性篇》的序言中指出，我們一方面要自道所見的義理，而「以仁心說」；另一方面，又要虛心學習前人所見的義理，而「以學心聽」。就這兩方面而言，荀子於《正名篇》都已經說到了。

孔子既重視人性的自我實現，又重視人性的已成現實，因此他不但重視仁，而且重視禮。孔子既重視客觀化了的文化，又重視主觀的精神躍動，因此他不但重視「學」，而且重視「習」。一方面，我們要從歷史文化中取得法度，效法前賢；另一方面，我們又要自我實踐，把學到的義理付諸實現。因此，孔子的人性論思想必然涵蘊一套學習理論和一套文化哲學。我們讀《論語》時，要注意到孔子雖然是隨處指點，但他的學說卻蘊藏了主觀精神與客觀精神的辯證。魏晉名士提到名教與自然的問題，其中一派即指出名教出於自然。當然，孔子以質樸與文采對舉，就是表示文采出於自然，但質樸也需要教化，二者互為體用，而體用一如。既沒有脫離人性的文化，又沒有脫離文化的人性，人性體現於文化，而文化又能陶冶性情。因此，文質彬彬，才能成為兼具主觀精神與客觀精神的君子。仁心不但必須感通他人，而且必須客觀化它自己。因此，孔子非常重視文化價值，而這就是一種人文主義。關於孔子的學習理論與禮樂思想，亦即是他的人文主義，我們在下幾章會逐一提到。

八

學習

學而時習之，不亦說乎

《論語》的編者把〈學而〉章排在一書的開首，其實自有他的深意。這一章是講孔子的學習與快樂，而樂於學習或學習快樂，實在是孔子畢生奮鬥的目標。孔子曾說他自己忠信，但社會上也有很多忠信的人，這表現不了孔子之為孔子的特質。孔子說他好學，這就不是其他人及得上的了。至於他的學生之中，就只有顏回被多次推許為好學，而顏回早死，孔子便說他的學生當中就有顏回好學，不幸短命死了，現在沒有好學的人了。從這裡我們可以看到，孔子是如何重視學習。傅佩榮曾指出，孔子說別人及不上自己好學，不是自尊自大，反而是非常謙虛。就是因為知道自己的學問和才德有所不足，所以才會好學，以修正自己，力求進步。然而，反過來說，也就是因為有了自知之明，有了這個智慧，才會知道自己不足，才會喜好學習。因此，孔子之所以好學，也是因為他的智慧過人，能好好反省自己罷了。

孔子曾說，喜好學習及不上樂於學習，而孔子除了喜好學習之外，更能夠做到樂於學習。葉公曾經問子路孔子是一個怎樣的人，子路答不上，孔子聽到之後，便跟子路說：「你為何不答，他的為人，發奮而忘記吃飯，快樂而忘記憂愁，甚至不知道自己快要老去！」

這可見孔子發奮學習，到了忘我的程度，這也是他所以快樂的原因。所謂樂於學習，是發自生命內在之仁，由於感到生命力量的充沛，所以能夠得到自在自足的心境，不為外在的事物憂愁，而感到快樂了。這可見孔子的樂於學習，不同於現代教育心理學的「快樂學習」，那是透過玩遊戲，出花樣，引起孩童的學習動機。然而，這種教學方法的成效，實在令人懷疑，因為你總不能一味停留於快樂的感覺層面，比如學習彈琴，你起初可能覺得新鮮，但到了需要苦練的時候，就不快樂了。讀書學習亦一樣，你總不能只是玩遊戲、出花樣，而忽略苦學的過程。況且，再舉例說，學生學習天文學，老師不可只教學生喜歡那些花樣多於天文學的知識，如果老師能好好教授天文學知識，令學生領略到宇宙的浩瀚偉大、天文學的豐富多彩，就不用靠出花樣了，學生自然會愛上學習。當然，孔子之樂於學習，也有他的苦學階段。為人為學，就像作畫一樣，正如黃賓虹所主張，切忌「邪、甜、俗、賴」，其中以「甜」，即討人歡喜，停留在事物的美好感覺層面，而不能深入其中，為學習者的大忌。學習的大部分時間，都是孤獨的、刻苦的，只有有了個人心得之後，才能得到真正的快樂。正如人生的快樂時光，又有幾何呢？因此，講快樂也不要太輕易，否則便會被幻象迷惑了。

孔子的樂於學習，是樂於知仁行義，有得於心，快樂就滿心而發。這種快樂不是感官刺激的，甚至不是心理學上的情緒的，而是一種自得其樂的人生境界。因此，人不但要樂其學，而且要學其樂，這是一種仁者的實踐，是須要做工夫的。《論語》一書的開首，孔子便夫子自道：

> 學而時習之，不亦說乎？有朋自遠方來，不亦樂乎？人不知而不慍，不亦君子乎？

這是說學習的三種境界。現代漢語的使用者，大多「學習」連用，已經分不清兩字的意義了。「學」是仿效，即是從前人的經驗中借鏡。「習」字從「羽」，本義是雛鳥學飛，飛行則必須身體力行，鼓足幹勁，因此是一種具體實踐。正如學習游泳，不能只是知道理論，而是要跳入水裡，實習一番，才會得到成果。因此，學習與身體機能密切相關，學習就是改變身心的狀態，而學習前後的身心狀況，是不一樣的。得之於外，而行之於內，學而後能習，就像宋儒所說，是為了變化氣質，令生命徹底改變。正是由於學了以後，能適時實習，身心改變了，才會得到愉悅。孔子反問：「不亦說乎？」「說」通「悅」，他肯定學習若有所得，就會感到快樂。這是樂於學習的第一境界。至於，學習有了心得，能與朋友交流，也是快樂的事情。所謂「有朋自遠方來」，「遠方」不但是指時空上的距離，更指知音的難得。比如惠施就是莊子的知音，他們二人的見解雖然不同，而且時有爭辯，但在惠施死後，莊子便跟門人說他沒有辯論的對手了，因為其他人都談不上話。朋友不一定與我們見解一樣，但要是知音，就一定會了解我們。所以得遇知音，就是人心與人心的互相投向，而這就是仁。「仁」由「二人」構成，就存在於人與人的關係之中。用馬丁·

布伯的說話來講，「我」與「你」的相遇不在時空之中，反而時空在相遇之中。只因相遇不是經驗界中的一件事物，「你」不是經驗對象，反之「我」全部沉浸在「你」之中。這就是學習的第二境界。至於最後的境界，就是甘於淡泊，不因社會大眾不了解而感到憤怨，而自然成為一個才德兼備的君子。可能是因為有了知音，「我」與「你」相遇了，就已經感到快樂。也許連知音都沒有，我能夠有得於心，改變一己的生命，就已經非常滿足。別人不了解我，無損我真正的快樂。我的快樂只有我自己才知道，因生命的內在力量只能自我實證。仁者見之謂之仁，智者見之謂之智，而仁者安於仁，智者利用厚生。人要樂於學習，亦要學習這種快樂。順帶一提，莊子暗地裡繼承了孔顏之樂，一轉而成為他的「逍遙遊」，而「至人無己」就是「樂以忘憂」的另一種表述。

孔子在〈學而〉一章以學習與快樂並舉，這兩者都是孔子思想中的重要主題，甚至「樂其學」而又「學其樂」，可以作為孔子一生的主旋律。如果《論語》的編者是有子的話，那麼有子可說是確實了解孔子，並且深得孔門心法。孔子之為孔子，就在於他的這幾句說話。雖然他沒有說到「仁」，但卻具體地展現了仁。人生漫長，如果不從學習中得到快樂，那麼還可以從甚麼地方得到自我滿足呢？由此可見，這幾句話不是恰巧放在其他教誨的前面，而是在義理上，它作為全書的總序，而被放到《論語》一書首章的。

37

由也，女聞六言六蔽矣乎

質樸固然重要，但文采也是非常重要的，也只有文質彬彬，才能成為一位君子。文采本都是人心活動表現的結果，都深根於人性。關於這點，我們已在上一章討論人性的時候談論過。雖然我們會在永恆的人性中，發現一切文化的種子，並與之和諧相應，而知道人性比文化更為根本，但一切文化花果畢竟是人類多年努力的成果，因此我們必須多加學習，以令我們的本性表現趨向圓滿。人性本是正直而真誠的，但我們卻不能持著「直」而不學習。所謂「直而不肆」，就是指正直而真誠，但不肆無忌憚，不恣意妄為，這就需要文化教養了。人生的終極目的，就在於成為「人」，成為一個文化教養者，甚至成為一個創造者。如果宇宙是一個大生命，並具有創造性，那麼人能創造文化，就是體現了這種創造性。人以創造為本性，而一切文化活動，都能與我們的創造性呼應，而與終極目的成一和諧。就算是具備美好的材質，也須要加以切磋琢磨。人不能只是憑藉質樸的本性，而必須接受文化教養。這就是孔子之所以重視學習的緣故了。

我們讀《論語》，覺得學生尊重孔子是理所當然的，但我們有沒有想過，為甚麼那些學生會跟從孔子呢？孔子究竟有甚麼過人的智慧呢？就在《孔子家語》之中，就記載了兩個關於子路初見的故事。我們知道子路既是勇武之士，也是一個正直而真誠的人，但在初見孔子時，他就不覺得學習有何重要了。子路最初拜見孔子，孔子便問他有甚麼愛好。子路回答：「好長劍。」孔子說：「我不是問你這個，只是說以你的所能，而加之以學問，誰能及得上你？」子路說：「學習真的有好處嗎？」孔子說：「當君主的如果沒有敢言直諫的臣子就會失去正道，讀書人如果沒有善於開導的朋友就會失去聽取良言的機會，駕馭一匹狂馬是不能丟掉鞭子，良弓亦要受正弓之器的反覆調試，木料接受繩墨矯正就會筆直，人們接受批評就會變得聰明，接受教育，重視發問，誰不會通情達理呢？毀謗仁者，仇恨長官，必然會受到刑罰，因此君子不能不學習。」子路反駁說：「南山有竹子，不矯正就自然正直，把它斬了來用，可以貫穿犀牛的皮革，就此說來，學習又有甚麼用處呢？」孔子說：「在箭末扣弦的地方裝上箭翎，把箭頭磨得鋒銳，不是會射得更深嗎？」子路拜了又拜說：「我恭敬地接受你的教誨。」孔子的智慧之語是如此活潑生動，而令子路拜服，奉他為老師，跟他學習。可見孔子在生之時，已經光芒四射，這當然是他孜孜不倦地學習所致。

後來，子路準備走了，向孔子辭行，孔子說：「要贈送車子給你？還是贈送幾句說話給你？」子路說：「請你送給我幾句說話吧！」孔子說：「不努力就不能通情達理，不勤勞就不能建功立業，不忠誠就沒有親信，不信實就沒有法子再來往，不恭敬就會失去禮節，對以上五個方面都謹慎鄭重，也就可以了。」子路說：「讓我終身去實踐它吧！請問：新交朋友為甚麼要取其親近？為甚麼說話要少，卻要句句可以實行？如何才能長久作一個善人，而沒有過失呢？」孔子回答說：「你所問的已包括在以上五個方面之中：新交朋友取其親近，是因為忠誠；說話要少，而要句句可以實行，是因為信實；長久作一個善人，而沒有過失，大概是要注意禮節吧！」子路接受了孔子的勸告，並跟他學習，而且希聖希賢。這是合乎人性之常，而可以被世人所效法。由此可見，子路之佩服孔子，實在是有他的理由的。孔子不但孜孜以學，而且誨人不倦，成為了真正的「人」，成為一個文化教養者，甚至成為一個創造者。

在《論語》之中，也記載了孔子對子路的訓話，也是關於學習的。子路既是一個勇武的人，他彈箏的時候充滿了殺伐之氣。於是孔子說：「子路要彈箏的話，為甚麼要在我這裡彈呢？」門人不敬子路。看到這樣的情況，孔子又補充說：「子路已經登於廳堂了，只是未能深入內室罷了。」看來以子路的性格，對於學習，還是須要孔子多加提點的。這也是孔子一方面讚賞子路材質之美，另一方面對於他的學習加以鞭策的緣故了。《論語》之中，又記述了孔子與子路的對話：

> 子曰：「由也，女聞六言六蔽矣乎？」對曰：「未也。」「居！吾語女。好仁不好學，其蔽也愚；好知不好學，其蔽也蕩；好信不好學，其蔽也賊；好直不好學，其蔽也絞；好勇不好學，其蔽也亂；好剛不好學，其蔽也狂。」

孔子說：「由呀！你聽過六言六蔽的說法嗎？」子路回答：「沒有呀！」孔子說：「坐下來！我跟你說！好仁不好學，弊病就是愚蠢；好知不好學，弊病就是流蕩無歸；好信不好學，弊病就是自我傷害；好直不好學，弊病就是太過急切而不通情理；好勇不好學，弊病就是犯上作亂；好剛不好學，弊病就是狂妄。」這段對話可能是出自子路入門的初期，孔子也是說些為學的基本原則。所謂好仁、好知、好信、好直、好勇和好剛，都是出於人性對於美好品德的愛好，也是正直而真誠的。然而，只憑藉天生的材質，而不加以學習，沒有文化教養，好的東西也會變質，而陷於顛倒了。因此，孔子就教誨子路，不要持著質樸，而不勤奮好學了。好學還是十分重要的。

孔子罕言人性，而多以好學教人。只因質樸不可自恃，人還是須要從前人的經驗學習，文化教養對一個人之所以成為一個真正的「人」，是不可或缺的。我們看到孔子常常以好學來教導子路，為使子路的才德更上層樓。其實，這不但是對子路而言，更是對所有人來說。以子路的材質之美，尚且須要切實地學習，何況一般的人？孔子之所以重視文化教養，正因為他深懂人性，他的教訓乃普遍適切於每一個人，不論你出身甚麼階級，天賦如何，也須要努力學習。

學習不只是為了記誦很多知識，記誦只是為了打下基礎，從而走上智慧之路。記誦是學習不能跳過的階段，我們要通過記誦前人留下的知識，甚至是模仿前人的經驗，從而得到智慧，並回復自己的創造性。學習是一個逐漸啟發的過程，需要水磨的工夫，最後才能豁然開朗，達到頓悟的境界。雖然頓悟只在一瞬之間，但卻需要長年勤奮為學才能達到。然而，悟與不悟，也沒有一定的方法能夠達到。寂然而感通，既是人的本具之性，也是必須學習的。學習就是為了啟發仁心，敞開自己，投向他人，感通天下。雖然這是不識字的人也能做到的，但做學問是為了更自覺到這一點，令到靈魂更加深刻。魯米談到靈魂，說靈魂就是意識，而越是知覺，靈魂越是深刻。當靈魂流溢，你就會感覺周圍的神聖。所謂感覺周圍的神聖，就是仁心自覺到自己的開通，打開世界。當你意識到山河大地，仁心也就在山河大地之中；當你注視小鳥上下飛翔，你的精神也就在上下飛翔。仁心化身為一切，當你自覺這一點，一切都變得神聖化了，而當你越自覺這一點，靈魂就越是深刻。學習，包括做學問、做工夫，都是為了啟發仁心，令靈魂變得深刻而已。你去求仁，就會得仁；若你不去求，就會放失了。因此，孟子說：

學問之道無他，求其放心而已矣！

學問之道沒有別的，就只在於求索放失了的仁心而已。學習是為了恢復仁心的自覺，當你自覺，仁心就在了，而當你一失念，仁心就如雞犬一樣放失了。雞犬放失了，人知道要尋回。若仁心放失了，而不知求索，不是很可憐嗎？求索放心，說易不易，說難不難，就在一念之間，但有人卻需要畢生功力，才能做到。況且自覺仁心，使靈魂變得深刻，那是永無止境的事呢！

讀書就是學習前人的經驗。所謂學無前後，達者為先，我們就是要學習那些比我們更先知道的「前人」。而這些前人大多已經作古，因此我們要從以往的文獻中學習。孔子就說過自己不是天生就知道，而是敏而好古，從古人那裡學習的。雖然有人說書本不過是古人的糟粕而已，但不從聖人留下的學問，我們無法接近聖人。正如我們不從古書學習，也無法接近孔子，從而了解他的聖賢之道了。關於這一點，荀子也有心得，他說：

故不登高山，不知天之高也；不臨深谿，不知地之厚也；不聞先王之遺言，不知學問之大也。

不登上高山，不知道天要比山高更多；不臨近深谿，不知道大地的博厚；不聽聞先聖王留下的說話，不知道學問的恢宏偉大。荀子又提到，他終日獨自思考無所領會，不如一會兒的學習。他曾踮起雙腳張望，不如登上高山看得多。登高而招手，手臂沒有加長，而很遠也能見到；順風呼喊，叫聲沒有提高，但聽得更清楚；借助車馬的人，不是腳跑得快，但能行走千里；借助舟船的人，不是會游泳，但能渡過江河。君子不是天生異稟，而是善於假借事物而已。所謂假借事物，就是學習前人的學問，借助前人留下的文獻，可以啟發我們，使我們得到智慧。

讀書是為了明白事理，而不能死於章句之下。正如讀《論語》也不只是為了知道孔子說過甚麼、做過甚麼，而是令我們成為更好的人。「學」是吸收知識，「習」是實踐仁道，學習是為了成就獨立的人格，成為創造者。關於這點，《論語》記述了孔子之語：

子曰：「溫故而知新，可以為師矣。」

孔子說：「溫習故舊的學問，而知道新的東西，就可以做老師了。」溫故是指溫習前人的學問，知新是指有個人的領會，有新的實踐，而這就是創造。《易傳》上說：「神以知來，知以藏往。」又提到「方以知」與「圓而神」；「知」是過去的、已成的、經驗的，「神」就是在這個基礎之上，是未來的、前知的、超越的，也因此是創造的。就如我們學習歷史，不只是為了知道些往事，而是為了引為鑑戒，指引我們未來的行動。正如孔子學習古代文化，也是為了當前的社會需要，為了創造更美好的將來。讀書不但要總結過去，更必須帶有目的，開創未來。由是觀之，「溫故」是「方以知」，也是「知以藏往」；「知新」是「圓而神」，亦是「神以知來」。「溫故而知新」就是仁心的感通，既通於過去，也投向未來，而實踐當下，因此是時間上打成一片。仁心不在時間之中，反而時間就在仁心之中，貫穿起來。仁心總攝過去、現在與未來，使時間打成一片。仁總攝一切。

宋儒將知識分為「見聞之知」與「德性之知」，大概可等於上文提到的「方以知」與「圓而神」。但是，於儒家而言，如果「見聞之知」不是帶有終極目的，為了人成為文化教養者而服務，這種學問也是說不上的。當然，我們學習邏輯、數學、理論物理等學科的過程中，也不是每一步都帶有實踐的目的，而須要將我們的仁心冷卻下來，成就一種純粹的知識。然而，就最終的目的來說，學習純粹的知識，也是為了使我們成為冷靜的思想者。這就如帕斯卡所說，人是會思想的蘆葦，人身處無盡的時空之中，非常渺小脆弱，但思想卻總攝無盡時空，而人是會思想者。人心之投向外界，打開世界，自證為思想者，即是仁心的躍動。人之所以要學習，就是要自證仁心，而成為一個真正的「人」。

39

學而不思則罔，思而不學則殆

孔子不但重視學習，而且重視思考，不到學生苦思冥想，欲語無言的時候，他不會多加引導，如果學生不能舉一反三，那麼他就不會再教導他了。這可見孔子對於思考的重視。人會思考，就是有一種抽象的能力。比如，人看見三個橘子比兩個橘子多，又看見兩個橘子比一個橘子多，則知三個橘子比一個橘子多；經過抽象的思考，我們可以不著於具體事物，而想到數字的關係：3比2大，而2比1大，則3比1大；又由此再經進一步的抽象化，想到對於任何數目a、b和c，若a比b大，而b比c大，則a比c大；再進一步，我們可思考到邏輯上的遞移關係：aRb和bRc，則aRc。須知宇宙中的每一件事情都是獨一無二，稍縱即逝，但人卻能找到事物之間的普遍律則，而產生各種知識。邏輯是理性思考的典範，而一切理性思考，都不能違反邏輯定律，包括所謂的辯證法。牟宗三在《理則學》中提到馬克思主義者攻擊矛盾律之無效，而面對攻擊矛盾律的人，我們只須要回答：「對！對！對！你講的是對的，並且是不對的，矛盾律不成立而又成立！」對方的立論就會立刻崩潰。邏輯學是反省人類理性思考的規律，這些思考的規律同時是被思考的世界的天律，是任何事物存在都不能違反的。當然，邏輯思考是抽象思維的極致，但一般的學科也會或多或少地涉及普遍的思考，就算是孔子對於人生的思考亦然。

思考不但可由特殊過渡至普遍，也可由抽象落實到具體。唐君毅指出，一方面耶穌了解到天國的生活，並了解追求財富的生活，又了解到二者之間的衝突；另一方面，他又能具體地判斷當前那個不肯放棄財富跟隨他的人，是難以進入天國的，因而打了一個比喻，說富人進入天國比駱駝穿過針眼還要難。耶穌所有的不是一套抽象的哲學，不是命題推演的系統，而是一種對於具體人生的智慧。他判斷一個人之不能進入天國，不是憑藉推理，而是一種當下的判斷。他甚至不會舉出任何理據，而是打一個比喻，使人心領神會。我們認識命題的內容，可以得到知識，但是智慧卻超出知識。我們可以得到很多知識，但卻不一定有智慧，智慧就是對於事情有獨一無二的判斷。知識可以輔助我們，但卻不一定為我們找到智慧之路。比如一個醫生可以有很深厚豐富的醫學知識，但面對病人，他卻不一定能夠準確診斷病症，並提出有效的治療方案。

智慧超出知識，而是知識的主體。唐君毅指出智慧不等於擁有很多知識，而是能夠運用知識，並在具體的情況之下，作出恰當的判斷。他舉了司馬光兒時的一事作為例子。司馬光兒時，見朋友落入一個瓦製的水缸，幾乎淹死。當時既沒有大人在旁，幾個小孩又無力把他救起。於是，司馬光用石頭把水缸擲破，任水流出，令朋友得救。這是司馬光兒時一種智慧的表現。司馬光既知道「石頭之能擲破水缸」，也知道「缸破則水流」及「水流則人不致溺斃」。這三個命題，原是抽象的知識，而幾乎人人皆知。司馬光就能夠運用這些知識，並對當前的情況下一判斷，運用知識去解決困難。這就是一種機智了。人不但要從特殊的事態之中學習，並憑藉抽象思考得到知識，而且要具備智慧，於具體的情況之下，作出唯一的判斷，運用知識解決問題。這就是孔子之所以學習與思考並舉的原因了。孔子說：

> 學而不思則罔，思而不學則殆。

學習而不思考就會迷惘，思考而不學習就會危殆。學習是從外面吸取知識，思考就有如內部的消化，由知識學習中，反省而得到智慧。學習而不思考，頭腦充斥知識，卻漫無目的，不著邊際，東學一點，西學一些，完全不上正道。比如，宋儒就批評博物學家「玩物喪志」，就是喪失學習的終極目的，沒有心之所向作為引導，因此是「喪志」。至於，獨自思考而不學習，那就會走火入魔，因而危殆。沒有可靠的知識基礎，胡思亂想，也許會想入非非，走上邪道。再者，思想就有如火種，知識就有如燃料，只有有了知識，思想才能生出智慧之光。由此可見，學習與思考不能偏廢，否則便不能達到智慧之境。

比起思考，學習是更為基礎的事情，也只有堅持學習，才是務實的做法。孔子說過，他曾經廢寢忘食，終日思考，卻沒有所得，不如老老實實地學習。讀書是學習的一條最有效的途徑。畢竟，我們直接經驗的事情有限，若不讀書，而從別人的經驗中學習，我們就會被自身所處的時空限制，不能廣博地學習。況且，要看得更遠，就要站在巨人的肩膀上。

我們總不能不學習，而憑空思考，以為自己可以創造出比歷史累積更深厚的知識。就算我們能夠成功，那也是枉費精神。因為，如果絞盡腦汁思考，與讀一本書的結果是相同的，為甚麼不好好學習，而要去走一些冤枉路。好好學習，不但免走彎路，而且能避免不少危險。這就是孔子重視學習，而視之為思考基礎的緣故了。

學習就是為了成就智慧，而不學習並不合乎人性。人性就是要求我們成就智慧，成為一個文化創造者。人性兼有生命與心靈兩面，缺一不可。人要創造文化之餘，又要內省到存在的意義。因此，人要勤力苦學，又要自我反省。質樸不可以自恃，人須要學習，好好打下根基。人也要好好思考，對事物有獨特的判斷力。人既要學習，又要思考。如果學習而不思考，就不知道學習有甚麼意思了。如果思考而不學習，那麼會因為缺乏知識，而流於空想了。智慧就是配合學習與思考，而配合知識與思考，人就會具有獨一無二的判斷能力。這就是獨立人格的條件了。而智慧，就是判斷力。

在這個宇宙之中，我們所不知道的東西總比我們所知道的多很多很多。不要說宇宙中的各個星系、生命的源頭、演化的來龍去脈，我們就連宇宙的起始和終結都不知道。我們張開知識之網，以圖捕捉這個世界，不過是管中窺豹而已，甚至連管中窺豹都遠遠及不上，人類的知識在這個無窮的宇宙之中，不過有如火星照亮了周圍，其餘盡是一片無知的漆黑。人類總以為他們憑藉科學，可以征服自然，卻不知自然對他們來說，是一隻奇形怪狀、莫可名狀的大怪物。人類只能安居於知識所照亮的方寸之地，自以為安全而已。我們怎知道在地球上做的物理實驗，以及由此印證的物理定律，適用於整個宇宙？在狹義相對論中，即有所謂時空對稱性的討論。物理學家認為，在洛倫茲時空中，所有時空點和所有時空方向都是平權的。物理學家相信，在宇宙中的每一個時空點上，物理定律的有效性是相同的。這即是說，他們相信無論在宇宙任一時空點，只要物理條件相同，所做出的實驗結果都是相同的。然而，在廣義相對論之中，問題卻變得複雜，因為其中涉及了時空因重力而造成彎曲的問題，但物理學家仍然相信在這個宇宙之中，是具有時空對稱性的。人憑著理性的認識能力，認識著具備理性原則的宇宙。然而，認為這個宇宙是具備理性原則，而不是不能被理性所認識的，只是人類為了認識這個宇宙所給出的最佳策略。我們先把理性的原則加入宇宙之中，然後試圖在宇宙之中找尋我們所加入的理性的原則的蛛絲馬跡，就好像我們原來就不知道的一樣。《聖經》上說，上帝以自己的形象來造人；但是人卻反過來，按照自己的形象來窺探上帝的秘密。

且不說人類總體的知識，相較他們的無知，不可以道里計算。就算是一個人畢生所累積的知識，也達不到人類迄今為止的知識總量的千萬分之一。因此，對於一個人來說，就算他如何博學，他所知道的總是遠遠及不上他所不知道的。從他所知道的看來，他的知識很繁多，但就他無知的一面來說，卻也十分無知，甚至他的知識也不能補救他的無知。人不能自以為知道很多，而昧於無知。正如希臘哲人蘇格拉底被神指稱為雅典中最有智慧的人，但他卻指出自己一無所知，除了知道自己的無知之外。在阿波羅神殿上刻有一句箴言，就是「認識你自己」。蘇格拉底是一位具備智慧的人，他的智慧就在於他認識自己的無知。雖然他聰明過人，但是他卻不以得到真理的聖者自居。他不教人以真理，卻引發人先天已有的理性能力，使人自己得到知識。他認為人具有內在的觀念，這就開創了西方理性主義的傳統。正因為在我們的人性之中具備了理性的能力，甚至具有內在的觀念，因此我們心靈所映照出的世界，也就內具了理性的原則。這就是康德所提到的：人為自然立法。

雖然我們所擁有的知識，總是及不上無知，但經過理性化的世界，卻使我們可以忍受，而不致於絕望。我們向外認識，同時是認識我們的人性，即是認識我們本來賦予了這個世界的東西。然而，一般人卻不自覺到這一點。他們樂此不疲，追求無窮無盡的知識，不斷地向外強探力索，而不知反省自身的理性。孔子一向以人為本，一早就教人認識生命內在的仁，同時鼓勵人為學求知，以與這個內在的力量互相呼應，而成一和諧。但是孔子卻不鼓勵人泛濫無歸地求取知識，而教人以自知的智慧。在《論語》中記載了一番孔子對子路的說話：

> 子曰：「由！誨女知之乎！知之為知之，不知為不知，是知也。」

孔子說：「由！告訴你智慧之道吧！知道就自知為知道，不知道的也自知為不知道，這就是智慧了。」孔子的這一番說話，不但教人認真地看待知識與無知，而且教人看到知識的限度。雖然人以理性能力來映照這個客觀世界，但他對於這個客觀世界的認識畢竟有限，我們總不能自以為理性思考具備了所有經驗知識，甚至不能以為我們所認識的理性原則，就是宇宙的終極實相。狂妄的哲學家黑格爾憑藉他的邏輯學，推斷這個太陽系之中，行星的數目不多也不少，只有七粒。且不說後來發現的海王星，就連黑格爾發表謬論的那一年，天文學家發現了一顆小行星——穀神星，而第二年又發現了智神星。可見千古之下，孔子的說話仍然如此鏗鏘有力！我們固然要為學求知，又要進行思考推理，更重要的是內省自己的理性能力——這不過是我們應對世界的一種有效的策略，而這種能力深根於人性之中。然而，我們就不能就此認為，我們所認識的秩序，就是宇宙的終極真相。不用說經驗科學中的知識必然具有可證偽性，就算是邏輯定理也是理性思考的法則，在此以外，事物本身是甚麼樣子，我們壓根兒就無從知道。撇開理性思考，我們所能實證的物自身，即我們的本來面目，是超出思考的東西，因此也在我們的認知範圍之外。

學習就是為了要順應天性，成為一個有文化教養的人。當我們學習的時候，同時需要思考，而當有了思考的火星，知識才會燃起智慧之火。智慧超出知識，而為知識的主體。有了智慧，我們不但能運用知識，而且能對於事物具有獨一無二的判斷能力。智慧就是判斷力。此外，智慧又能對於我們的理性認識能力有所反省，從而知道理性認識的限度，並進而了解理性思考的性質。所謂的理性認識能力，於人性之中，根深柢固，不能取代。孔子之教人自知，以知之為知之，不知為不知，就體現了一種「認識你自己」的智慧。當然，這不是一種客觀的認識，而是對於自身的人性的內在反省。這是自證自明的。它既是唯心的，又是實證的，只待我們一反向外認識的態度，逆覺體證而已。學習，就是學習為人，就是實踐仁道罷了。

九　教學

自行束脩以上，吾未嘗無誨焉

孔子被奉為至聖先師，是老師的始祖，這是因為他有教無類，開創了平民教育的事業。在孔子之前，知識只在貴族階級之間流傳，貴族子弟掌握政治知識，是為了當國家的統治者。對於教育，一般老百姓是無從問津的。孔子之有教無類，不是泛濫無歸地好為人師，而是不分階級、國籍、出身，只要你一心向學，他都會循循善誘的。這種教育主張是革命性的，這是一種人本主義。一方面，孔子重視人文成績，要繼述往事，傳承文化；另一方面，他重視的是人的學習意願，要提升人的才德，卻不是站在階級的立場，為特定小撮人服務。他甚至不只是為大多數群眾服務，而排斥一部分人，就算是貴族子弟，孔子也會教誨開導。他能夠正視人作為人的身分，平視天下人，而不帶偏見，不存憤怒，不斜眼看人。雖然這好像是老生常談，但這是難以做到的。就如我們當今研究學術思想的人，都要正視孔子的人文價值，而不是先入為主，考慮階級集團的利益，以一種不相干的社會條件，來評價一套哲學思想。大凡不能正視學術思想內容的本身，而是枝蔓開去，講些外圍說話來評斷歷史人物的，都不能對歷史人物有客觀的認識。要認識孔子，就是要認識他的仁說，了解他的理想。正如要評價政治人物，也要從他的政治行動及實際後果去了解，而不能看他的旗幟與口號。

當然，所謂的逸美之辭也是不必的。有人指出孔子從群眾中來，因此也是「民主」的。其實，孔子教了一輩子書，他說的話既不代表統治階級，也不代表群眾。孔子不代表任何利益集團，他代表的是人類，因為他能正視人文的價值。如果孔子生於今天，他一樣會平視各大教，而視之為人性的表現，而評價各教的文化價值，看它們在甚麼方面、在何等程度上教化人，以及體現了人性中哪些永恒的理想和希望。孔子是就人之要成為「人」，成為文化教養者來正視人。人不是政治工具，不是歷史目的的工具，甚至不只是酒囊飯袋，人是要成為具有人格者。順帶一提，在西方語言中，「人格」這一辭彙是源自希臘語，原來是指戲劇演員扮演角色時所帶的面具，而表現一種身分。這不同於西方哲學相對於客體性而講的主體性。人格是恰如人的本分、位格、言行所表現的特質，來看一個人的身分。就這個意義上來說，孔子是一位重視人格的人文主義者，也是重視培養理想人格的老師。

關於孔子的有教無類的主張，《論語》中的其中一句，很能夠表示孔子這方面的思想。那句是這樣說的：

子曰：「自行束脩以上，吾未嘗無誨焉。」

這句話向來有不同的解釋。孔子說：「只要主動交上微薄的見面禮，我是不會不親自教導指引的。」有學者指出「束脩」是指臘肉，也有指約束修正行為，無論如何，重要的是在「自行」二字，即是重視學生的主動性。只要主動來求教，表現學習誠意的人，孔子都會有教無類。這可見孔子重視人格表現，一個人意欲成為真正的「人」，孔子都會加以指導的。這與孔子教育思想的核心主張，有密切關連。孔子重視人格的建立，而不是重視知識灌輸，也不重在社會功能的鍛鍊，或者政治角色的塑造。不是說完全沒有這些教學元素，而是他不視人為物，就如任意形塑的陶土。人要回復他的本來面目，這就在於仁心的覺醒。

由此看來，孔子主張有教無類，並不同於當代所謂的普及教育，甚至強制教育。在本質上說，人格教育甚至不能制度化，即我們不能通過制定政策，來使受教者的人格必然挺立起來，也不能對教學效果作出量化計算。一般知識教授、技能學習，尚且可以普及化、制度化，按一定的程序辦事。但孔子的人格教育，就重視成就獨一無二的人格，因此不能批量生產的。正如尼采曾批評德國的高等教育，是為了國家訓練人才，旨在維持社會運作，而不是培養真正具有文化教養的人，因此高級的教育，正如美感教育一樣，注定是屬於少數人的。人格教育也注定是屬於少數人的。哲學亦是如此。普通知識和技術可以普及，但生命的深度是永遠不能被廣度化、平面化的，這只能靠一個人孤獨地發掘，而老師往往只能是從旁協助而已。當哲學或人格教育被普及化的時候，那就是它死亡的時候了。這亦所以有人盛讚子貢的智慧高於孔子，子貢就說他家的外牆及肩，人能窺見宮室之好，孔子牆高數仞，一般人不得其門而入。也只有生命有一定程度深刻的人，才能了解深刻。也就只有有一定智慧的人，才能理解孔子的智慧之語。因此，閱讀《論語》也是唯心的，也是實證的。隨著生命境界的高低不同，從《論語》中得到的智慧啟發也有高低的不同。這是所以一千人有一千部《論語》，而孔子的教育從來不能被畫一，或者削平。

現代文明欠缺深度，大多數的美好東西都被平面化了。在《論語》之中，山有山的高，淵有淵的深，天高地厚，見仁見智，各隨其類，無所不宜。然而，一切都從自我要求，奮發向上為始。這所以孔子注定不是屬於群眾的，也不是「民主」的。孔子重視的是人文教育，所實行的是人格教育，而如果學者不挺立自己，一切無從說起。這亦所以孔子重視仁心的啟發。如果他的精神不躍動，不能感通，而痲木不仁，這是別人沒有辦法代勞，就連聖人也無能為力的事情。因此，我們不好把孔子的有教無類廣度化、平面化。人要回歸到自己內在的深淵，回歸一己的仁心。

牟宗三曾在《生命的學問》中指出哲學是無取之知，不同於一般經驗科學汲汲於知識，而是反省的，無取於經驗的。學習經驗科學的過程好比吃東西，而哲學就是消化的過程。比如學習物理學，會涉及很多經驗知識，就算是理論物理，雖然是抽象的，但也是關於經驗世界的理論；而物理哲學就反省物理理論的性質、方法與有效性，思考一些科學上的根本問題。有說一切學科一旦觸及有關基本原理的問題，都會走進哲學，亦因此在當今學制之中，一切學科的博士都叫做哲學博士。至於中國哲學，則更多以價值論的觀點去看世界，而所謂的格物致知之學，都不會冷智地看待宇宙萬物，宇宙萬物就包含在人生實踐當中；因此，當人反省宇宙人生的存在原理，都會回到價值之源的仁。物是仁心感通中之物，是人生過程中之物，離於心的實體，無論儒、釋、道三家，都是不加以討論的。這也是實在論難以契合中國哲學。所謂生命的學問，就是要回到存在的實感之學，因此不是向外追逐知識的，而是向內證悟一己之仁。因此，孔門的學問，是唯心的，也是實證的，一切皆不離心，而仁總攝一切。

孔子固然也會教人一些歷史文獻，但不在於教人認識很多與實踐無關的知識，而旨在克己復禮，啟發仁心的感通。因此，孔子對顏回才會有「天下歸仁」的講法。如果不是為了感通，學習古代盤銘上刻了些甚麼，那是失旨的。這也是一般人視孔子為人生的教訓者而散列地訓話，是不理解孔門精義的原因。要進入儒學，乃至生命的學問，重要的是具備存在的實感。若無存在的實感，則多作言說，亦無補於事。這就是所謂「存在，或不存在，這就是問題了」！真正的存在決定於存在的實感，否則泛言存在，實在不曾真正的存在過。那些泛言形構之理的存有論，雖然對世界也有一套存在的說明，但據牟宗三指出，那是無理、無體、無力的。人要成為「人」，存在要進入「存在」，就在於存在的實感，即提撕內在之仁。由於有了存在的實感，一切進入「存在」了，而成為實事實理。所謂「實事實理」，就是源於價值論上的實在感。這亦是所以欠缺存在的實感，你的世界中的天地萬物不曾實存過。

做學問亦當如是。仁心不立，一切知識就會散漫無歸，不但做學問不知所以，整個人生亦會不知所以。就算你真的成了一個物理學專家，也必須追問何以自己要成為一個專家，這於自己的人生有何意義，再進一步，就必須問自己究竟是否有真正的「存在」過，是否成為一個真正的「人」。這是所有人所不能不自問的問題。當你反省這問題，仁心便顯露端倪了。這不等於說在成為物理專家的過程中，在研究之路中，完全沒有意義，而是說必須經一番反省工夫，才能自覺到箇中的意義。若不自覺，意義亦不會深刻。靈魂需要深刻，才能知覺到深刻的意義。因此，要進入生命的學問，還不在於好奇心與求知欲，而在於對深刻的追求，亦即是具備存在的實感。聖人也許能指引你走上仁道，但在根本之處，你的仁心必須躍動，進而叩問存在，叩問自己，叩問世界。正如一切哲學思考，必須帶著問題意識，否則背些教條主張，亦不算哲學。

孔子教學，也不是泛知識的，不是泛濫無歸地教。他是要求你有存在的實感，要是如此，學問才會上路，否則孔子是不教的。關於這一點，《論語》中記述了幾句說話：

子曰：「不憤不啟，不悱不發，舉一隅不以三隅反，則不復也。」

孔子說：「不是心求通達而未得，是不會開導的；不是口欲言說而未能，是不會啟發的；舉示一隅，而不足以把其他三角反證，就不再教他了。」孔子也曾說過，不可跟他說話而跟他說話，是失言，教學亦是如此。當一個人欠缺存在的實感，你再跟他說，也是徒費唇舌。也只有對於發奮圖強，一心向上的學生，孔子才會加以啟發的。這也是所以孟子說不要好為人師，因為一來自尊自大，二來失言。也只有對於存在，對於人生有了大困惑的人，最終才會得到大悟。

至於孔子說，不足以舉一反三的人，他是不會再教的了。因為孔子重視的是感通，老師開導了你，也要靠你自發地去感通。舉一而不足以反三的人，是欠缺自主的努力，而只想依賴老師。然而，仁心只能自主，感通是沒有人可以代勞的。老師可以當機設教，但也不過是當機而已，他不能把一切的話說盡，用一套系統把學生套住，而扼殺自由發展的空間。生命複雜莫測，每個人所走的道路都有所不同，老師只能在適當的時候指點一下，其餘的還是靠自己發奮上進，成就自己的人格。這亦是孔子的人格教育重視學生自主自強，因而是一種真正的自由教育或解放教育。人從愚昧中解放，是為了得到自由，而仁就是自主自決的根本力量。因此，孔子啟人以仁。孔子為你開啟一個通孔，你也要由此而看見世界。正如孔子問宰予是否會因父母逝世而感到不安，宰予卻說心安理得，孔子便不再跟他說了。至於宰予又問，如果井中有仁，君子會否跳下去。宰予是聰明的人，總是能超乎現實，想到種種奇怪的問題，又或者他想考驗孔子，但孔子是不欣賞這種人的。因為這種人喜歡賣弄，說話太過伶俐，而不耐深沉，也因此錯失了很多深刻的東西。

孔子重視人格教育，希望通過適切的指點，而令學生自我挺立，成為真正的人。因此，孔子珍視學生向上的心。如果學生憤悱於懷，他是樂於指導的。他又樂觀學生自主自發，能夠舉一反三，自己走上學問之路。由此可見，孔子不自視為一個權威，而希望學生獨立發展。也只有具有存在的實感，於人生感到疑惑不安，孔子才會為你指點仁道，亦即是反證自家仁心。宋儒說雷從起處起，這是指點仁心躍動之處，一切存在的疑惑由仁心而起，也終安於仁心。

吾有知乎哉？無知也

孔子的學習之道，首重智慧。一方面，我們必須累積知識，作為智慧的基礎；另一方面，我們又須要以智慧來作為學習的主體，而不斷磨鍊判斷力。此義已述之於前章。至於孔子教學，不重灌輸很多經驗知識，反而重在啟發學生的智慧。提及知識，孔子的知識甚至及不上一名小學生。孔子不知有太陽系，也不知道有藍鯨，他未曾聽聞有古埃及文明，亦不懂得計算圓面積。說到學習知識，真是學海無涯，勤亦無岸。如果一個人自以為博學，並以此自詡，以為學問之道盡在於此，這實在令人啼笑皆非。真正的學問在於提煉智慧，形成個人的判斷力。正如學者擁有大量知識，但對於天理人情、事態物勢，卻不能有獨到的判斷，那就好像木匠準備好一大堆工具，到了面對參天巨樹之時，竟不知如何下手一樣，那不過是能夠記憶很多資料的庸人，而且支離破碎，比常人還要愚昧不堪。

雅斯培批評現代人欠缺智慧，就在於他們埋首專業，但離此之外，對於世界、對於自己，卻毫無識見。知識之碎片化，使人昧於整體，而資訊的泛濫，也使人流蕩無歸。所謂的「四大聖哲」，都教人以智慧，而對於宇宙人生的終極目的，皆有獨特的見解。於孔子，人之所以要學習，就是為了實現人性，成為真正的人。人要成為「人」，而存在要進入「存在」，這就是要回到內在之仁。教育就是為了成就文化教養者、自決者和創造者，因此是成就具備獨立人格的人。要建立人格，就須要自主自強，而不是成為任人塑造的物件。真正的老師不只是知識傳授者，就算傳授知識也不以知識為最終目的，而是在於開啟智慧，發明仁心。因此，我們不會期望從孔子身上得到大量的知識，反之，我們要除掉盲目求知的障礙，反身而誠，得到智慧，自證仁心。《論語》就記載了孔子的自述：

子曰：「吾有知乎哉？無知也。有鄙夫問於我，空空如也，我叩其兩端而竭焉。」

孔子說：「難道我有很多知識嗎？其實我是無知的。有鄙夫向我發問請益，誠懇謙虛的樣子，我叩問他事情的本末兩頭，而盡我所能開導他。」這裡有三點值得注意。首先，有說「空空如也」是指孔子的無知，此說非是。從上下文理看來，那是指鄙夫。其次，「空空」通「悾悾」，指誠懇貌；亦可指心靈虛空，善於接受提點。本文兩義皆取。第三，「兩端」是指所問事情的本末兩頭，即原初動機與最終目的。一個人遇事疑惑，那就要叩問他的動機與目的，使他自覺行動的本意，這可以令他能夠作出抉擇。孔子自稱無知，而不以有知者自居，不直接給人答案，不憑己見言事。他反而叩問求教者，叩其兩端，叫人自我反省，從而自知。所謂「自知者明」，孔子就是啟發人以自知之明。

孔子不但重視啟發學生的智慧，而且重視發明仁心，而仁就是內在自決的能力。老師不應剝奪學生的自決能力，不應代他作出抉擇。雖然選擇聽從老師的話，也是學生自己選擇的，但是這會造成學生的依賴心理，也會令到仁心隱藏起來，不能彰顯。仁心之為物，就在於你不自覺到它，它就會放失的。而當你越能自覺仁心，你就越有自決的力量，而當你越能運用自決的力量，你就越能自決。因此，孔子當機設教，是要學生反省到自心之仁，並把握這種內在的力量，成就獨一無二的人格。孔子不但是一位人格主義者，而且是自由教育或解放教育的踐行者。他是要人從愚昧與不自由中解放出來，成為一個仁者，或至少向著仁者的目標而努力。

孔子自以為無知者，有人以為是故作謙虛，但這實在是如實之語。孔子教人之時，並不以很多知識窒礙自心，反而保持虛靈的心境，這樣才能無預見、無偏執地回答求教者的問題。這是不以一己之所得而教，亦不以一般的知識來教，即是一種不教之教。相對於以知識來教、以己見來教而言，這種不教之教是一種消極的教法。它是通過排除不相干因素的干擾，例如情欲、預設、偏執等，令人反省到自己的本心，包括行事的原初動機與終極目的，來考慮一己的進退。正由於孔子不以一般教法教人，所以令到學生誤以為孔子有所隱瞞，《論語》之中又記載了這段話：

子曰：「二三子以我為隱乎？吾無隱乎爾。吾無行而不與二三子者，是丘也。」

孔子說：「你們以為我有所隱瞞嗎？我並沒有對你們隱瞞。我沒有作任何事是不對你們公開的，這就是我了。」這是說孔子身體力行，以身作則，俗人說這是身教，其實這就是體仁證道。離開具體的行為，並沒有另外的仁道，仁道就見於日常之中。正如離開創作與演奏，並沒有音樂天才，天才就見於運用實踐之中。由此可見，孔子是把他的仁道貫徹始終，實踐到底了。他既踐仁行義，又不扼殺別人自主的機會，只要時機到了，他便指點人自我反省，把握仁心，對當前的情況自作判斷，自我抉擇。這就是孔子的仁道，也是他的教學原則。

教育不是要成就一件工作機器，或者一個齒輪，而是要使人實現人性，並客觀化其自己，成為一個文化教養者。孔子不但是人文主義者，同時是人格主義者。他要成就人的獨立人格，而不宰制學生，不禁止自由發展。大凡要改造人的靈魂，對人性橫加扭曲，用模範來陶鑄人心，都是異端邪說。若不攻乎異端，仁道不能顯，斯害不能已。也只有助人挺立人格，恢復仁心的，才是真正的教育。

孔子教學不能無所憑藉，大抵以《詩》、《書》、禮、樂為教，而當他講授這些內容的時候，都會說雅言。所謂雅言，即是當時的標準國語，孔子閒居會說魯國方言，教學時就會說雅言。雖然孔子說過，他的學說一以貫之，但卻不從事私人著作，而是教授古代文獻。這是由於他所謂的仁，不是一種特殊的學說，不是要確立一種獨有的見解，卻是人人可以自證自得的。仁就是人心內在的力量，源自一種普遍的人性，而實現這種人性便是常道。人性的實現就見於歷史文化，因此我們要從歷史文獻去體會。孔子說過，夏朝和商朝的文化失傳了，後代不足以證明它了，這是因為文獻不足的緣故。如果文獻充足，就能夠證實它了。孔子又說，周朝鑑於二代，文化非常隆盛，因此他要效法周代文化。歷史文化是人的精神表現，它體現了人性，精神是體，文化是用，即用見體，全體是用，而體用一如。歷史文化是人類精神的過往表現，要了解仁，莫過於諷誦古代文獻。當然，我們要知道文獻是陳跡，而不是所以跡。但是要了解具體的人性，莫過於閱讀經史。這就是孔子之所以強調「溫故知新」的原因了。

孔子認為做老師就要溫故知新，就是從故舊的文獻中，有新的領悟，了解到人的創造性。正如讀歷史不是要知道很多瑣碎的事實，而是同時要了解到歷史進程與推動文化創造的動力。歷史發展固然有它的指向，甚至有它的目的，這都是現今的人賦予的，以理解當前的情況——就是要了解現代是如何達成的，這與當下的實踐是息息相關的。閱讀古代文獻，就是要喚起心中的仁。仁總攝過去、未來與現在。仁總攝一切。因此，孔子十分重視學習古代文獻，並不輕易從事私人著作。就在周遊列國之前，他在魯國就曾刪定《詩》、《書》，作為教本。只是在他離開之後，他的學生「狂簡」——穿鑿附會起來。《論語》中記述了孔子的感慨：

> 子在陳曰：「歸與！歸與！吾黨之小子，狂簡斐然成章，不知所以裁之。」

孔子在陳國感嘆地說：「回去吧！回去吧！我在魯國的學生，妄自穿鑿篇章，不知道如何制裁了。」根據牟潤孫的見解，這裡有兩點值得注意。首先，在朱熹的注釋之中，「狂簡」的意思已經迷失，誤指在魯學生「志大而略於事也」。其次，就是句讀問題。朱熹將「狂簡」讀為上句，以之形容人的性情行為。但經考證，這其實是指時人開始從事私人著作，而不知如何制裁。對於在魯學生的行徑，孔子並不認同。

孔子不輕易從事私人著作，正如他的教學不重表現個人私見，反而重於傳述古代文獻，這與他對於仁的看法密切相關。從客觀化了的文化花果，我們可以反溯到人性的根本。歷史文化就是人文精神的體現。學習歷史文化，就是要了解仁道，而對待仁道，我們要撇除一己私見，克服小我，而體會歷史文化中的大我。因此，孔子非常忠於歷史文獻，不妄加穿鑿，不附會私意。這亦之所以形成孔子復古的性格。對於教學，《論語》中又記述了一句話：

子曰：「述而不作，信而好古，竊比於我老彭。」

孔子說：「傳述而不從事著作，相信而愛好古代文獻，把我比作商朝大夫老彭吧！」錢穆解釋「信而好古」一句，指「孔子之學，主人文主義，主歷史經驗。蓋人道非一聖之所建，乃歷數千載眾聖之所成。不學則不知，故貴好古敏求」。孔子重視歷史的經驗，並本於仁道去了解歷史。所謂的「仁道」，非一人之道，而是經歷漫長歲月，由集體所成。仁道就是人類集體的生命，並以人的史識總結它。黑格爾在《法哲學原理》中說：「密納發的貓頭鷹要等黃昏到來，才會起飛。」[8]這是指智慧在歷史事件過去後，才會發生作用。由此可見，對於歷史目的的解釋，只能是事後的，而不能是預知的。黑格爾的歷史哲學固然有很多可議之處，但它並不以前瞻性的歷史目的鼓動群眾行動，以達到他預設的歷史終結。這亦是之所以批評黑格爾是「偽先知」，並不太切合實情。孔子也重視歷史哲學，因此才說到「溫故而知新」，但他卻不以私意論斷，卻是「述而不作」。這都是出於尊重人類的精神生命。

8　同上，頁16。

孔子著重啟發仁心，「仁」由「二人」構成，重視人心投向人心，即是彼此之間的感通。然而，仁道不限於二人，而是古往今來的集體生命之道。人心之互相照明，心光相照，於是成就了集體生命。這不等於要將天下藏於一己之私，把歷史目的包辦起來。反之，是要將歷史目的開放給天下人，人人都可以按其自身的判斷去理解歷史。這所以見黑格爾將德意志民族視為絕對精神的最終落腳之處的幼稚。孔子重視歷史經驗，但不妄自評斷歷史的終結，他甚至不從事著作，只是教人尊重歷史文獻，並從中體會歷史的精神表現。孔子之重視文獻，也不是歷史主義的，即不是漫無目的地搜羅歷史知識，只就事實而說事實。因為讀歷史必帶著智慧的眼光去讀，必然讀出其中引為鑑戒的地方。因此，孔子不憑己意教人，而只是傳述而已。

孔子不以一己的史觀加之於人，而是以歷史文獻來啟發人的智慧。從歷史文化之中，我們了解到人類集體生命的成績，從而體會到永恆的人性。「人是甚麼？」這是哲學人類學的主要問題。我們固然可以靜態地分析人的知、情、意的機能，來了解人的性質。但我們亦可以動態地就人類的文化活動，甚至歷史行動的趨勢，去了解人到底是甚麼。人就如他們的歷史所表現出來的樣子，而透過諷誦歷史文獻，我們了解到人的仁心——即一切創造活動的根本。孔子重視周代文化，畢生傳述而不著作，就是這個原因了。

45

難矣哉

孔子曾說：「以言取人，失之宰予。」他又說過從前聽了人的說話便相信，而現在還要看人的行為，這是宰予令他改變看法的。因為宰予口齒便給，說話漂亮，好發大言，但卻言行不一。他在白晝睡覺，受到孔子批評，說難以教育他了。當然，現今的人睡午覺也是很平常的事，但是古人沒有電燈，入夜便休息，因此特別珍惜日光的時間，要做好手上的事情。因此，宰予白天睡覺，志氣昏沉，才受到孔子責難。然而，在《論語》之中，宰予不止一次受到孔子嚴厲批評，而且形象都不大好。錢穆說這大概是受到〈齊論〉影響：宰予曾出仕齊國，並因反對田氏而殉職，所以他在田齊諸儒口碑之中，名聲不佳，就如魏之何晏、唐之王叔文，姑且懷疑有關宰予的篇章並非實錄，也許出於〈齊論〉，自張禹採取，才與〈魯論〉合一。且不論孔子對宰予的批評的真實性，從中我們得到的教訓是，如果一個人閒居而沒有志氣，而昏沉闇冥，那麼他是難以教育的了。

孔子又說過，若然人沒有遠大的謀慮，就會有近身的憂患，而不總是說「怎麼辦？怎麼辦？」的人，他也不知道可以怎樣教導的了。海德格指出人都在籌畫未來，而未來終是一死，人總是因他的存在而煩惱。儒家哲人就正面看待人的謀慮，孟子說：「生於憂患，死於安樂。」孔子固然說過君子沒有憂慮，那是說有德行的人不為得失而計較，但還是對於世道充滿憂患意識。只要人一息尚存，他的心總是投向他人，而敞開自己，感通天下。人不是石頭，人的存在不只是在其自己，而是同時對其自己，向外奔赴，遍及生活中的一事一物。也只有自我中心的小人，才會只關心自己，否則的話，就算到了快要死去的時候，人都顧念著自身以外的東西，包括親朋、事業、名聲，甚至是天國淨土。自以為超然，一無繫念的人，其實是麻木不仁。人的心靈即活動即存在，如果心不活動，即是不存在。沒有心志的人，孔子認為是難教的。

孔子教學，重視學生的心志，也只有有志氣的人，才有受教的可能。如果學生志氣昏沉，心無所感，而麻木不仁，那麼連孔子都說一聲「難」了。在《論語》之中，孔子說過兩類人是難以教育的，一種是無心的人：

子曰：「飽食終日，無所用心，難矣哉！不有博奕者乎？為之猶賢乎已！」

孔子說：「一天到晚吃飽了，而沒有地方用心思的人，那是難以教導的！不是有六博和奕棋嗎？做這些事情還要好一些。」六博即是雙陸，奕棋即是圍棋。博奕是小道，但亦有可觀者。不要小看博奕，投入其中，也是有道的，也是可觀的。下雙陸或者圍棋，心思有所投放，總好過無所事事。如果一個人無所事事，大概會生出很多惡習。另一種難以教育的人，就是那些喜好玩弄小聰明的人：

子曰：「群居終日，言不及義，好行小慧，難矣哉！」

孔子說：「一天到晚一群人聚在一起，言談不及於道義，喜歡玩弄小聰明，那是難以教導的！」海德格對於人的言談，有非常深刻的洞見。他說人在非本真的存在狀態之中，喜歡閒談。就是無所事事，說一些無關痛癢的話，把自己的心思沉沒在可有可無的話題之中，而如此度過的時間，也是可有可無的。人的一生，究竟有多少時間真誠面對自己的存在，而不是可有可無的呢？如果一個人畢生都沉迷在非本真的狀態之中，沒有想過自己的志願，那麼一生都是浪費的了。人之為人，就在於人有心。心能夠思考，而能夠思考就表現了人的特質。處於非本真狀態，沉淪於閒談之中，這是一種「不思」的狀態。於此，孟子曾經說過：

耳目之官不思，而蔽於物；物交物，則引之而已矣。

沉溺於耳目的視聽之中，而不加以思考，就會受物欲蒙蔽；這就好像是「物交物」一樣，隨著外物引動而動而已。不作自主的思考，就是處於被外物引動的狀態，是一種任意被動的狀態，那便失去了心的能動性了。比如一群人對答，只是為了答話，便談上半天，甚至某人說上某些話，大家便機械地反應，反應次次相同，所引起的情緒反應都一樣，就像條件反射。那是沒有經過思考，沒有想過自己要說甚麼真正有意義的話，只是受群體的心理暗示，任人擺佈，大家都跟從大家，而「大家」又不是任何一人。這就是所謂的「物交物」的狀態了。好行小慧的人似是說了很多俏皮話，引人注目，實在是閒談度日，無所用心，而玩弄小聰明，實在是麻木不仁。孔子就是認為沒有立志，閒居終日，心思不知安放何處的人，是難以教育的。這種人徒有人的外形，實則難以成為真正的人。對於孔子來說，也只有要成為「人」的人，才是可教的。

總的而言，孔子教學以人的主動性為重，就是重視人的立志，自作主宰的人生意向。也只有立志作一個真正的人，人才能成就獨立的人格。此外，孔子重視人文教育。當今的普及教育重在職業訓練，旨在維持社會經濟穩定，而不在人格培養。孔子的教學是要成就人的終極目的，令人成為自主者。人的自主就在於他具備智慧，對事情作出自己的判斷，並作出獨一無二的抉擇。也只有在智慧的抉擇之中，人才能成為自決者。因此，孔子不以一己私見，取代學生的判斷，他只是一個啟發者、開導者，重要的仍是受教的人回到自心的感通。孔子不重表達自己的見解，而通過教授古代文獻，使人體會文化根本的人性，以磨鍊一個人的判斷力。教育就旨在開發智慧，而智慧就是判斷力。

十禮

孔子曾指出禮的生起，源於飲食。上古時代的人不懂用火煮食，只能茹毛飲血，後來聖人發明了火的運用，才有了文明。火不但象徵智慧與文明，而且象徵光明。火既屬於自然界的事物，也是人類文明的起始。希臘神話之中，就有宙斯禁止人類用火，而普羅米修斯偷偷將火帶給人間，自始人類才有了智慧與文明。宙斯得知之後，不但懲罰普羅米修斯，把祂鎖在高加索山上，任惡鷹每天啄食祂的肝，而且將潘多拉盒子送到人間。雖然盒子釋出了災禍，但也保存了最後的希望。這寄寓了人有了智慧與文明之後，同時也帶來了惡事，不過最後還是存有希望的。縱有人指出這個希望是虛幻不真的，但有了文明之後，人類進入了歷史，雖然受到了天神的懲罰，但在盒子之中，永遠保存未被釋放的未來。這與中國人的憂患意識不謀而合。人生憂患自識字始，人在進入文明之後，就有了終身之憂。君子憂慮德之不修，學之不講，所以他們終身為了人類文化而奮鬥，毫不懈怠。因此，我們不能說希望本身一定是虛幻或真實的，一切端視乎人的實踐，視乎他們能否維持智慧與文明，亦即是儒者所謂的禮樂文明。禮出於人的天性，也是人為努力的結果。這就如火一樣，處於自然與文明的邊界之上。

佛家認為人生的欲望使人盲目，所以使人陷於無明，而對治無明，佛教徒有五明，即內明、聲明、因明、醫方明和工巧明，其中以內在覺悟的內明為解脫的最重要條件。然而，佛家講習五明，畢竟是就捨離世間而講習，最後五明亦須要捨離。儒家才能正視人為的真正意義，而說「天下文明」。這又正如胡蘭成所說，是「遊戲自在」，而又「真實不虛」。人為的禮樂文明，具有實在的意義，因而是實事實理。儒者不以文明為虛偽的造作，亦不視世間為苦業罪惡的幅湊，天下文明畢竟是值得努力的，因而人生是值得好好幹一場的。人類進入歷史，於是他們發現歷史的起源與目的，它的起源與目的不在於遙遠之鄉，而在於當前的禮樂文明。歷史開始於文明，亦終於指向文明。歷史目的不在時空之中，亦不指向時空之外，而禮樂就是歷史目的的體現。這歷史目的的體現，既是自在的遊戲，又是不虛地真實的。

雖然尼采把潘多拉盒子的希望視為虛幻，但他卻是別有深意的。尼采在《希臘悲劇時代的哲學》一書中，論及赫拉克利特：他並不關心神義論的問題，並不為世間的災難罪惡而辯護。當他被問及為甚麼火不總是火，為甚麼它現在是水是土時，就會回答：「它是一個遊戲，請不要太鄭重其事地看待它，尤其不要道德地看待它！」[9] 世界是自娛的遊戲，永恆的活火也遊戲著，它生成和消逝，破壞又建設，不別善惡，毫無罪惡感，就如一個孩

9 尼采著；周國平編譯，《尼采讀本》（臺北：遠流出版公司，2019年），頁71。

子一時摔開了玩具，但很快又無憂無慮地玩耍起來。至於，看待天下文明，也須要以一種內具目的的遊戲視之，而不宜以一種世俗的道德目光看待它。禮樂文明不但成就人生，而且它就是人生的內容，就是自娛的遊戲本身。用尼采評論赫拉克利特的話來說，禮樂是永恆的活火，也是永恆的遊戲。因此它不須要另存希望，不必為它辯護，它本身就具有自足價值。

從一種歷史哲學看來，一切人為的努力或不努力，都指向一個歷史的結局。這個結局或在遙遠的未來，或在彼岸的天國，而為了達到歷史的目的，一切人物都不過是手段，為達最高的道德，人可不擇手段。為了達到歷史目的，所有人不過是工具，因而可以大量犧牲，甚至人間的倫理也可犧牲。所謂文明，不過是一種過度，終會被否定，而達至歷史的終結。抱持這種大目的論的人，可無視人倫，無視文明，而成一種麻木不仁。這所以近世極權主義者屠殺其他民族、推倒倫理、破壞文明，而無所畏懼，並自視為合理。這都是由於不能正視人倫道義，不能肯定禮樂的自足價值而然。如果能肯定人倫與禮樂的自足價值，就能知道人倫與禮樂不是工具，無待於外，而本自具足。禮樂出於人性，人能夠創造禮樂，就實證了人的本性。禮樂不是維繫文明的工具，而是文明的本身，它不是制度派生之物，即不是有了制度之後才出現的規範，反而比一切制度更為原初。通過禮樂，人能感通天下，仁以禮樂為實體。因此，《論語》記述了孔子的一番說話：

子曰：「夷狄之有君，不如諸夏之亡也。」

孔子說：「夷狄之有君主，都及不上中原文明諸國沒有了君主。」孔子重視華夷之辨，這不是種族歧視，而是重視文明，華族具備了禮樂文明，不像夷狄還未進入歷史。這亦是之所以夷狄就算有君主，都及不上中原諸國失去君主的緣故。禮樂是仁之實體，比君主制度還具有根本重要性。失去禮樂，人性失去了表現的處所，精神無法伸展。

禮樂文明既是人為努力的結果，又深根於人的天性。國家可以沒有了君主，但卻不可以沒有了禮樂，正如三軍的主帥可被奪去，匹夫不可以沒有了心志。仁者，人也。仁又以禮樂為實體，以之為精神的實現。沒有了禮樂，仁心就失去了感通的途徑。仁心是具體的，「仁」由「二人」構成，而感通就見於人與人之間。人心投向人心，就是憑藉禮樂的，因此仁心是體，而禮樂為用。也只有正視人為的禮樂，才能肯定由人性所生的常道。禮是原初的、根本的，而特定的政治制度反是偶然的、次要的。天下文明是人性的體現，因而真實不虛。

47 大哉問

唐君毅指出，人與朋友見面時，臉上總是帶著微笑，那是為了表示善意。縱然我們心裡懷有恨意，都會保持基本的禮貌，禮就是人為的，就如荀子所說：「人善者偽也。」人之所以守禮，人之所以偽善，都是因為他們認同善，所以就算心裡懷有惡意，都不願讓人知道。因此，偽善就是惡意向善德致敬。因此，表面上保持微笑，是人性的流露，人從心底裡認同要與人為善，而惡人也不敢肆無忌憚。由是觀之，禮於人性之中有它深厚的根源，而禮就是為了表達人的善意。禮是後起的、人為的，而它的先天根據就在於仁。人心與人心感通，就是通過禮，禮成為人與人相處的潤滑劑。不但朋友之間互相有禮，而且對於初次見面的陌生人，我們都會保持禮貌。人群會約定一套世俗的禮儀，是為了生活方便，但在這一切背後，都有仁心作為根據。禽獸就沒有禮義，如果貓狗也表現禮讓，那麼我們會說牠們具有靈性，而接近人；相反，一個人不守禮義，我們會指斥他禽獸不如，而失去了人的倫理地位。人要成為「人」，就在於成為倫理的存在，而其中一個重要的條件就在於守禮。禮表現了人性中的善，亦實現了仁。

禮是人為的，是須要學習的。這亦是之所以我們會教導孩童守禮。孩童或多或少都能判別是非，都能明白義理，但是他們的心智未成熟，並未能真正把握仁心。因此，他們須要模仿恰當的行為，就是學習守禮，所以父母要教幼童一些基本禮貌。就在實際的操作中，孩童學習對人釋出善意，這就是一種善的薰陶。小人之小，就在於他們的體形長成了，心智卻沒有成熟，不能立志自主，自覺地行善，所以他們需要禮教之防，以防止不自覺地行惡。子夏就對於禮的學習，有一套心得。就在孔子死後，子夏在西河設教，名聲大振，但子遊卻批評子夏只教些灑掃應對的基本禮儀，並不能把握仁心之本；子夏就反駁說，教學生要因材施教，豈能因為淺近就不教，高深就強傳，那是欺罔學生啊！其實，子夏為學，也是由淺入深，經過了一番奮鬥努力。孔子就曾因為子夏的格局狹小，而鼓勵他做君子儒，不要做小人儒。這可能是因為子夏重視行為的具體規範，而那是教給小人的，君子要能夠登堂入室，就要把握人心之本，即是內在之仁。經過一番努力之後，他終於得到孔子的讚許，孔子說子夏反過來啟發了老師，《論語》中就這樣記載二人的對話：

子夏問曰：「『巧笑倩兮，美目盼兮，素以為絢兮。』何謂也？」子曰：「繪事後素。」曰：「禮後乎？」子曰：「起予者商也！始可與言詩已矣。」

子夏問道：「『巧笑美好啊，美目黑白分明啊，再用素粉增添她的美麗啊！』這是甚麼意思？」孔子說：「作成了畫再塗上白色的顏料。」子夏說：「這裡的意蘊是禮是後起的嗎？」孔子說：「子夏是啟發我的人啊！這樣就可以與他談《詩》了。」值得留意的一點是，一般注解「繪事後素」的學者，都以為這句的意思是「在白紙上作畫」。其實孔子的時代，人們都在黃絹上作畫，到畫成了五采，最後才塗上白色，令圖畫形象更鮮明。這是說明禮是後起的，先是有了仁心之體，然後通過禮教來琢磨仁心，仁心就體現於禮義。仁心是體，禮義是用，即用見體，全體是用，體用一如。禮的大本就在於仁。

體仁用禮是孔子的重要思想。人在進入歷史之前，並未有禮樂文明，人要是自覺地創造文明，有了歷史的起源與目的，才進入歷史。然而，隨時代發展，後來的人沉浸在禮教之中，逐漸忘失了禮義之本，不少人也是習慣了守禮，為守禮而守禮，而不知道聖人制禮的初衷。孔子便提出了體仁用禮，即是以仁為體，以禮為用，以仁為禮的根本。仁就是孔子思想的核心要義。因此，當林放問及禮之本時，孔子大加讚賞：

林放問禮之本。子曰：「大哉問！禮，與其奢也，寧儉；喪，與其易也，寧戚。」

林放問及甚麼是禮的本體。孔子說：「這是個大問題！禮，與其奢華，毋寧儉樸；喪事，與其過於治辦，寧願過於哀戚。」孔子在回答禮之本體時，說到禮可簡約，但不可失去應有的情感。這種情感不只是心理學上的一種情緒而已，而是根源自仁心的感通。人心投向人心，於是有了情感，而禮就是情感的恰當表達。禮之本體就在於仁，因此人在學習守禮之餘，更要自覺到禮的根本就在於仁，就在於感通。孔子說過，難道禮就是玉帛，樂只是鐘鼓了嗎？他又反問，人而不仁，如何從事禮樂？由此可見，感通是禮的本體，忘失了仁，禮是無根的。

在回答禮之本時，孔子特別提到喪禮。其實，紅白二事，都是人生大事，因此須要行禮，以示隆重。禮是所以成就人生的，而在喪禮之中，透過禮儀，所以能安頓我們的哀思。在生離死別之中，最能引發人的真實情感，人心最能通於他人，而不封限於自身之中。這是由在其自己的存在，而成為對其自己，開啟世界，進入澄明。孔子特別提到哀戚之情，因為在這種情感之中，人最易敞開自己，最容易自覺到仁心的躍動。這亦是荀子之所以主張隆禮，而又特別重視喪事的緣故，可見他對於孔子的這幾句說話有獨特的體會。這也是牟宗三批評阮藉喪母，人來弔唁，他以白眼視人為作怪，致令賓主皆成虛偽之深意了。喪母是人生大事，喪禮所以致盡哀思，在這個時刻，你只會沉入一片情思之中，因而只有肅穆，而沒有禮教內外之分。人來弔唁，所以助我之哀，慰亡者在天之靈。阮藉有執於心，所以見人之虛偽，亦所以成自己的虛偽。喪禮為人倫之大者，豈能因偏執邪見，而兀自作怪。這是乖張成習所致。他自以為不受禮教束縛是真性情的表現，而不知盡禮亦需要真性情，這即是不明白禮之本了。此之謂不知類。

禮不只是一種人生的陪襯，它不但是為了成就個人的重要時刻，比如使我們的生死大事不顯落寞，而且是為了維護我們的價值意識。所謂價值意識，就是我們之所以分別事物價值高下的意識，因而是一種層級的意識。正如我們尊重長輩，就會用禮來表達敬意。又如賓主之間，亦有主客先後之禮，這就是所以表現人與人之間的身分差異。禮的一個重要作用就在於保持人與人之間的距離，而維持價值高下的層級，亦即是維持社會的秩序。人生於世間，就有種種身分和角色，而體現出種種價值，就如孔子是老師，學生就要通過守禮來表示尊師重道；而當孔子為國君效力時，君主就體現了國家意志，所以孔子要盡禮。人會衡量事物的價值，因此才會有高下的層級，才會有主次先後的秩序，而禮就是體現價值意識的東西。當一個人的價值意識越深刻，他就對於高級的事物越能尊敬，因此就越能守禮，而越能自重。因為當你對人心生敬意的時候，就能持守心中的價值意識，亦所以能夠自尊自重。真正具有自尊心的人，就是那些能夠盡禮而保護高貴事物的人，因而他也是一個精神貴族。禮的作用就是分別差異，是維繫價值的東西，也是精神貴族的堡壘。

尼采的思想深刻，就在於他懂得現代人不能理解的價值層級，因而是一位精神貴族。姑且不論尼采的強人哲學，但他確實能夠尊重高貴的事物，而批評現代都市文明的庸俗，這就是他超出當代眾多哲學家的地方。現代人價值意識失落，就在於他們不會對高貴的事物產生敬意，所以他們亦不能自尊自重。濫用所謂的權利平等、機會平等的口號，而要求削平一切價值層級，這是一種庸人的思想。雖然在人權的層面上，我們要求人人平等，但在價值世界之中，人不是平等的。我們必然會在不同的場合中，尊重不同的人，比如在壽誕之中，我們會較重視生日的主角；又如在喪禮之中，我們會對死者行跪拜之禮，而表現謙抑。這都是我們的價值意識所使然。這無關於人權，無關乎人人平等，只因人有價值意識，就會分別高下，這就注定了人與人之間的差異。現代人之所以庸俗，就在於他們不再認識高貴的東西，因而不了解人生的深度，就只能把一切廣度化、平面化。禮就是價值層級的防線，也是精神貴族的最後堡壘。

對於古代的禮制，我們不能以「父權思想」一筆抹煞，也不能用「禮教吃人」輕輕帶過，而不去理解當中的深刻意義。推倒是輕易的，但輕蔑價值層級亦即是不懂尊敬高貴，因此會令自我的價值意識都喪失了。禮制是維繫名位的東西，名位亦即是價值高下的實質。孔子重視正名，亦是所以他重視盡禮；盡禮所以能夠正名，禮以別異，所以能夠維持名位高下。名位就是源於價值意識。人倫世界的本質就在於人與人之間的身分差異，父母子女、兄弟姊妹、君臣、朋友、夫婦就是五種基本的倫理關係，亦是人生於世的基本分位。

對應不同的身分與關係，就有不同的禮節，遵守禮節就是安守本分，成就自己為倫理的存在的方式。因此，禮不是人生的陪襯而已，而是一種自我實踐的道路，亦是維繫價值層級的防線。

由於禮是價值層級的防線，因而不可逾越，否則就是價值失序。就在孔子身處的時代，社會上禮崩樂壞，價值失序。在孔子少年時，他就以知禮而聞名，但當他進入太廟之後，就每件事物都問箇究竟，因他要諷刺當時太廟中不合禮數的地方，於是引起人的不滿，那些人私下議論孔子不知禮，孔子聽到之後就說：「這才是禮呀！」及至後來孔子在魯國當大司寇，事奉魯定公克盡禮節，但因當時的實權在季氏三家手上，所以人們批評孔子持守禮節是沒有真實意義的虛文，只是為了諂媚上級，這引起了孔子的注意。當魯定公問及君使臣，臣事君，該當如何時，孔子就回答，君主應該以禮節遣使臣下，臣子應該以忠誠事奉君上。可見在孔子心目中，君臣上下都應有禮。

當時季氏擅權，不但把持國政，而且僭越禮制。他們進行家祭時，命人奏了〈雍〉這首樂曲，孔子便批評說：「歌詞中有『相維辟公，天子穆穆』一句，怎能夠在季氏的廳堂中演奏呢？」季氏又採用天子的八佾舞，僭越上級，孔子便憤慨地說：

八佾舞於庭，是可忍也，孰不可忍也？

這是說：八佾舞於三家的庭院，這也可以容忍，還有甚麼不可容忍呢？可見當時社會秩序混亂，連魯國的小小家臣都敢僭用天子之禮，這不能不令孔子痛心疾首。禮節之為禮節，它的意義不止於具體的音樂和舞蹈，而在於它的象徵意義，在於它背後所代表的價值層級，以用來辨別身分地位的尊卑高下，因此不能隨意僭越，否則就破壞了社會秩序。後來，季氏又前往祭祀泰山，據當時的禮制，也只有天子能祭祀名山大川，因此這也是僭越。孔子便問當時在季氏手下當官的冉有是否能夠挽救這件事，冉有回答不能，孔子便慨嘆：「難道泰山的神祇都不及林放知禮嗎？」

孔子因為當時魯國有很多不合禮的社會現象，而有種種批評，這就可見孔子重視禮節，也重視守護尊卑上下的層級。這都是源於孔子心中的價值意識。也是因為具有價值意識，所以人會守禮，以辨別人與人之間的分位差異。甚至當時魯國禘祭不合禮數，孔子也說自香酒獻灌之後，他就不想看下去了。關於禘祭種種，學者眾說紛紜，實已難考。但當有人問及禘祭時，孔子卻說不知道，而知其說者，對於整個天下，就像置於掌上。這大概是因為孔子深念周公制禮以治天下，因此說知禮的人看天下就如在掌中。由此可見，要維繫人倫世界，就必須維繫價值層級，令人各有所安，而不致顛倒。現代人在政治上主張人人平等，卻不了解價值高下之別，這亦是致使文化衰落，人心敗壞的緣故了。

立於禮

西方的理想主義哲學家不但強調道德需要自覺的努力，而且強調要判斷一個人是否道德，必須看他的具體行為是否合乎道德律。對於理想主義哲學家來說，道德行為必然否定自然性好，並通過刻意地不順從自然生命來表現。這種反地心吸力的自主能力，就叫做「道德主體性」。在他們的心目中，就算你天生具有善良的性情，當你順乎本性而行，而不能表現道德主體性的時候，也不算道德。因此，無論一個人因富於同情心，或因好名而行善，都不算作了道德的行為。況且，西方古典哲學家也未建立道德人格的觀念。他們評判道德，只根據具體的行為，而不是一個人的整體人格，即是根據一個人「作甚麼」，而不是他「是甚麼」來作判斷。當然，我們可以說，要判斷一個人是甚麼，須要本於他作了甚麼，但反過來說，一個人之所以會作甚麼，是因為他本是甚麼罷了！中國哲學家很早就建立了人格的觀念，比如孔子就強調君子與小人之分。我們判斷一個人是否道德，很多時不是看他個別的行為，而是看他的整體人格，看他是否一個文質彬彬的君子。再者，儒家亦不強調透過否定自然生命來表現道德主體性。道德之為道德，不必在於勉強違反自然性好，亦不在於所謂的「道德主體性」，而在於道德人格。

關於道德倫理，一方面我們要本於良知而行動，另一方面具體行為最好能合於禮教。良知的發用屬於主觀精神，是一種獨一無二的判斷；而禮教則是人與人之間互為主觀，屬於客觀精神。一個人固然要求取放失的良心，而自我作主，但他的行為也要盡量合於禮教，而不能因為正直就表現放肆。我們甚至可以說，一個君子在開始實踐道德的時候，還須要用功，他可能要著力改變壞習慣。但當他到了聖賢的境界，就可以不思而得，不勉而中，這是所以從容就義比慷慨赴死更可貴。人或可出於一時激憤而否定自然生命，但要變化氣質，使生命血氣歸順道理，無過無不及，以至於孔子所謂的從心所欲而不逾越規矩的境界，則須要長久努力不懈地做工夫，而甚為艱難。如果追求自主、覺悟本心屬於自覺的境界，那麼從容就義就是超自覺之境。前者仍須刻意努力，而後者則出於自然，而近乎藝術化的境界。

禮就是藝術化了的行為規範。通過守禮行禮，我們改變自己的習氣，而實踐善行。禮節不但講究行善，而且講究優美，使人生得以藝術化。孔子說他「三十而立」，那是指他的道德人格挺立起來，成為一個真正的人。那麼，他憑甚麼來挺立呢？孔子說：

立於禮。

禮就是仁心的客觀化。一個仁者不但須要把握仁心的躍動，而且須要通過守禮把仁心貞定下來。主觀精神固然是道德的必要條件，但通過客觀精神，人才能把道德人格落實到生活小節之上，令舉手投足之間，都圓足地表現仁心。所謂體仁用禮，而體用一如，不能偏廢。仁就是感通，就是生命之由在其自己，而成為對其自己，投向他人，而禮就是感通的表現方式，令內在的情感得到恰當的表達。比如你要對人表現善意，那麼就透過微笑、問候，甚或贈物，這都是禮的表現。比如〈木瓜〉一詩中，男女互有情意，就透過互相饋贈，以可見之物，來表示心意。情感本是微妙的、難以觸摸的，就在彼此猜測試探之中，我們須要以具體的東西來表達心意，使對方心領神會。如果沒有禮來貞定，情感亦將枯竭，但禮尚往來，就在感通之中，情感生生不息。這可見禮的大用了。

人之所以能挺立獨立人格，能夠在社會上立足，就在於他不但能自我作主，欲仁仁至，而且能客觀化自己，使人感受到他的仁德。「仁」由「二人」構成，仁就存在於彼此之間，而構成倫理。倫理需要禮來維持，人心投向人心也需要具體的行為，也需要禮節。禮教本就出於人與人之間的感通，而不能只視為一種虛偽的造作。當然，如果一個人沒有內在的情感，那麼通過實踐禮義，我們期望可以引發他的真誠。正如當你微笑，對人釋出善意，那很可能真的能打破隔膜，令彼此心生善意。禮既是仁之用，當你行禮時，就會反過來開啟仁心。不可見的仁心，要作用於可見的禮，當別人可以感受到你的情意，那麼你的仁心就真正實現了，也就是客觀化了。因此，只講內自充足還不夠，還須要形之於外，就好像孟子所說，睟面盎背，施於四體，不言而喻。這就需要禮的薰陶了。

人之所以立，就在於他能夠客觀化仁心。人具有主觀精神還不夠，還須要在社會上立足，施禮於人，使他人感受到他的仁德。小人之為小人，就在於他身體成熟，心中還像是一個小孩子，就只想到自己。君子超出小人的境界，因他能客觀化自己，推己及人，甚至感通天下。仁心必需有著落之處，它就落實於禮。因此，禮就是仁之用，仁就是禮之體，用不離體，體不棄用，而體仁用禮。人之所以能立足於社會，就是憑藉禮義。踐禮能夠使人我皆有安處，而免於衝突磨擦，或至少將衝突磨擦減少。孔子一生研究周禮，就是要改革古禮，復活它的原有精神，使人保持感通。通過客觀化了的禮樂文明，大群才真成為休戚相關的共同體，而攜手面對共同的命運。禮不但成就仁心，而且如聖神之火一樣，使人類從昏沉闇昧而走向天下文明。

魏晉玄學旨在會通儒道，玄學其中一個主要的論題，就在處理名教與自然的關係。當時有不少名士認為名教是一種對於人性的束縛，桎梏人心，因此他們放浪形骸，荒誕自處，比如嵇康就主張「越名教而任自然」。所謂名教，就是禮教，因此名士通過逾越禮制，來表示言行出於自然。他們認為禮教與性情不能並存。他們深感一個重大的問題，就是人創作禮制，但當禮制僵化，就會失去原有的生命力，而成為人的負擔，甚至扼殺人的真性情，令人變得虛偽。大凡文化創造，都不能免於客觀化而被規定下來，因而成為人的束縛，阻礙新的文化創造。道家對於這個問題有很深刻的反省，這個問題又突顯於魏晉名士的心靈中。文化原出於人性，而又反過來桎梏人心，這就是文化之惡了。

所謂的文化之惡，是永恆的哲學問題，這不但是道家所意識到的。比如當代的後現代思潮，就對於現代社會的文化之惡有深刻的批評，尤其是對於黑格爾的歷史目的論，多所批判。現代人由於當代科技突飛猛進，並帶來便利，因而盲目相信人類社會不斷進步，並終會達至無比幸福的境地。然而，後現代思想家批判所謂的「進步」帶來的問題，例如時空壓縮及與此相關的全球化所帶來的社會問題：以經濟掛帥的人類共同體，對於落後地區人民的壓迫及對少數族群文化造成損害。他們甚至揭露後現代藝術商業化、廣告化，藝術品不過是一些材料的拼貼，而且可以高科技大量複製，這些商業藝術滿街滿巷，極盡感官刺激的能事，但浮濫惡俗，失去深度。再者，為了應合經濟的高速發展，人類文明不但對人造成壓迫，而且對自然環境也造成很大的傷害。現代文明本是人所創造的，但它卻脫離了人性，反過來勞役人，這就是「異化」了。

從人類歷史看來，人的異化是必然的事，就如孔子的時代，人們也視周禮為陳腐的東西，而經典不過是聖人的陳跡，因此不必拘泥而畫地自限。這就是之所以周禮崩壞，社會陷入混亂，而孔子提出復興文化的緣故了。孔子不是死守古代文化的人，他點出了創造文化的背後動力，就在於仁。仁是體，禮是用，體仁用禮是孔子的核心思想。他提點人以仁，就是要人返回初心，從根本上反省禮的合理性。禮要是脫離人性，人就要本於仁，對它有所革新，以恢復禮的生命力。孔子之所以欣賞周禮，是因為他考察過夏禮，得到了《夏小正》，但對於夏禮，它的後人已不足以證實了；他又考察過殷禮，得到了《乾坤》，但對於殷禮，它的後人也不足以證實了；至於周禮，就借鑑了二代的禮，因而非常隆盛，因此孔子立志復興周禮。周禮改革了古禮，比如在《論語》之中，孔子就兩次提到射禮。君子比試箭藝的時候，總是先互相拱手行禮才登台射箭，及至下台，又會互相敬酒對飲，這就成了君子之爭了。此外，自周文王開始，為了表示偃武修文，射箭不再是為了展示力量，因此射禮不須要再貫穿皮革，這在春秋之時就成為了古禮了，孔子大加提倡。然而，孔子對於古禮，也不是不容改變的。對於現存的禮，他是有所反省的。他就說過古人績麻為冕，工細而貴，現在的人以黑絲為冕，較為儉樸，他跟從眾人。古代君臣行禮，臣子都在堂下再拜稽首，君辭之，然而又再拜稽首於堂上；現在的人只拜於堂上，不再拜於堂下，孔子認為這是出於驕泰，因此他要違反大眾，而服膺古禮。這可見孔子會反省禮的本意，而決定是否改變。對於禮的改革，《論語》中有一則對話：

> 子張問：「十世可知也？」子曰：「殷因於夏禮，所損益，可知也；周因於殷禮，所損益，可知也；其或繼周者，雖百世可知也。」

子張問：「十世以後的事，可以預知嗎？」孔子回答：「殷商因襲夏禮，所作出的損益，是可以知道的；周代因襲殷禮，所作的損益，也是可以知道的；將來也許有繼周的時代，雖然是百世以後，也是可以預知的。」一世為三十年，十世為三百年，子張問的是三百年的事是否可以預知。孔子特別提到禮，說它因革損益，就算三千年之後，也是可以知道的。我們距孔子二千五百多年，雖然社會狀況有很大的改變，但有很多人性的表現也是一樣的。比如我們慎終追遠，就是繼承了古代文化。現代人仍重視喪葬與拜祭，只因千古之下，人心有相同的情感。禮既是人性的客觀化，人性有常，因此它的表現雖有變化，但也有恆常的地方。孔子主張禮制必須隨時代變化而因革損益，不能一成不變。至於因革損益的原則，就在於反省禮的本意。古人辦喪事，與現代人的喪禮，確有不同，但對於向亡者致盡哀思的本意，卻是一致的。禮的本意是出於人性，人性的表現世世有異，但人性卻有它永恆的一面。人們總是面對相同的問題，比如面對生死大事，又如處理食色的需要，這都需要禮來加以節制的。因此，孔子才會如此有信心地說：「雖百世可知也。」

總的而言，禮樂使人從昏沉闇昧中解脫，因而是天下文明。禮樂文明比一切政治制度還要原初，還要根本。禮是人性的客觀化，仁是體，禮是用，即用見體，全體是用，而體用一如。體仁用禮是孔子的核心思想。雖然禮是後起的、人為的，但卻是內在情感的流露，是人心感通的方式。通過踐禮，不但微妙的人情得以表達，而且人性之善亦得以肯定。人之所以會偽善，這是因為他們都從根本上肯定善的價值，而不願惡行暴露於人前。禮又出於人的價值意識，以分別高下尊卑的層級，來維持社會應有的秩序。這又與「正名」的思想密切關連。禮亦能挺立人的道德人格。通過施禮於人，使人感受到我的仁德，使我能夠立足於社會。禮也不是一成不變的。禮制也會異化，這個時候就須要回到創作禮制的初心，反省禮的本意，而對於禮制作出因革損益。但由於禮樂文明是永恆人性的客觀表現，因而必有所宗，而萬變就不離其宗了。

十一 樂

51 好之者不如樂之者

唐君毅指出歌唱藝術，有表現壯美的，也有表現優美的。西方唱高音的獨唱歌手，歌聲高亢入雲，善於發揚蹈厲精神，能表現悲壯慷慨的情緒；而優美之音，亦能極婉轉淒顫之致。但他們的壯美之音，不同京劇中老生之沉鬱頓挫；而優美之音，就無崑曲之悠揚安和的意態。所謂高唱入雲，發揚蹈厲，悲壯慷慨，則一往無前，發露無餘。而沉鬱頓挫，則盪氣迴腸，百折盤旋。至於婉轉淒顫的歌聲，也未嘗沒有往復迴轉之趣，但不如悠揚安和，而往復順適。沉鬱頓挫的音樂，即盤旋迴繞，而餘音凝結。而悠揚安和，即迴旋而舒展疏達。由此可見，中國音樂特重餘音繚繞。唐君毅又說，西方音樂壯者使人的精神奮發提起，柔者使人柔嫩而富情；中國音樂反可以成為精神藏修息遊之所，若將終身焉。此言甚善，能有所藏修息遊，則有餘裕閒暇，能休養生息，心平氣和。簡言之，中國音樂能使人心有所「遊」。

據《論語》所載，孔子也十分熱愛音樂。就江文也研究，孔子對音樂花上了很大的心力去學習，而且也是一位音樂家，甚至晚年返回魯國，整理傳統的音樂藝術，並指點當時的音樂家。中國人有所謂「絲不如竹，竹不如肉」，十分重視歌唱藝術。孔子也很喜歡唱歌，而且時常與人唱和，《論語》中說：

子與人歌而善，必使反之，而後和之。

孔子與人同唱，遇人善歌，必定請他再唱，然後自己又唱和。這不但反映孔子熱愛音樂，而且不拘謹、不刻板、不無聊，而能與人同唱，發生共鳴。不論東西，哲學家的形象往往崇高，罕見有哲人能放開懷抱，與人同唱。孔子之能與人唱和，發生共鳴，就是能通過音樂，與人同情共感，產生交流。這種交流不是無形無狀的，而是通過身體發出聲音，與人氣息相通。這是一種真正的性情相交，以之生氣，與之共振。至於，孔子在喪親的人身旁，那天哭過了便不會唱歌。這不但表現一種體諒之情，而且是因為音樂在孔子的心目中，不只是一種興趣愛好，而是人心與人心合一的媒介，表現和樂之境。因此，孔子又說：

好之者不如樂之者。

這裡所謂的「樂」，不是指感官刺激的快樂，甚至不是心理情緒的悅樂，而是一種人生境界，是由仁心所發，達到一種與人合一的和樂。

雖然中國音樂重視和樂，趨向一種忘我合一之境，但唐君毅指出，這不同於西方音樂之重視和聲，多有偉大的交響樂，而宗教音樂則表現莊嚴神聖之美。唐君毅說他曾參加成都孔子祭典，聞奏古樂，渾淪肅穆，使人心廣大和平。至於中國器樂如七弦琴，那種音樂不如鋼琴清脆、提琴勁急，而有舒徐疏宕之致。孔子也喜好琴藝，曾學琴於師襄子，並對於琴曲有獨特的領會。起初，孔子學琴，十日不進。師襄子說：「可以進一步了。」孔子說：「我已學習了曲式，未得到箇中技巧。」過了一段時間，師襄子又說：「你已習得了技巧，可以進一步了。」孔子說：「我還未習得箇中情志。」過了一段時間，師襄子又說：「你已習得了情志，可以進一步了。」孔子說：「我還未知道作曲者的為人。」過了一段時間，師襄子又說：「你能靜穆深思，能怡然高望而遠思了。」孔子說：「我知道了作曲者的為人，他皮膚黝黑，體形頎長，眼光遠大，像位君臨天下的王者，不是文王的話誰能作此曲呢！」師襄子離開座位再拜，說：「老師曾說這就是〈文王操〉。」這可見孔子對於琴藝，也曾苦學深思。後來，孔子在不同的遭遇情境之中，為了抒發一己情志，又作了幾支琴曲，分別是〈息陬操〉、〈龜山操〉和〈猗蘭操〉。可見孔子的音樂造詣，已經達到很深的境界。

在《論語》的記載之中，孔子又會擊磬。有一次，孔子在衛國擊磬，挑草器的人從門前走過，他說：「擊磬的人，有心思啊！」一會又說：「真固執啊！硜硜之聲！沒人理解有甚麼關係呢？獨善其身就好了。好比過河，水深就索性穿著衣服游過去，水淺就撩起衣服趟過去。」孔子說：「說得真乾脆！人生的收場就如音樂的尾聲是最為難的。」唐君毅曾讚嘆發明鼓磬的人，是人中之大聖。西方的教堂，有鐘而無鼓磬，鐘聲使人警策而激動。中國的寺廟，則兼有鼓磬。暮鼓於深山曠野之中，擴散漸遠而沉入虛無，於是意味無窮，使人的精神與鼓聲一同瀰漫宇宙，故極壯美而同於優美。磬聲也是沉抑而意遠。鼓磬的偉大就在於它的中央為虛空，它的聲音渾淪清遠，足以泯除人的意念而有所藏修息遊。唐君毅曾於成都青羊宮畔，聽聞寺廟的鼓磬之聲，嗒然喪我，因而讚嘆鼓磬之偉大。鼓磬之偉大，在於它們能使人心與宇宙合一，而通於和樂之境。

由此可見，孔子愛好音樂，不止於視之為一種興趣娛樂，亦不在於官能刺激，而是以之性情，以之生命。孔子唱歌，能與人共鳴；孔子彈琴，能神交古人；孔子擊磬，終能與宇宙合一。音樂也是人心感通的媒介，能使身體與外物共振，也能使血氣歸於平和。在《論語》之中，「樂」不但是指音樂，而且是指心境上的悅樂，甚至是指通向合一之境的和樂。和樂不但是心神上的事，而且關乎身體上的反應作用。和樂則能打破物質與精神的界限，嗒然忘我，混而為一。因其為樂，所以能和；因其能和，所以和樂。也因為這樣，孔子一生孜孜不倦於音樂，而不但能有所愛好，而且能達到和樂的境界。

江文也批評當代音樂家創作講求快速，是一種不幸。他認為作曲不只是技術上的事情，不只能講究曲式完整，為技術而技術而已，還要講究智性上的調和，以及成就樂曲的獨特表現。他又以雕刻家來比喻音樂家，說創作音樂就有如向著石頭一鑿一鑿的敲入，頑固的石頭在抗拒，也只有超越它，才能創作出作品來。因此，有關作曲，無論何等細微的部分，都必須善加留意。然而，當今社會講求速度與效率，毫不留情地帶走了我們的艱苦與忍耐，而一心一德奉獻音樂的喜悅消失得無影無蹤。對於長時間努力不懈的創作，人們已感到嫌惡。孔子對於學習，甚至對於學習音樂，也是發奮忘食，樂以忘憂，不知老之將至，而進入一種忘我的狀態。孔子在齊國聽聞《韶樂》，就發現到意外的驚喜。孔子出生的魯國，是周公的封地，而周公曾整理古代禮樂，魯國以禮樂聞名天下，但孔子在魯國未聽聞過《韶樂》。因此，他到齊國才發現它的美善。

關於《韶樂》，是帝舜時的國家音樂，屬於最高級的音樂。《竹書紀年》就曾記載有虞氏元年，帝舜即天子之位，作大《韶》之樂。《尚書．益稷》又有「簫韶九成」的說法，《韶》有九個樂章，內容十分龐大。天子諸侯共聚一堂，堂上石磬、琴瑟合奏，並配合歌聲；堂下有笛、笙、鐘、鼓合奏。笙形如鳥，鐘飾如獸，《韶樂》演奏，結束時連鳳凰都會飛來，聞聲起舞。孔子說過《韶樂》盡善盡美，不但在形式上達到美的境界，而且在內涵品質上都是完善的。江文也指出，音樂的形式與內容，缺一不可。有時音樂的形式決定內容，有時則相反，比如西方音樂家之中，布拉姆斯和穆索斯基的主張就各走極端。布拉姆斯的新古典音樂就繼承了海頓、貝多芬等傳統曲式，講究形式上的均衡；穆索斯基則反對過去音樂家認為音樂必須是「美」的觀念，認為音樂必須能反映真實人性，描寫日常生活，因而重在內容。事實上，形式與內容，如缺少了任何一項，即曲不成曲。在孔子的心目中，《韶樂》不但具備了成熟的樂曲形式，而且具備了完善的內涵品質，並達到了盡善盡美的境界。

關於《韶樂》，《左傳》襄公二十九年記載了吳公子札訪魯，觀於周樂，其中就提到：

> 見舞韶箾者。曰：德至矣哉！大矣！如天之無不幬也，如地之無不載也！雖甚盛德，其蔑以加於此矣。

《韶箾》即《簫韶》，當時是詩、樂、舞合一。吳公子札評價說：「德行達到極致了！偉大啊，就像上天無所不覆，像大地無所不載！雖然有超過大德大行的，恐怕也超不過這個了。」這可見當時在魯國也保存了《韶樂》，可是孔子當時才八、九歲而已，一直到他離開魯國都沒有機會聽聞。孔子在齊聽聞《韶樂》，而且非常熱衷地去學習，《論語》如此記載：

子在齊聞韶，三月不知肉味。曰：「不圖為樂之至於斯也！」

孔子在齊國聽聞《韶樂》，三個月忘記了肉的味道，說：「沒有想過音樂的境界達到如此的地步！」這裡有三點值得留意。首先，孔子聽聞《韶樂》，還沉浸其中，學習了三個月，達到了忘我的境界。「不知肉味」是指忘記了感官的快樂，甚至是指忘失形軀的隔閡，而達至忘我之境。其次，這裡的「樂」，不但是指可聽的音樂，也指聽到音樂後的悅樂，更指忘我而達到合一的和樂之境。最後，正如江文也指出，孔子發現《韶樂》的境界，同時重新發現了自己，他自覺到自己竟然也有這樣的音樂素養。當他聽到盡善盡美的音樂，會問自己：「世上竟然有這樣的音樂？」而他同時發現了生命的內在品質：「我也具備如此的音樂素養吧！」這就是孔子從聽聞《韶樂》所發現的意外驚喜了！

對於孔子來說，音樂不就像一般人所以為的，只是一種娛樂。通過聽聞音樂，人會沉浸其中，於是他發現世界與自己都不一樣了。這是藝術經驗的共同特性。在藝術經驗之中，我們發現藝術品與自我都不是原來的人與物，我們脫離了本來的特殊性，而發現了「美」；然而，我們不能只留駐於「美」的理念或原則，而完全脫離藝術品與自我，因為我們就在觀賞之中，重新發現事物與自我的性質。這就是美的經驗，好像捉不住、摸不著，但我們越是深刻，就越能發掘藝術品之美；而我們越能發掘藝術品之美，就越是深刻。就在一次又一次的觀賞之中，我們都與藝術品一起有所提升。這就是「出入雲水幾度身」的深意了！當孔子在齊國聽聞《韶樂》，並深入研究，他發現自我忘失了，世界的樊籬打破了，沒有了形骸的界限，我心沉入了音樂，世界也沉入我心之中。沒有聽的主體，也沒有被聽的客體，就只有一片和樂而已。

《韶樂》具備完美的形式與內容，並達到了二者的統一，而孔子之能夠發現這一點，他也重新發現了自己。就在保羅寫給哥林多人的書信中，他說在基督裡，就是新造的人，舊事已然過去，都變成新的了。這番說話也可應用音樂之上。完美的音樂，比如巴赫的《無伴奏大提琴組曲》，就是真正的福音。它從天而降，叫人悔改，拋棄舊的自我，發現新的生命。當然，這是生命的，也是唯心的，而又是實證的。當你凝神聆聽，會發現新的世界、新的核心，就在一片和樂之中。這也是高貴的音樂，而不是一般的、趣味的、享樂的、泛濫的音樂所能比擬。《聖經》上說：「真理必叫你們得以自由！」筆者喜歡跟基督徒朋友戲言：「聽巴赫，叫你們得以自由！」相信如果孔子復生，能夠一聽巴赫音樂，也會贊成這句說話的了！

《樂記》之中，就提到德行出於本性，而音樂就是德行的華彩，然後以詩來言其志，以歌來詠其聲，以舞來動其容。孔子時代的音樂，就包括詩、歌、舞三種成素。《論語》中就有不少提到詩、歌的地方，孔子對這兩部分曾經下過苦功。古詩有三千多篇，經孔子刪削之後，就剩下三百零五篇，而孔子皆一一彈琴歌詠。這可見當時的《詩三百》與音樂的關係密切，原來《詩》都是可以合樂而歌的。就在孔子刪削之前，古詩中也就有一些所謂的淫聲，就是動搖情志，情感過分的音樂。《史記》就記載了衛靈公好樂，夜半聽見無聲之樂，於是命師涓記下，並加以練習。後來，衛靈公訪問晉國，晉平公設酒於施惠之臺，飲酒甚樂，於是令師涓演奏新樂，師涓從命。師涓演奏了一半，身旁的師曠便制止了，說這是亡國之音，太過悲傷了。晉平公並沒有理會警告，於是令師涓奏完了它。晉平公還嫌不夠，便問師曠：「還有更悲傷的音樂嗎？」師曠演奏時，有玄鶴翔集廊門，引頸而鳴，舒翼而舞。及後，晉平公又問：「還有更悲傷的音樂嗎？」師曠提到昔日黃帝以音樂大合鬼神，只是晉平公德行不夠，不足以聽這種音樂。晉平公執意要聽，於是師曠只好從命。第一次演奏時，有白雲從西北而起。再演奏時，暴風雨隨之而至，並刮下了廊瓦。平公恐懼，伏在廊屋之間。最後晉國大旱，赤地三年。司馬遷說，音樂不是用來娛樂的，而是用來修正德行的。音樂不但能鼓動血氣，而且能夠感動天地鬼神。情感過分的音樂，就叫做「淫聲」。孔子就批評過鄭國的音樂，謂之為淫。這就是孔子刪削古詩的緣故了。

孔子周遊列國，學習各國的音樂，返回魯國之後，就修正音樂，《論語》就記載了當時《雅》、《頌》各得其所。根據朱熹解釋：「雅者，正也，言王政之所由廢興也。政有小大，故有《小雅》焉，有《大雅》焉。」這就是說《雅》是政治詩，講述王政的興衰，而政事有大有小，因此有《小雅》，也有《大雅》。另外，朱熹又說：「頌者，宗廟之樂歌。」《頌》是宗廟祭祀的頌歌。孔子不但刪削古詩，而且整理音樂，《論語》記載，孔子跟魯國的樂師討論音樂，說：「音樂的演奏過程是可以知道的：一開始，鐘鼓合奏；跟著是人聲唱詩，純一不雜；然後奏笙，分辨明析；然後歌聲與奏笙連綿不絕，就這樣完成了。」這可見孔子刪詩，目的在於正樂，當時的音樂乃有人聲的部分。除了《雅》、《頌》之外，《詩三百》還有《風》，朱熹說：「風者，民俗歌謠之詩也。」《風》就是各地的民俗歌謠，反映百姓的生活，表達真摯的情感。《論語》就記載了孔子對於《詩三百》的評語：

子曰：「詩三百，一言以蔽之，曰『思無邪』。」

孔子說：「《詩》三百零五篇，用一句說話來概括，就是『思無邪』。」這是出自《魯頌．駉》篇一句：「以車祛祛，思無邪，思馬斯徂。」其中「祛祛」解作強健貌，「徂」

作行義，「思」乃語辭，無義。「思無邪」表示車馬直行，孔子以之來表示《詩三百》出於至情，直寫衷曲，毫不掩飾。簡單來說，「思無邪」就是情感真摯的意思。

對於《風》，在《論語》之中，孔子就多次論及。《風》以〈關雎〉為首篇，孔子就曾經下過評語：「樂而不淫，哀而不傷。」這是表示〈關雎〉一詩，情感表達恰到好處，不會太過淫樂，也不會過分悲傷。這也就是孔子所說的「思無邪」了。〈關雎〉一詩，又可合樂而歌。孔子曾經讚嘆，由師摯升歌開始，至於〈關雎〉的合樂終結，樂聲洋洋盛大，充滿耳聽。師摯是魯國的樂師，據錢穆所言，他在離開魯國之前，曾經與孔子一起整理過音樂。孔子的讚嘆，可能在師摯還在魯國時，表示正樂後的美盛，也可能是在師摯適齊後，追憶過往的盛況。孔子還著自己的兒子伯魚學《詩》，著他讀《周南》、《召南》，又說人不讀《周南》、《召南》，就有如對牆而立。《周南》、《召南》是《風》最初的兩卷。《周南》原詩共十一首，與女性有關的九首，愛情詩四首，表現女性美與女性生活的五首。《召南》原詩共十四首，與女性有關的十一首，愛情詩四首，歌詠婚姻的兩首，表現女性美與女性生活的五首。孔子著伯魚讀《周南》、《召南》，大概是為了小伙子身心成長，體會《詩三百》的「思無邪」了。孔子又曾說過：

> 小子！何莫學夫詩？詩，可以興，可以觀，可以群，可以怨。邇之事父，遠之事君。多識於鳥獸草木之名。

小子們！為何不學《詩》呢？《詩》，可以興起心志，可以博觀天地，可以處於大群，可以在不得意時發怨。近講可以用來事奉父親，遠講可以用來事奉君王，也可多認識鳥獸草木的名稱。關於多識鳥獸草木之名，錢穆就指出這不只是為了博學而已，而是《詩》尚比興，而就眼前事物，比類而感通，感發而興起。《詩》的主要作用就在於興起心志，引發衷情。至於認識鳥獸草木，就在俯仰之間，通達萬物一體，而鳶飛魚躍，道無不在，漸入化境。

由是觀之，《詩》既可以興起人的心志，其通於音樂，終可使人達至萬物一體的和樂之境。孔子整理音樂，刪削古詩，是為了達到「思無邪」的境界。「無邪」就是直，這就合於孔子對人性的了解。孔子認為「人之生也直」，關於這點我們在前幾章討論過。音樂出於人的德行，而德行是人性的流露。音樂不但是人性的直接流露，而且經過音樂家整理的音樂，又可反過來陶冶人的性情。孔子整理音樂，也有人為教化的一面，而「思無邪」就是孔子認為判定好音樂的標準。

成於樂

當孔子被困於陳蔡之間，絕糧七天，學生都精神不振，孔子仍然彈琴歌詠，振作意志。於是有不少學生感到不滿，子路就第一個發作了。他問：「君子也有困阨的時候嗎？」孔子就回答：「君子固然有困阨的時候，但他能自持，小人在困阨的時候，就會自暴自棄，不顧原則了。」子路質疑，是否因為孔子未達到仁智之境，所以才不被別人信任，以致有這樣的困阨。孔子就答以伯夷、叔齊那樣的仁人、比干那樣的智者，尚且遭受困苦，何況他們呢？至於子貢，就盛讚孔子的仁太偉大了，不是一般人所能容得下，所以他要求孔子降低一點標準。孔子說他只求做好自己，不求一定被世人接受，因此不能稍為遷就。最後，顏回指出孔子之道非常偉大，就算世人不接受，它的價值都不減損一分。於是孔子稱許顏回。孔子在他最困難潦倒的時候，仍然堅守仁道，實在是難能可貴。他又說過，人而不仁，如何能實踐禮樂。在困難的時間，孔子琴不離身，歌詠不絕，這可見他非常重視音樂。就在人生最痛苦的時刻，人需要音樂。聽音樂不只是為了悅耳，而是為了忘記煩惱，放下得失，好的音樂甚至能使人忘記自我，與天合一，達到和樂之境。

煩惱是人生的本質，人不能根絕痛苦，所以人需要藝術。尼采說過，建築與繪畫屬於阿波羅精神，它屬於夢幻的，能夠肯定自我，是光明的日神精神。音樂就屬於戴奧尼索斯精神，它屬於狂醉的，能夠銷解自我，是黑暗的酒神精神。對於某些宗教徒來說，人生是一場漫長的病痛，意識就是惡疾的根源，因此他們總希望從現實人生之中解脫，達到清淨寂靜之境。尼采就批評，這是透過誹謗生命來表示超越。他認為日神精神可使人進入夢幻之境，肯定了個體化原則，即是肯定了從自然的統一中破裂出來的自我；而酒神精神使人狂醉，令人的自我得以銷解，從而回歸自然的統一。尼采又指出抒情詩人感受到原始生命的矛盾和痛苦，使他陷於狂醉，有如酩酊大漢，但這不足以構成藝術。抒情詩人必須客觀化其自己，使他的情欲成為夢幻的外觀，才能成就藝術；而這種夢的能力，就來自日神衝動。因此，藝術必然是夢與醉的能力，亦即是日神衝動和酒神衝動兩者結合的作品。尼采指出了藝術的功能，一方面是夢幻的，另一方面的狂醉的；一方面是肯定個體化原則，另一方面是銷解自我。更重要的是，尼采正視人生的矛盾與痛苦，而透過藝術，人能夠與痛苦共存，而得到一種快樂的智慧。尼采不求簡單地否定生命，反而全盤接受，就算是人生的悲劇，他都投入與擁抱。

讀尼采的著作，還是會覺得他的煙火氣甚重。讀《論語》就覺孔子雍容肅穆，安靜和樂，這在很大程度上，是因為孔子的音樂情操所使然，使他達到了和樂之境。和樂則能忘我，與天合一，因此能放下困苦憂慮，而不著重表現人生的矛盾與衝突。孔子之舉重若輕，不深化人生悲劇的一面，他不在這方面出精彩，這可能是他不足的地方。然而，一切人生的艱難，於他雲淡風輕，不足以繫心。孔子自言：「君子不憂不懼。」這所以成就了他的仁德。孔子之仁，有如天高地厚，有容乃大，不為苦惱所動搖。這就是樂教了。「樂」不但是音樂所帶來的愉悅，更是由此而忘我，而與天合一的和樂。和樂，就是自我的完成。因此，孔子說：

成於樂。

首先，一個人要學《詩》，透過真摯的感情，興起他的心志，這屬於主觀精神。然後，一個人要習禮，通過禮教來立足於社會，這屬於客觀精神。至於，樂教則忘己忘人，從而達到萬物一體的境界，這屬於絕對精神。絕對，則斷絕對待，無主無客，而達到和樂的境界。和樂即是合而為一，沒有痛苦，也沒歡樂；和樂也是仁的境界，萬物皆備於我，因而也有痛苦，也有歡樂，不過不止於此而已。前者是寂然不動，後者是感而遂通天下。前者言體，後者言用。和樂相當於仁者之境。

音樂之於人生，不只是點綴、陪襯，也不只是一種興趣、愛好，而是人生的精神支柱。它不但豐富了我們的精神內涵，更提升人格境界。如果要給「人」下一些判準，其中一個就是「人是美感的動物——人生是要懂得欣賞音樂的」。對於音樂，我們可以不作道德考慮，它令我們活得更和諧、更圓滿。音樂的純粹之處，就在於它使人不計較利害，不辨別善惡，我們甚至不必為欣賞音樂的正當性辯護，它本身就有自足價值。這種價值姑且叫做「美」。音樂不但令人自身成一和諧，而且使人與天地萬物互相感應。它使我們的人生得以達到圓滿之境。音樂使自我得以完成——就在於使人放下自我，從而達到合一之境。神秘主義者企盼達到忘我合一之境，他們也沒有忽視音樂。聖奧古斯丁曾說過，讚頌天主固然有功德，但是歌詠就有雙重的恩典。

孔子重視音樂，就在於音樂能完成自我，進而超脫自我，不為個人的得失禍福縈懷。禮的功用在於別異，而樂的功能就在於和同。禮之別異，就是令人安於本分，與人保持恰當的距離，使人能客觀化，而立足於社會。樂之和同，就是使人窺見合一之境，令人忘己忘人，泯除彼我的限界，無主無客，從而斷絕對待。自我是重要的，但音樂使人忘記自我，因而達到最高的精神境界。正如埃克哈特大師所言，當你捨棄自我而跟隨天主之時，天主就會把祂自己賞賜給你。他談及神秘經驗的時候，又說，你之解除，與祂之進入，就在同一的時刻。孔子重視人文精神，因此禮樂並稱。一方面，他肯定人的自我，要劃分自我的界線；另一方面，他又要人銷解自我，進入和樂之境。這就如尼采講藝術精神，是要同時肯定阿波羅精神與戴奧尼索斯精神的了。

55 子之武城，聞弦歌之聲

音樂是古代國家教育的中心內容。雖然古人「禮樂」並稱，但在出土的甲骨文之中，就沒有「禮」字，而多見「樂」字。這可見音樂在古人生活中的重要地位，並非禮制所能夠同日而語了。在西周的文獻之中，就有不少有關音樂的故事，大概都是說音樂能感動神、人或動物，都是在誇張音樂的感化效果，並宣傳音樂的教育功能。音樂之作為教育的內容，一方面可以完成君子的人格，另一方面又可以令社會大眾的行為合乎仁德。孔子重視音樂，就是繼承了古代的文化。《禮記》甚至指出禮、樂、刑、政，都是為了達到管治的目標，而禮樂征伐都必須由天子所出。古代的君王大多身兼音樂家的身分，他們制作音樂以達到政教的目的。音樂教育的旨趣，就在於達到「和」，亦即是和樂。一個社會總有種種對立，包括階級利益的對立，但是古人並不看重這些對立，甚至不會加以利用，以達到一小撮人的政治目的。反之，古人透過音樂教育，使人的對立得以消除，從而達到和諧之境。音樂教育就是情感教育，孔子說過他的理想是「天下歸仁」，而樂與仁是如此接近。

孔子畢生努力，就是要推行仁政，仁政就包括了禮樂教化。因此，當他聽聞學生子游能實踐所學，在地方上推行音樂教化，孔子感到安慰，並不禁推許了一下自己的學生。《論語》如此記載：

子之武城，聞弦歌之聲。夫子莞爾而笑，曰：「割雞焉用牛刀？」子游對曰：「昔者偃也聞諸夫子曰：『君子學道則愛人，小人學道則易使也。』」子曰：「二三子！偃之言是也。前言戲之耳。」

孔子到達了子游管治的武城，聽到彈琴唱歌的聲音。孔子莞爾而笑，說：「殺雞怎用得上牛刀呢？」子游回答：「以往我曾聽聞老師說過：『君子學習禮樂就會愛人，小人學習禮樂就會聽從上級。』」孔子說：「學生們！子游說的話是對的，之前我跟他說笑而已。」這裡有兩點值得留意。首先「君子」是指管治階級，「小人」是指平民百姓，君子學習禮樂，是要推行教化；小人學習禮樂，是為了社會和諧。其次，孔子入武城，知道子游實施音樂教化，好像是說他小題大做，其實是指以子游之才，只管理一個這麼小的武城，是浪費了他。音樂教化是孔子一貫的主張。就連顏回問治國之道，孔子都答以音樂教育，又說：「放鄭聲，遠佞人。」可見音樂是仁政不可或缺的成素。要治理國家，音樂教育擔當一個十分重要的角色。

關於音樂的社會功能，荀子既以孔子的繼承者自居，就不能不加以討論了。於是荀子寫了《樂論》，其中一句就提到：「樂者天下之大齊。」他指出音樂可以使百姓齊心，從而達到社會和諧。音樂的確能喚起人的道德能力，使人得以自力完成人格，只不過與規範性的禮節不同，音樂藝術觸動人的內在情感。就道德教育的藝術化來說，荀子與後來講究強制性社會規範的法家之徒，就有天壤之別。荀子仍然強調道德感化，重視道德修養，甚至鼓勵百姓完成道德人格，過上更好的生活。這是站在普遍的人的立場來說政治，而不是只站在君王的立場去考慮如何有效管治國家的問題。儒家學者將道德藝術化，而同時又將藝術道德化了。

若以一個現代人的眼光來看，我們的理論能力較強，知道「仁」屬於道德，而「樂」屬於藝術，樂是樂，仁是仁，古人好像將兩者搞混了，或至少不能正視藝術的獨立功能，而將音樂隸屬於道德教化之下。孔子固然是繼承了上古文化，用音樂來作為國家教育的內容。然而，孔子分辨了「仁」與「樂」兩個概念，可見在孔子心目中，兩者仍然是有分別的。孔子評論《武樂》時，就說到它盡美了，但尚未盡善；而評論《韶樂》時，就說它盡善盡美了。他對於美的音樂形式與善的內涵品質，作出了重要的區分。在最高的藝術境界中，形式與內容會自然得到和諧統一。正如在最高的人生境界中，美與善也得以和諧統一，道德充實了藝術內容，藝術滋長了道德的力量。當然，這不是泛道德主義地評論藝術，而是要指出，在孔門義理之中，仁也好，樂也好，最終都指向一種萬物一體的境界，亦即是忘我而與天合一的境界。只是藝術有藝術的方法，道德有道德的進路，從分別來說，兩者是獨立的，就它們所指向的最高境界而言，它們終於合而為一。

關於樂教，後世很多學者都忽略了。反而，莊子能暢發箇中的奧妙，他一方面講「天籟」，另一方面講「吾喪我」。天籟出於自然，聽乎天籟，對於萬籟不作概念區分，不作分別判斷，純粹地聆聽，不但能使聽的對象純粹化，而且能使能聽的主體也純粹化，最後更無所謂主客之分，而達至我自忘的境地。莊子也提到「和」，他說：「遊心於德之和。」遊心於德之和的人，能忘記形骸上的分別，忘記誰是雙足健全的、誰是刖去一足的，而能忘人忘我，達到與宇宙合一的和樂之境。莊子罕有正面地講道德，反而多涉及孔子的樂教。這也是之所以莊子講到心齋、坐忘的時候，要假借孔子與顏回之口的緣故了。雖然孔子跟顏回談到「克己復禮為仁」，又說顏回「其心三月不違仁」，但是孔子又提到顏回「不改其樂」，又說簡樸的生活「樂亦在其中」。孔子與顏回除了仁教之外，是另有樂教的。雖然《論語》沒有提及顏回的音樂造詣，但想也必是很高深的了。

總括而言，孔子善於弦歌，對音樂曾下過苦功學習，他汲汲於追求人生的至美至善之境。通過學習《韶樂》，孔子不但發現了音樂的美善，而且意外地發現了自己的音樂素養，他達到了忘我的境界。忘我，就能超脫自我，與天合一。音樂不只是一種娛樂，也不但只帶來愉悅，而且指向和樂之境。和樂就是人格的完成。音樂合詩、樂、舞於一身，有教化的作用。雖然上古之人以樂教達到社會和諧，沒有嚴格區分道德與藝術，但是到了孔子的時候，已經仁是仁，樂是樂了，兩者是獨立的。雖然如此，但兩者所指向的人生最高境界，都是銷解自我而與宇宙合一。這與神秘主義者所追求的境界，是一致的。

十二　家庭

唐君毅晚年，事業已然達到人生的頂峰，雖然他要應對社會上的各界人士，又要應付教務，私下則從事學術著作，但是他不失赤子之心，仍然保有孺慕之情。據牟宗三的回憶，唐君毅晚年非常想念母親，甚至有時連說話的語氣、聲調，都模仿唐太夫人。對於人生的意義來說，客觀的事業固然可以令人立足於社會，然而一個人能保有赤子之心，乃真有所謂的仁心了。在客觀的社會之中，人的善心一般都不直接顯露，我們或多或少都在做善事，但卻不會與社會人士直接地以性情相交，而在天下事業之中得以間接統一。一個人越客觀化，則離開主觀的感通越遠。當一個人完全投入社會生活，把事業都做好了，他會獲得名譽、地位，而成為一個客觀化了的人。但是，就在這時，他把一切都奉獻事業，往往以客觀的標準來衡量自己，而失去了真正的自己，他受到社會的名位桎梏，仁心將要枯死。因此，一方面人要從事客觀事業，另一方面又要不失赤子之心，這才能成為真正的人。人既要客觀化自己，又要不完全客觀化自己，而保持主觀精神，亦即是仁心的躍動。

一個人要過社會的生活，往往要遵守由別人所訂下的社會規範，比如你要當一個大學教授，就不能不多少遵守學術界的規矩，甚至要符合社會上對於教師的合理期望。這時你的主觀精神不免會受到磨損，甚至為了應付一些賢德才能沒有那麼好的人，你既要作出遷就，那麼才德也就會被拉下來，你的仁德也會受到侵蝕。有些社會人士看見唐君毅，會生起反感，正因為唐君毅不裝出大學教授的樣子，他們便懷疑為甚麼這樣的人都能做教授。唐君毅青年時期的著作《人生之體驗》、《道德自我之建立》及《文化意識與道德理性》全由胸中流出，不大符合客觀的學術規範，但卻自成一體系，成為唐君毅哲學的主軸。最難得的是，在獲得社會上的名位之後，唐君毅晚年仍然不掩飾他的赤子之心。他之思念父母，回復孩童的心性，亦即回到人所能有的最原初、最純潔、最真誠的心。孩童需要父母，是出於現實上的依賴，而一個已於社會上立足的人，他之渴慕父母，便是出於純粹的懷念。

孔子指點人的仁心，亦多從孝親之情作出提醒。相對於其他動物，人的獨特之處，就在於不但父母會愛惜和養育子女，而且子女長大之後會反哺父母。人之表現人性，就在於他不只是接受父母的生育之恩，而在於他能反溯生命的根源，報答父母的恩情。當然，對於不能受父母之愛的人，他雖然也能從不同的通道與人相遇，而與人感通，但這對於他的仁心，不能不說構成一個很大的缺憾。正如天生雙足健全的人，不一定能成為長跑好手，但雙足有缺憾的人，也許要比別人付出更多的努力，才能走路。對於父母的生育之恩，古人以不同的方式來報答，他們甚至想到要在父母死後，守三年之喪，待在父母的墳墓旁邊。思念父母的心固然可貴，但我們對於客觀化了的禮制，卻不能不懷疑，孔子的學生宰我，對於這點就表示質疑，《論語》記載了一則對話：

宰我問：「三年之喪，期已久矣。君子三年不為禮，禮必壞；三年不為樂，樂必崩。舊穀既沒，新穀既升，鑽燧改火，期可已矣。」子曰：「食夫稻，衣夫錦，於女安乎？」曰：「安。」「女安則為之！夫君子之居喪，食旨不甘，聞樂不樂，居處不安，故不為也。今女安，則為之！」宰我出。子曰：「予之不仁也！子生三年，然後免於父母之懷。夫三年之喪，天下之通喪也。予也，有三年之愛於其父母乎？」

宰我問道：「三年之喪，期限太長久了。君子三年不行禮，禮就會敗壞；三年不作樂，樂也會崩潰。況且舊穀吃盡，新穀已長，鑽燧接火的木頭都改了，似乎一年之期也就夠了。」孔子說：「一年之後，食稻米，穿錦衣，對於你來說，能夠安心嗎？」宰我說：「安！」孔子說：「你安心就去做吧！君子守喪，食美味的東西也不覺甜美，聽音樂也不會悅樂，日常起居也不安心，因此不如此生活。現在你說心安，那麼你就去做吧！」宰我退出。孔子說：「宰我真是不仁！孩子生下三年，然後才能離開父母的懷抱。三年之喪，是天下通行的喪期呀！宰我呀，是不是也對他的父母有三年的愛呢？」

對於禮制的細節，我們儘管可以有很多技術上的討論，但是孔子避開這個不談，而指點出禮之本意。就算現代人不守三年之喪，但也是生下三年，才能離開父母的懷抱，也會在父母死後感到不安。孔子就是要指點人這顆躍動的心，而這就是仁心的顯露。這就像孟子從孺子將入於井，而指點人的惻隱之心。對於人的仁心，孔孟都是肯定的，只是他們以不同的方式指點。有人誤會這是一種論證，其實對於仁心，我們不必當作一種客觀的存在之物去討論，而這只是提醒，教人反省自身的體驗，從而證悟感通之心。對於孺子之愛，我們可以從中體會到我們的愛心，但在孝親之情中，我們更能超出一己狹隘的欲望，回饋生我育我的父母，而反溯生命的本源。這裡所體現的感通，要比其他情感來得更有強度。

在孔子眼中，三年之喪不但本於人的特殊身心結構，即嬰兒的依賴期特別長，而且本於一種孺慕之情。雖然現代人不再守三年之喪，但是在父母死後，他們還是會有好一段日子思念父母，而感到不能安心。失去父母的愛的人，不論於嬰兒期之時，或是嬰兒期後，都是不幸的。前者不能接受父母之愛，後者將經歷深刻的痛苦，而兩者都是人生的極大憾事。《詩經》乃有「哀哀父母，生我劬勞」一詩，表達父母的養育之恩。其中有一句特別提到父母正要出門，又回來抱我，描寫了孩童對於父母的依賴。孔子不與宰我正面討論禮制的細節，而指出「子生三年，然後免於父母之懷」，指點人的孺慕之情，從這一點來說，就可以看見孔子的智慧了。

57

父母唯其疾之憂

孔子曾經教訓學生，如果家中父母健在，那麼就不要遠遊了，但若是免不了要遠遊，那就一定要有明確的方位。古代交通不發達，人是不容易離開鄉土的。他們不像現代人四處短期旅遊，一旦要離鄉別井，不是為了遊學，就是為了出仕，一定會很久才回家。如果離家很久，就不能事奉雙親，也會令父母擔心，所以一般來說，還是不要遠遊。因此，就算萬不得已要出遠門，也要令父母知道所在之處，以減少他們的憂心。須知道孔子的教誨，是要人站在父母的立場去想，對於人生重大的事情，不要輕易下決定，否定不但對於自己不利，而且牽連雙親，令他們為你而憂傷。父母時常為我們著想，因此孝順他們的話，不但要想到他們，甚至要想到他們會為子女著想這一點。《詩經》之中，就有一首詩叫做〈陟岵〉，是一個出征的士兵所作的，詩中說他登上山崗，想到父母在遠方的叮嚀，為自己而憂心：

陟彼岵兮，瞻望父兮。父曰：嗟！予子行役，夙夜無已。上慎旃哉，猶來！無止！
陟彼屺兮，瞻望母兮。母曰：嗟！予季行役，夙夜無寐。上慎旃哉，猶來！無棄！
陟彼岡兮，瞻望兄兮。兄曰：嗟！予弟行役，夙夜必偕。上慎旃哉，猶來！無死！

登上青蔥的山崗，瞻望父親。似聽到父親說：我的兒子行役，早晚沒有停下。希望你小心啊，歸來，不要留在遠方！

登上荒蕪的山崗，瞻望母親。似聽到母親說：我的小兒行役，早晚沒有休息。希望你小心啊，歸來，不要把我忘記！

登上那座山崗，瞻望兄長。似聽到兄長說：我的弟弟行役，早晚與同伴一起。希望你小心啊，歸來，不要死在異鄉！

全詩並沒有直接表達作者對家人的思念，而是反過來想到家中的人一定很惦記自己，來曲折表現詩人也十分想念他們，甚至聯想到他們此刻的心情。因為如此，後世學者便把這首詩譬為孝子之作。

孔子教人為父母著想，要注意他們的年紀，他們的年紀越大，就越為之而高興，同時亦越為之而恐懼。父母年命長久，固然可喜，但一想到雙親老了，身體衰敗，甚至越來越接近死亡，就不得不害怕了。很多人一想到父母有天終會離開，自己不能再盡孝道，就不免悲從中來。但如果對於父母逝世一事，你過分關心的是自己的感受，那麼你也不算是真正的孝順。真正孝順的人，是要兢兢業業，安守本分，不犯重大的過錯，好讓雙親對自己放心，不致臨死時還為子女的將來而操心。令父母放下心頭大石，信得過自己，是為人子女應當重視的事。人生在世，自尊自重不但是為了自己，更是為了安慰父母，令他們感到平安。因此，《孝經》不但教人「揚名聲，顯父母」，而且指點人在基本之處，要小心言行，不要令身體髮膚受到毀傷，而使父母傷心。筆者想到自己曾不慎被玻璃碎片割傷手背，於是縫了幾針，當時並不覺得怎樣痛，只是覺得對不起母親，而感到深深的愧疚。

當然，身體受到損傷固然難免，但我們至少要為此而努力，不要做傷害自己的事情。曾子以孝聞名，就在他去世之前，他叫人看看他的四肢，說自己一直如履薄冰，保護自己的身體，直到臨終之時，終於可以免於過犯了。這可見曾子是如何珍惜父母賜予他的生命。保護身體免受傷害，固然是孝；但更重要的是謹言慎行，不要犯下嚴重的錯誤，使自己的身心受到更大的傷害，因此孔子教人要慎重：

孟武伯問孝。子曰：「父母唯其疾之憂。」

孟武伯問如何實踐孝道。孔子說：「讓父母只憂慮你的疾病。」關於這一句，歷來學者有不同的解釋。有人將「疾」解釋為言行上的毛病，說父母只擔心這個，因此要小心。也有人將「疾」解釋為疾病，說要以父母心為心，知道他們為自己的疾病而擔憂。亦有人將「其」解釋為父母，因此孝順的人，就要注意雙親的健康。至於本文，就採用了馬融的注解：

言孝子不妄為非，唯有疾病然後使父母憂耳。[10]

對於古人來說，醫學知識不發達，所以也難以預防疾病。一有疾病，父母自然會擔憂，但除此之外，為人子女在外不要胡作妄為，致令雙親憂心忡忡。因此，要做到唯有疾病才使父母憂慮了。

做子女的要孝順父母，就不得不自重。此外，要顧及雙親的身體健康。孝順父母，一來我們要懂得處世的智慧，二來也要學一點醫學常識。元代朱丹溪就撰作了一部醫書，題為《格致餘論》，意思是儒者在格物致知之餘，也要涉獵一點醫學。該書首篇就有〈飲食箴〉勸戒人要謹慎飲食，以免令父母憂心；篇中又有〈養老論〉，主張對雙親的飲食要「忠養」，不要以肥膩爆熱之物進奉。他又針對母親氣虛血弱，燥熱鬱痰，自製一方：「用參朮為君，牛膝、芍藥為臣，陳皮、茯苓為佐，春加川芎，夏加五味、黃芩、麥門冬，冬加當歸身，倍生薑。」[11]對於年紀老邁的雙親，他們一直對我們愛護有加，我們倒要反過來，方方面面地照顧，這才是致盡孝道啊！

10　何晏集解；皇侃義疏，《論語集解義疏》（上海：商務印書館，1937年），頁16。

11　朱丹溪，《格致餘論　局方發揮　金匱鉤玄》（北京：中國中醫藥出版社，2011年），頁16。

不敬，何以別乎？

筆者小時候十分崇拜父親，對於他的職業、信仰、生活習慣，甚至所開的玩笑，都充滿敬意。當小學老師問及同學們的志願，我便踴躍回答：「我長大要當一名的士司機！」我覺得那是無上的光榮，這都是受了父親的影響。隨著年紀漸長，識見多了，漸不以為然，我不再以作父親的職業為榮，也有了自己的信仰，並養成一套個人的生活習慣，甚至對父親少了那分滿心而發的敬意。我覺得不要再學父親，而要學哲人，過哲學家的生活。我想我對於父親，仍然是十分親愛的，而且還很尊重，但就不及從前的尊敬了。經過深切的反省，我是自以為在各方面都超越了父親，他沒有我那麼有學識，對於信仰也缺乏哲學反省，也不懂欣賞文學、音樂、藝術。但有一點我是及不上他的，就是樂天知命，勤儉誠懇，他沒有知識分子那種自命不凡，而又喜歡賣弄學問的習氣，也沒有受到半吊子哲學的污染。然而，我就是對他缺少了一種偶像崇拜。加上相處久了，英雄也會覺得不外如是。我不滿他消磨時間的娛樂方式，覺得他不能提拔起精神來，欣賞深刻的東西。我又對他的生活作息有不少意見。雖然我會服侍他，但兒時的敬意都消磨殆盡了。

孔子曾經指出，對於雙親只是能愛護奉養是不夠的，還須要心存敬意，如果缺乏敬意，那就稱不上真正的孝順了。孔子的兩個學生——子游和子夏都問到如何實踐孝道，孔子都提到對父母要心存敬意：

子游問孝。子曰：「今之孝者，是謂能養。至於犬馬，皆能有養；不敬，何以別乎？」

子游問如何實踐孝道。孔子說：「現今的人所謂孝道，只是能夠奉養而已。至於家中的犬馬，都得到蓄養；如果不尊敬父母的話，那又有甚麼分別呢？」當然，提供物質條件，維持父母的生活，那是基本的事，雖然現代的青年也未必做到。更進一步，是愛護他們，使雙親的心靈得到慰藉。然而，更重要的是，為人子女，對父母要尊重，最好能心存敬意。我們可要想到，如果沒有他們的生養和教育，就不會有今天的自己。就這一點而言，父母就值得子女的尊敬了！我們之所以會不敬，是因為在生活小節中習而不察，沒有認識到父母的偉大。且不要遠說天地的偉大，就近處來說，父母的恩德就很偉大了，而一般人都視若無睹。我們總全神貫注於自己的理想，對自己的事業全力以赴，也只有做了父母之後，犧牲多了，才驚覺父母從前的付出。但對於某些人來說，他們會因而感恩，但仍然生不出敬意。

此外，《論語》又有另一則記述：

子夏問孝。子曰：「色難。有事弟子服其勞，有酒食先生饌，曾是以為孝乎？」

子夏問如何實踐孝道。孔子說：「難在和顏悅色上。若有事情，由年輕的去操勞，若有酒食，由年長的去享用，難道這就是孝了嗎？」為父母操勞，供給雙親飲食，相信很多人都樂意去做。但做的時候，又有多少人能夠心悅誠服呢？這不但關乎愛心，而且關乎敬意。就如我們招待一位貴客，就不會給臉色他看，把不滿都寫在面上。但對於父母，不少人就會嫌麻煩，甚至出言頂撞，而這就是缺乏敬意的表現了。

相反，不少人會對子女不厭其煩，那是出於愛心。父母一心放在子女身上，但可以斷言，天下間沒有子女以相同的心意回報父母，而只顧自己生兒育女，然後又一心放在子女身上。人就是只會向前看，而很少能夠反省：何以我們對父母的注意，就不能像對子女一般的呢？很多人以此為常，覺得這是天經地義的事，但卻沒有好好去想，這又有甚麼道德上的必然性呢？父母把心都交給子女，如果子女不察覺這點，而不加以報答，就如毀掉父母。人與人的關係是相對的，感通亦然。當我與你相遇之時，我沉浸在一段倫理關係之中，你不是一件經驗之物，而是仁心的一部分。「仁」是「二人」，仁心由彼此一同呈現。若缺少了一端，仁心便算是毀掉了。在仁之中，你中有我，我中有你，人心不是封閉的，不只是在其自己，而是敞開的，成為對其自己。彼此感通則仁心呈現，否則便隱而不見。孝便是仁的開始。當我得到父母的愛，我能報以敬愛，那麼仁心便透露消息了。若父母不愛我，或我竟不能報以敬愛，那就是麻木不仁了。麻木而無所覺，就如枯槁封限於自身之內，以世界為宛若不存在。存在之為存在，不但是它客觀地存在了，而且更是由於我的感通，它對我而顯為存在。若沒有了感通，存在也談不上了。正如父母之為父母，是相對於與子女的關係而言。生育子女，父母才更成其為父母的身分；而子女盡孝，子女才完成作為子女的本分，而實踐孝道，才使父母之作為父母更為圓滿。

除了愛護和奉養之外，尊敬能使父母站於當有的位置，即比我們的存在更先在、更偉大的地位，而這才是恰如其分的做法。孔子主張孝道，固然是為天下父母著想；但子女心存敬愛，卻也是為了自身生命的圓滿。由於感通，仁心才會呈現。仁心就存在於人與人的相遇之中，就在你為我不辭勞苦，貫注愛心，而我又報以愛心與敬意，我與你的相遇才會圓滿。父母的慈，與子女的孝，是你與我相遇的最佳途徑。只因父母對子女，最容易觸發無私的愛，而子女所要做的，就是報之以孝。對於其他倫理關係來說，不容易先有一方付出無私的愛，因此實踐孝道最易成就仁心。也只有愛心與敬意並存，才是真正的孝道。也許生起愛心較為容易，要生起恭敬之心則比較困難。但只要認識父母的偉大之處，覺察到他們的付出，那麼就自然會生出敬意了。

又聞君子之遠其子也

佛洛姆在《愛的藝術》中指出，父愛需要後天學習。由於父親不像母親十月懷胎，與嬰兒一體相連，早就建立親密關係，而是到了嬰兒出生的一刻，才看見子女的具體形象，並開始與之相處。也許，就是因此，父愛未必如母愛那般是無條件的。母親會為兒女而痴迷，而犧牲更多，畢竟在嬰兒出生時，母親已為他吃了不少的苦楚。真正的母愛或者會比父愛來得偉大，但父親要比母親來得冷靜。父親與子女的關係，要比母親的來得更為具有彈性，而令孩子有呼吸成長的空間。一般人稱母親為「家慈」，而稱父親為「家嚴」，這是有他們的理由的。至少，在理想之中，父親的角色是較為嚴肅的，而較多負責培養子女獨立人格的。慈母大多會遷就子女，嚴父則更多的是勸戒與教訓。父親的角色主要不在建立親密關係，而在鞭策，培養敬意。因此，在家庭之中，子女更多的是從父親那裡領悟到人與人之間的界限，而學懂崇敬的情感。父親如上天一樣崇高，母親如大地一樣博厚。崇高則生距離感，令人仰望；博厚則能夠寬容，使人依靠。這也是世間宗教的神祇，除了男性形象之外，又另有女性形象的緣故。正如天主的威嚴出於九天之上，教會也需要聖母無條件的慈愛與委順，來安慰信徒的心。觀音菩薩亦須顯示女相，以方便救渡。這就可見理想中的父母形象，是大大不同的。

孔子有一個兒子，名叫孔鯉，字伯魚，只因他出生的時候，魯昭公賜以鯉魚，因以為名。據說在山東曲阜一帶，直至如今，祭孔是不會用鯉魚的，而改用鯽魚，鯉魚亦因而避諱改稱「紅魚」。魯哀公曾因孔鯉深具才學，以厚禮招聘，他稱疾不行。後來，孔鯉五十歲而亡，比孔子還要早。孔子因為要守禮節，不能賣掉車子，給兒子厚葬。孔鯉下葬的時候，就只有內層的棺，而沒有外層的槨，孔子感慨不已。就在孔鯉的母親亓官氏逝世的時候，孔鯉傷感不已，過了服喪期還在哭，孔子聽到哭聲就問是誰在哭，門人就據實回答，於是孔子說他太過分了。這應該是指孔鯉情感過分了，喪母固然傷心，但父親還在，就不要因此太沉溺，以致有傷於身心健康，故此還須要節之以禮。從這件事情可見，孔鯉較依戀母親，失去依靠，便傷心不已。孔子則站在父親的位置上，勸兒子節制情感，就算是母子之間，也應有禮節作為界線，保持人與人之間應有的距離。孔子對於孔鯉不能收拾的傷感，乃教之以禮，對母親與自己都要心存敬意，而不能沉溺於親愛的關係。這可以看見，在一個健全的家庭之中，既要培養親愛的關係，也要教導孩子對人保持敬意，既要有真摯的情感，也要有禮節，而母親和父親就恰好擔當不同的角色，教養孩子。

在《論語》之中，就有兩則孔子教導孔鯉的記載，一則是孔子著孔鯉學習《周南》、《召南》，另一則就透過孔鯉與陳亢的一番對話，轉述孔子的教導：

陳亢問於伯魚曰：「子亦有異聞乎？」對曰：「未也。嘗獨立，鯉趨而過庭。曰：『學詩乎？』對曰：『未也。』『不學詩，無以言。』鯉退而學詩。他日又獨立，鯉趨而過庭。曰：『學禮乎？』對曰：『未也。』『不學禮，無以立。』鯉退而學禮。聞斯二者。」陳亢退而喜曰：「問一得三，聞詩，聞禮，又聞君子之遠其子也。」

陳亢問孔鯉說：「你從孔子那裡有甚麼特別的聽聞嗎？」孔鯉回答：「沒有。但有一次他獨自站在那裡，我快步走過前庭。他說：『學《詩》了嗎？』我回答說：『還沒有啊！』他說：『不學《詩》，無以表達情感。』於是我退而學《詩》。另一日，他又獨自站在那裡，我快步走過前庭。他說：『學禮了嗎？』我回答說：『還沒有啊！』他說：『不學禮，無以立足於社會。』於是我退而學禮。就只是聽聞這兩個教誨而已。」陳亢退下之後，高興地說：「問一條問題，得到三種啟發：聽聞關於《詩》，聽聞關於禮，又聽聞君子遠離他的兒子。」從孔子詢問孔鯉的學習進度，可以知道孔子雖然是萬世師表，但也不是親自教授兒子課業，而是請人代教。古人有易子而教的習慣，只因父子關係親厚，不夠客觀化，在社會上請別人來教授子女知識，會令孩子因為陌生感，而更為尊師重道。但是，由於距離能夠令人產生敬意，因此孔子亦不會與兒子太過親密。

對於社會上的人，對於師友，孔子強調彼此感通，拉近大家的距離。但對於家庭成員，不論對於父母，還是對於兒子，他都強調拉開距離，培養敬意。我們無從得知孔子對於女兒，會抱持甚麼態度。如果孔子有女兒，也許對她會較為疼愛。只因在古代社會，男子較須要培養獨立人格，才能在社會上立足。這就是孔子之所以強調學《詩》之後，又要學禮。在孔子心目中，當時的女子大都缺乏教養，而難以講得上對人尊敬，所以孔子認為女子與小人一樣麻煩，親近就言行不遜，疏遠就會私下埋怨。這是因為女子沒有獨立的社會地位，也沒有自己的事業，所以人格挺立不起來。雖然孔子學說以「仁」為核心的觀念，而仁又見於人心的躍動，屬於主觀精神；但是孔子又強調禮的作用，就是要使人立足於社會，甚至建立個人的事業，於人倫社會中實現自我，完成人格。由此孔子很重視倫理關係，尤其是重視社會關係的大倫理，而這些都屬於客觀精神。

孔子教子，是要兒子培養獨立人格，而不要依賴雙親。父母大多疼愛自己的兒子，但作為父親就要充當一個嚴肅的角色，使孩子知道何謂恭敬，並明白人與人之間的防線。這就要表現於較少的身體接觸。疼愛子女，是近於天性的，大多數人自然就會與子女十分親暱，但孔子卻是與兒子故意保持距離。他心中關心兒子，但更希望成就兒子，盼望他早日成才，成為社會上的一號人物。近代有不少學者以道德主體性解釋孔子的「仁」，卻忽略了「仁」客觀化的一面。其實孔子十分重視倫理，而常教人客觀化自己。如果不能於客觀社會有所表現，仁德亦不能圓滿了。因此，學習孔門義理，於主觀精神之外，亦當留意客觀精神了。

中國社會極重視家庭，社會由眾多家庭構成，因而齊家被視為治國的重要手段。黑格爾在《法哲學原理》之中，談論家庭，他指出家庭以愛為實體，即個人在親愛的關係之中，與其他家庭成員達到統一，而不分彼此。愛是個人的自然情感，因而是主觀的東西，但是在家庭的關係之中，愛得以實現，而與他人互相認同，而受人認同就是客觀精神的初步展現。我以愛心去愛人，屬主觀精神；我與他人互為主觀，即屬客觀倫理。當然，家庭的愛不像國家法律那樣，被誤以為恆久地在那裡，人只要遵守就可以了那種客觀，而是較須要投入愛心，因而較接近主觀精神。在黑格爾，家庭只是倫理的一個開始的環節，是由主觀精神達到客觀精神的過渡，家庭終必瓦解，子女終必長大獨立，而客觀化為社會公民。當然，我們不好視家庭只是人生之中的一個手段，而同時要視之為人生的目的。所謂「揚棄」，既有所棄，又有所揚，不好視人生只有一個最終目的，而一切階段都是手段，應該視整個人生的過程都充滿目的性，一切活動都具有自足價值。筆者認為這是讀黑格爾時，應該注意而黑格爾表述得不夠充足，甚或沒有警覺的地方。黑格爾留給後世的重要遺產是「客觀精神」，而歷史哲學是他的糟粕。唐君毅一方面發揚了客觀精神，另一方面批評了黑格爾的歷史哲學為人類設定一個大目的為大傲慢。關於這點，是我們研習當代中國哲學時，不可不多加注意的。

中國人重視家庭在社會結構上的意義，即不只是重視家庭主觀的一面，而更重視它客觀的一面。因此，家庭倫理有了社會政治上的意義。安守家庭中的分位，也是盡好公民責任。而當眾多的家庭關係安穩，社會也自然穩定起來。有子大概就是明白了這一點，亦即是了解到家庭的客觀意義，因此他教學時提出了他的家庭哲學：

有子曰：「其為人也孝弟，而好犯上者，鮮矣；不好犯上，而好作亂者，未之有也。君子務本，本立而道生。孝弟也者，其為仁之本與！」

有子說：「一個人孝順父母，友愛兄弟，而喜好冒犯上級，那是罕有的；不喜好冒犯上級，而喜好造成禍亂的，那也是未曾有的。君子做好本分，根本得以確立，仁道就會生起。孝順父母與友愛兄弟，那是實踐仁道的根本啊！」有子看到了家庭哲學中重要的一點，就是家庭在社會政治上的現實意義。當然，黑格爾要比他講得更仔細。黑格爾說除了內心的愛之外，我們更要從外部條件來考察家庭關係，那就是家庭財產。那是主觀意志在現實世界的落腳點，管理好財產是維繫家庭的一個重要條件。

相信對於家庭的客觀意義，黑格爾講得已經非常多了。然而，有子在說話的末句提到「為仁之本」，即他不只注意到家庭的社會政治意義，而更注意到孔子一以貫之的「仁」。

「仁」固然是由「二人」構成，仁心就在彼此之間呈現。但最初一步，仍在於人敞開自己，面對世界，因而才能與他人相遇，而彼此感通。這亦即是說，為仁之本不在客觀精神，而在於真摯的情感。當我見父母而自然能孝，見兄弟姊妹而自然能友，這才是實踐仁道的根本！古代帝王之家之所以生出種種悲劇，其中一個因素就在於它處於社會政治上的特殊位置。父不只為父，而為君父；子女不只為子女，而為臣子。一方面，家庭被客觀化了；另一方面，國家又被主觀化了，而落入一家一姓之中。其中利弊，亦不易討論。但正因帝王之家太快失去了主觀性，即失去由心而發的個人情感，致使它失去了家庭本來的意義，而成為社會政治的祭品。這可見有子獨到之見，他指出家庭倫理的根本在於親愛的關係。縱然家庭是我們學習客觀化自己的場所，但仍不可忘失本心，而本心就是仁心的躍動，而屬於主觀精神。

考察有子這番話，放在《論語》全書的第二章，確實有重要的意義。有子這番話不但表述了個人為學的心得，而且對於孔子學說也是一種很忠實的報告。對於家庭在社會政治上的意義，《論語》記載了一則對話，那是緣起於有人問到孔子對於從政的態度：

> 或謂孔子曰：「子奚不為政？」子曰：「《書》云：『孝乎惟孝、友于兄弟，施於有政。』是亦為政，奚其為為政？」

有人問孔子說：「你為甚麼不做官從政呢？」孔子說：「《尚書》云：『孝啊！實在是孝順父母、友愛兄弟，施及政治。』這也是從事政治，為甚麼一定要做官呢？」據一些學者考證，這則對話應該出於魯定公初年。魯定公的君兄一生與季氏政治角力，終於釀成政變，被逐於國外。後來季氏立魯定公為君，魯定公不能討伐季氏，未能盡友悌之義，同時亦是不孝。孔子可能是針對這件事情而有所感發。雖然在孔子的心目中，家庭具有社會政治的意義，尤其是帝王之家，就更客觀化了，只因涉及國家領導的權位；但是孔子更重視孝悌之道對於客觀倫理的主導地位。盡好孝悌之義，做好本分，自然就具有社會政治的意義，而不是反過來，因為要計算政治形勢，而以孝悌作為權宜。所謂客觀精神的社會政治，仍須以主觀精神的仁心為根本。若脫離了仁心的社會建制，是壞死的政治。

總括而言，家庭本屬主觀精神上的事，一個人如何客觀化自己，在社會上如何有名望、如何建功立業，都不應忘失赤子之心。而一個人的孺慕之情，最能體現他的赤子之心。人之孝順父母，固然要有親愛之情，但也要心存敬意。所謂的敬意，一方面表現為自尊自重，另一方面表現於恭敬父母。自尊自重是敬愛父母的方法，而認識父母的偉大，就能自然而然尊敬父母了。家庭是學習客觀化自己的場所，因而孔子教子，又遠離其子，而不過分親密。孔子又告誡兒子不要過分沉溺於親愛的關係，因為這會妨礙獨立人格的挺立。然而，雖然家庭具有客觀意義，但我們不要忘記客觀精神的根本，仍在於主觀精神。家庭之所以為家庭，在根本之處，就在家庭成員之間的真摯情感。

十三　政治

唯天為大，唯堯則之

「仁」由「二人」構成，仁就存在於彼此之間，當我與你相遇的時候，仁心就呈現了。在主觀的意義上，人之愛人，固然是仁；當人互為主觀，心光互照，而構成客觀精神時，那就更是仁心呈露了。但在天下事業之中，人不必是直接的以性情相交，甚至與素未謀面的人，我們都參與於社會的大倫理之中，而為間接統一。當我們明白到天下事業，是一種間接統一的時候，一切我們不直接相交的，甚至不認識的人，也都存於仁心之中，而成為人倫世界的一部分。當然，在現實上，我們不必具有共同的目的，甚至在個人利益上是對立的，因此在實際上，人倫世界表現為互相競爭、角力、利用與吞食。但在義理上，只要我們將對方理解成一個人，也具有人格，那麼他就是人倫世界的持分者，而與我們間接地統一起來，而構成客觀意識。我們之擁有客觀意識，就在於我們能夠超越個人的主觀心志，而知道天下事業是由不同人物的志願和工作所構成，而不為私人目的所主宰。人們在現實上如何相遇，是歷史的問題；至於在義理上，人作為具有人格者，是如何相遇的問題，是哲學的問題。正如盧梭提出的社會契約論，就不從政權的歷史著眼，而是考察人類社會的哲學意義。他是從個人的利益角度考慮，認為人要趨利避害，因而與人訂下契約。然而，這裡仍未考慮到人與人的相遇，是互相確認為具有人格者，並互相肯定其存在意義。比如黑格爾從客觀精神說明國家的存在，就超出了政治哲學的範圍，成功為「人學」，而在回答哲學的核心課題「人是甚麼」的問題了。

一切政治哲學的基礎，就在於我們如何了解人的存在，因而必然涉及人性的存有論。如果不是哲學家先對於人的存在有了知見，那麼就不可能對人類社會有相應的了解。當然，哲學人類學不止探討單個人的性質，更探討人於人倫社會中的表現。倫理世界不是眾多單個人的集合，更包含了人與人之間複雜的關係，人與人的互動構成了倫理關係。然而黑格爾以國家為倫理的最高實體，是地上行走的絕對精神，但中國古代就沒有現代國家的觀念，卻有獨特的天下觀。在黑格爾的國家理論之中，強調人與人之間的統一，重視彼此的共同目的，但中國人的天下觀，就重視和而不同。在中國人的心目中，天下乃一開放的天下，懷有不同志願、做各種工作的人都可參與天下事業，因而能夠並行不悖，殊途同歸。因此之故，中國人的理想人格，一方面對於自己的事業，能生死以之；另一方面，又能有一種超越的情感，包容並欣賞大異其趣的異己者。這亦是所以儒道的政治哲學，皆強調包容性。

孔子就認為政治上的領導者，應該體現上天的德行，即具有天德，而表現如天一樣的包容性。孔子說：

大哉，堯之為君也！巍巍乎！唯天為大，唯堯則之。蕩蕩乎！民無能名焉。巍巍乎！其有成功也。煥乎！其有文章。

「偉大呀！像堯的為君呀！崇高呀！只有天能那麼恢宏，而只有堯能夠效法。廣大呀！人民沒有辦法確切名狀。崇高呀！只見他成功。光明呀！那時所有的禮樂文化。」錢穆指出，孔子的這番說話，是深歎堯具有天德，使民無所稱名，而只見其成功，有文章，猶天行四時，百物自生，而天無可稱。由此可見，在孔子的心目中，君主當體現包容萬物的天德，胸襟就像天一樣宏大，能使百姓各自努力，成就自己的事業。

孔子首先關心的不是君主的主權，而是著眼於百姓的心性品格的完成。仁君如堯，不是將一己的意願強加於民眾身上，令他們完成自己的野心。民眾甚至也不知道堯何以成功，何以一時文章煥發，禮興樂盛。他們甚至沒有過問自己的法權，也不必直接參與政治。百姓只是心存天下事業，並切實在自己的工作之中，為了自己與他人而服務。而通過君主制度，人又與他人確實地成為間接統一。君主，或寬泛地說是政治領袖，是必需的。他不但是統合眾人的焦點，而且他是客觀精神的具體化存在。人倫社會需要一位統一群眾志願的決策者。就理想層面而言，政治領袖不只是為了個人的權力欲，甚至不只是為了維護政權的穩定，而對百姓作出政治決策。只因政治主權的合理性，不在於政權自身，而在於成就百姓的生活，甚至是成就人格。人要成為「人」，而政治的原意是要成就眾人。因此，在理想的政治制度中，人不但有工作的自由，更有不參與政治的自由，甚至有自決要不要完成人格的自由。只有有了這些自由，人才能在基本上成為一個「人」。這有如一個舞台，至於要上演甚麼戲碼，那就交由各人自決了。政治領袖的責任就在於保證這個舞台運作正常，百姓不受不必要的干擾。

孔子推崇堯之為君，說：「唯天為大，唯堯則之」。這不但是說堯的心胸廣大，能包容異己，而且是指他能夠令天下無事，河海清宴。這不是出於一種個人的政治想像，要天下無事，好合乎自己的志願。而是就天下事業之為人與人之間互為主觀，而為間接統一，為客觀精神，政治領袖應該保護各人的自由，尊重主觀的志願，搭建一個成就天下事業的舞台。對於天下事業來說，合理的政治制度有如磐石，人類文明的大廈就建基於此。這就是之所以孔子的仁道，不止於主觀的心性之論，而及於客觀精神。也只有將自己客觀化，投入事業，而又不忘初衷，不失主觀精神，人才能成就健全的人格。因此，政治領袖應該如天一樣，包容萬物，使百姓能各遂其志，又能使各種志願與工作並行不悖。

荀子曾經說過，舜、禹是得勢的聖人，孔子、仲弓是不得勢的聖人。對於荀子而言，有德的聖人應當作為王者，平治天下。羅夢冊認為明朝嘉靖皇帝把孔子封為「至聖先師」，就是旨在以「師」限「聖」，而自金元以降，統治者就積極提倡孔子教書匠的形象。其實，孔子五十而知天命，認為「天生德於予」，這是「有德者必有其位」之德；而「文在於斯」，「文」就是禮樂刑政的制度。孔子一生用力於王道，乃「待禪不至，圖王不成」。漢人稍為有教養者，都知《春秋》當一王之法，稱孔子為「素王」。漢儒在漢室的帝王之業上，另創造出王者的範式，並將之神聖化，乃在現實的王國之上，構想一個永恆的應然王國。孔子乃由「學」而「師」，「師」而「王」，「王」而「聖」，「聖」而「神」。孔子的形象於是帶有宗教信仰的意味。羅夢冊的書就題為《孔子未王而王論》，著重指出孔子作為人師、王者、聖哲的三重身分。

孔子不但認同君主制度，而且推許禪讓制度，認為理想的政治就是有才德者當國。孔子就曾評論過仲弓，雖然他父親不怎樣出色，但他才德兼備，就有如純赤色而兩角圓滿的小牛，就算人們想不用來當祭牛，但山川之神是不會捨棄牠的。孔子甚至直接表示過，仲弓的才德足以南面而王，而仲弓就提出君王應該「居敬而行簡」，而不是「居簡而行簡」。所謂「居敬而行簡」，是指心存敬意，而行簡便之政，即是將對百姓的政治干擾減到最少，令民眾能安居樂業；而「居簡而行簡」，就是心存苟且，而行政粗率了。政簡刑清雖然是好，但不能因此而苟且粗率，反而誤了大事。對於仲弓的主張，孔子大加推許。王船山就指出，仲弓有「寬以容物之量」、「以靜制動之體」，因而適合南面為王。至於仲弓問仁，孔子就說到君子須要莊敬自強，出門待人就好像外交家接待賓客，遣使百姓就有如承擔祭祀，要做到「己所不欲，勿施於人」八個大字。在孔子心目中，他與仲弓都是足以承受禪讓，南面為王的賢者。這就是荀子之所以有孔子、仲弓不得勢的言論之由了。

當代政治哲學大多以民主制度為尚，尤其重視一人一票選舉國家元首，並視一切民主以外的政治制度為邪惡的，或至少是壞的。這是因為在二十世紀，與民主政權對立的是納粹、法西斯和蘇維埃政權，它們都對人類和平造成很大很深的傷害。因此，西方人對於政治制度就有了呆板的印象。其實，中國的尚賢政治也是一條上佳的政治道路。一般來說，當代西方學者認識中國尚賢政治，就不及中國知識分子認識西方民主制度來得深刻。民主政治並非如一般人所認為的那樣天經地義，那不過是一種最好的行事策略而已，而當我們發現另一種旗鼓相當的處理辦法時，比如禪讓制度，那麼中國人按照自己的理想行事，亦無不可，甚至更佳。雖然當代中國的尚賢政治道路注定困難重重，但作為一個理想，就是理當如此，就算現實上不能充分達到，也應當為之奮鬥，努力接近。近代中國政治經歷了曲折與困難，但李光耀指出，賢能政治於中國人心目中樹大根深，它要比短暫的共產主義扎根更穩更深，而一個強大而高效的中央集權政府是社會穩定的重要因素，這都是歷史給予中國人的寶貴教訓。筆者非常認同李光耀的見解，並且認為尚賢政治，而非一人一票推舉國家領導人的美式民主，是當代中國政治更佳的出路。

柏拉圖對於哲王思想有一個論證，就是我們看病會找醫生，造鞋會找鞋匠，處理生活上的難題都會找專業人士，何以政治決策會訴諸民主？當然，柏拉圖口中的「民主」，是希臘時代雅典的政治模式，不同於當代的民主制度。柏拉圖所構想的理想國固然存有很多問題，我們不必認同。但撇開這些，我們只留心他對於群眾的質疑。我們就知道對於政治，群眾不必事事過問，亦不須要求人人參與政事，而適宜將政治決策交給政治代理人。就算是美式的民主政制之中，總統亦集軍政大權於一身，不但可決定內政，甚至可以發動對外戰爭。這可見政治代理人的重要地位。有見及此，《論語》中就有一句備受爭議的說話：

> 子曰：「民可使，由之；不可使，知之。」

孔子說：「百姓可以使得動的話，就讓他們跟從；若使不動的話，就讓他們了解政事的始末。」百姓之服從政府，其實是讓出了他們的權利，讓當政者代理。孔子之意，是就一般情況來說，百姓不必用心於政治決策，甚至不必為爭取個人政治權利而擔心。如果有了合適的政治代理人，甚至是賢能當國，那麼百姓就可以將政事交由當權者處理。而為了行事簡便，以及減少政治干擾，就讓百姓跟從政府好了。也只有發生問題的時候，政府才向民眾透露消息。孔子的這番話，有的學者解讀為愚民政治，更有學者將這兩句讀為：

民可使由之，不可使知之。

「民眾是可以令他們服從的，而不可令他們明白了解政事的。」這種解讀與孔子之重視智慧，畢生用力於啟發士庶的形象不合。若能理解中國的尚賢政治與孔子心中理想的禪讓制度，就能對於這番話有合理的解讀了。

無論如何，全民參與政治，甚或政治干預生活，都不是理想的政治。選舉制度固然十分重要，它關乎政權更替及制衡的問題。民主選舉的設計，是要民眾幾年一次行使政治權利，因此參與政治關乎政治權利的自我確認。孔子沒有法權思想，也不認為民眾要爭取權利，也沒有參政的責任。在孔子心目中，社會上只有一小撮人須要參政，那也不是出自爭取權力的意圖，而是出於一種責任感。從歷史的教訓中，我們知道全民的政治運動可以是一場災難，而生活各方面都受政治牽連也是可怖的。孔子的智慧就在於：百姓有不參與政治的自由。

片言可以折獄者，其由也與

武樹臣在《儒家法律傳統》指出，中國司法用的是「混合法」，一方面重視「成文法」，另一方面重視「判例法」，務求在審判時做到人法並重。所謂成文法，是指由國家制定成文法典，由政府公開，令百姓遵守；而法官審案時，就根據法律條文辦事，以減低主審官的主觀性。由於法律條文一經訂定，往往不能完全照顧現實生活中的一切情況，而隨著社會變化，法律條文又會落後於時代，為了填補漏洞，於是法典須不斷修改，條文亦不斷增加。秦代以法律繁苛而亡，漢高祖乃與民約法三章，後來蕭何制律，亦參考秦律。及至東漢，更發展出律學，知識分子注釋法律，即有類今天的法律注釋學。據《晉書．刑法志》所載，當時注律之家「十有餘家，家數十萬言，凡斷罪所當用者合二萬六千二百七十二條，七百七十三萬三千二百餘言，言數益繁，覽者益難」。由此可見，成文法的缺點在於難以切合實際，而且使法令趨於繁瑣，因此需要判例法。所謂判例法，即是重視司法者的主觀能動性，按社會生活的現實情況來詮釋法律條文，並加以個人判斷。而法官的判例，又會成為以後判案的參考，而補充法典的不足。在這一點上，可見儒家的法律哲學很重視人的主觀性。就道理上而言，法律的效力必須見於社會生活的實踐，因為法典不會說話，所以人治是必須的。現代人講究以法治國，卻不知人於其中的重要性。

中國的賢能政治雖然為現代人所詬病，但就司法來說，也必須強調人的主觀性，也只有有了人的智慧才能適切地執行法律。孔子也贊成這種法律實踐中，所加入的主觀性。《論語》之中，就記載了孔子有關子路斷獄之言：

子曰：「片言可以折獄者，其由也與！」子路無宿諾。

孔子說：「憑著片面之辭而可以斷獄的，恐怕就只有子路了！」子路沒有久留而不實踐的諾言。正是由於子路言出必信，才會久積威信，加上他為人剛直，因此能使人信服，憑片言便可斷獄。這可見孔子重視司法者的智慧了。另外，孔子又說過，處理訴訟時，他也盡量使人不興起訴訟。這就是在法治的基礎之上，重視道德教育了。孔子的法律哲學，重視人的能動性，法律也須要由人來主持運作，否則以增加條文來堵塞漏洞，也不過是徒增煩惱，令法律體系臃腫不堪，而日益僵化。

孔子之重視人治，影響了後世的法律哲學。漢人重視以經術治國，就有了《春秋》斷獄一事。所謂《春秋》斷獄，就是以儒家經義來斷案，而所引的經文可出自不同的儒家經典，不一定出自《春秋》一經。漢武帝時，董仲舒就撰作了《春秋決獄》，又稱《春秋決事比》。所謂的「決事比」，即是以已有故事來斷案。《春秋決獄》今已失傳，《春秋決獄》二百三十二事，現存四事而已。

據《太平御覽》所載，乙與丙吵架，丙拔劍刺傷乙，於是乙的兒子甲以木杖擊丙，誤傷其父乙。法官以甲毆父，罪當梟首。董仲舒受理此案，引《春秋》一件史事作案例：許公病重，他的兒子許止進藥未曾先嘗，父飲藥而亡，但許止無弒父之心，君子「原心論罪」，並未被追究法律責任。因此從動機目的判斷，甲無毆父之心，所以不構成毆父之罪。《太平御覽》又另載一事：甲女的丈夫出海遇難，屍骸不得安葬。幾個月後，甲女的母親安排甲女再嫁，官府定罪，以丈夫還未安葬，甲女不得私自再嫁，依律當斬。董仲舒指出，依《春秋》之言，魯文公死後，夫人返歸於齊，言夫死無男，有再嫁的理由。婦人出嫁是有所歸的。所謂「歸」，短期回娘家叫「歸寧」，夫死後回娘家叫「大歸」。甲女再嫁由母親作主，並無淫佚之心，不是私為人妻。因此甲女當判無罪。杜佑《通典》又記載了兩件事。其中一件是，甲沒有兒子，收養了路上的棄嬰乙，乙長大後犯了殺人罪，告訴了甲而甲為之匿藏。董仲舒說，甲沒有兒子，收養了乙，雖不是所生，但又有誰能代替呢？又引《詩經》：「螟蛉有子，蜾蠃負之。」又指出《春秋》之義，父為子隱，甲為子匿藏，當判無罪。至於另一件是，甲有兒子乙，乞求於丙，丙收養了乙，並養育他長大。後來，甲耽溺酒色，對乙說：「你是我的兒子。」乙憤怒地杖擊甲二十下。甲以乙本是自己的兒子，於是告到官府。董仲舒如此斷案：雖然甲能生乙，但不能養育，因而乞求於丙，那就恩義斷絕。雖然乙杖擊甲，不當坐罪。這四件判例反映了所謂《春秋》斷獄是甚麼一回事，雖然法律條文擺在那裡，但案情層出不窮，往往超出法典所載，這時就需要以人的智慧去判斷了。雖說人的智慧帶有主觀性，但也是因此才能靈活變通，應付複雜的案情，使法律條文不致落後於現實情況，而能切合社會生活。

儒家的法律哲學重視混合法，是受到孔子學說所影響。雖然《春秋決獄》一書失傳了，但它的法律精神卻影響著後世。儒家的政治思想重視人治，並重視以德治國，這可以補足法典的不足。因為一切客觀的典章制度，本都由人的智慧制作，而積累而成，所以也只有人的智慧，才能將它改革完善。不但儒家重視人的主觀精神，就連以重視客觀精神見稱的黑格爾，也很重視主觀精神。雖然黑格爾所提倡的客觀精神屢受批評，但在《法哲學原理》一書之中，就在談論國家的部分，黑格爾也表示要保護主觀性原則，即是重視人的智慧對於典章制度的批判。讀書須要別具慧眼，不能人云亦云，人們批評儒家的人治，其實儒家哲學十分領先，且具備了現代法律的精神。孔子所重視的以仁治國，的確值得現代人的借鏡。

為政以德

孔子晚年回到魯國，得到了季康子的尊重，並視為國家的政治顧問。在《論語》之中，就記載了季康子曾多次向孔子請教為政之道，而屢次都得到了修身以達到德治的答案。季康子曾問政於孔子，孔子就答以「政」的意義就在「正」，只要以正道來領導，在下位的有誰敢不正。此外，他又問孔子如何處理盜賊問題，孔子答以作為在上位者不貪，就算是以懸賞為餌，百姓也不會行竊的。這正正針對季康子的個人操守問題，只因孔子的學生冉有被任命為季氏的家宰，卻只知為季氏聚斂財富，於是孔子將他逐出門牆，並叫其他學生大張旗鼓地攻擊他。可見孔子是借題發揮，指摘季氏不妥的地方。季康子又問，用殺伐來警惡懲奸，成全道德，那又如何？孔子並不贊成這種主張，卻認為百姓的道德問題，不能用殺人的手段解決，而應該對大眾施以教化，重要的是以身作則。孔子還打了一個比喻：在上位的人如風，在下位的人像草，風吹草上，草就會隨風傾倒。由此可見，孔子以上的幾番說話，都是意有所指的，我們不能抽空上下脈絡，說孔子罔顧客觀問題，把政治道德化了。

孔子固然沒有法權思想，而法權思想是現代政治哲學的基石。黑格爾論法權思想，就把自然法建立在對於人格尊重的基礎之上。法權不是從天而降，不是靠宗教信仰來建立的，而是當人們彼此肯定各自的人格，以所擁有的私產，包括身體及勞作之具，為人的精神所貫注，故應該予以保護，這就產生了法權的思想。所謂的客觀意識，亦即是互為主觀，因此在最初一步，仍在肯定個人的人格，以及他的擁有物的精神價值，所以任何政治理由都不能抹殺個人的基本人權。勞思光就曾批評儒家將政治問題主觀化，而欠缺獨立的客觀意識，並提到兩個人的相處要比團體的結合簡單多了，因二人可以直接相交，而團體不只是個人的集合，而包含了複雜的人際關係，更何況一個國家！因此之故，政治問題不能以推廣個人道德去解決。這就指出了一般人云亦云的「德治」的問題了。

害莫大於浮淺。缺乏客觀意識，將儒家的政治哲學泛道德化，把政治問題理解為個人的主觀問題，就不能同時了解道德與政治。然而，孔子的客觀意識就表現於正名的禮治思想。一個客觀社會的建立，於儒家而言，就在於禮教之防，為人格尊嚴設定防線，既講「親親之殺」，又講「尊尊之等」，人我之別不能以親愛關係來模糊化了。此外，孔子又很重視客觀的政治運作，而且很重視經濟發展。當冉有問孔子為政的首要工作是甚麼時，孔子就答要使人口眾多；而冉有再問下一步的工作，孔子就答要使百姓富足；冉有又以進一步的工作再問孔子，他就答以教育。可見一個理想的社會，是須要一步一步建立的。這又不是高頭講章的書生可以了解。至於子貢問為政之道，孔子就提出維持政權的三項重要的條件：一是足夠的兵力；二是足夠的糧食；三是政府的威信。前兩者是用來維持生存的，而後者是為了滿足民眾精神上的基本需求。但當子貢問到要去掉其中一項時，孔子說去掉軍隊，其次就是糧食。就三者何者為最重要，孔子選擇了威信，並解釋說：「自古皆有死，民無信不立」。死亡是遲早的事，但人不能苟且而活，政府不能不滿足人的基本精神需求，使人活得像一個「人」。這都可以證明孔子不是沒有客觀意識，而將政治問題主觀化。只是我們讀書要精熟，又須慎思明辨，不能將問題搞混了。

就在客觀的條件之上，孔子還要求政治領袖是一位有德者，他之領導政府，不在於獨攬大權，亦不在於事事干預，而更在於他的精神意義。雖然政府的主要任務，不在於觸及人的靈魂，使百姓受到改造，但政府也有它的道德教化意義。這就與孔子的人性論和教育論有關。孔子重視人的自主能力，認為為政者有責任誘導百姓行善。政府設立的目的就是令人足以過上好的生活，而孔子所理解的好的生活，包括自主實踐道德的生活。這就是孔子反對大規模的改造運動，反對為百姓制定思想的路線方針，又反對政治領袖制宰天下，以成鐵桶江山的局面。政府只能對百姓的道德有所期望，而不能加以主宰，而這又寄望於道德感化了。客觀的政治問題既不能靠主觀道德解決，主觀的道德問題也不能以客觀的政治措施解決。我們不能以政治手腕逼使人成為聖人。這就是當代政治哲學強調政府價值中立，不干預民眾的私人生活的緣故。這都是由近代歷史付出沉重代價所悟得的教訓。

對於理想政治領袖的品格，孔子就讚嘆舜的「無為而治」，說他垂拱南面而已。後世不少學者將「無為而治」視作《老子》之言，因為《老子》中有「為無為，則無不治」一句，語意相近，所以也有不少人張冠李戴。對於「無為而治」，《論語》中又有另一番解釋：

子曰：「為政以德，譬如北辰，居其所而眾星共之。」

孔子說：「治國要以德行為主，就像北極星一樣，安居它的位置而眾星圍繞它轉動。」這是就客觀政治問題得以基本安立，在此之上，政治領袖不應積極干預，更不應推動大型的政治運動，反生禍害，而是做好個人的品德操守，成為百姓的表率，才足以折服人心。就算客觀政治上略有不足之處，政治領袖也要實踐德行，使下面的人心悅誠服，政治問題還是可以慢慢解決的。

有關德治，並不與法權思想對立。我們既可以保護法制，開顯客觀意識，而又強調政治領袖的道德操守，務使民眾心悅誠服。政權的維繫除了靠軍事和經濟的因素之外，孔子認為還須要滿足百姓的精神需求。如果人沒有精神需求，就不會要求彼此尊重，亦不會生出法權思想。然而，法權一旦確立，我們又不能只訴諸情感來維繫，而要有良好的制度來保護。但我們也須要知道，客觀制度的建立又不能完全滿足民眾的精神需要。因此，政治領袖也須要具備仁德。關於這些問題，黑格爾區分了「倫理」與「道德」。倫理是關於人與人之間的關係，而見於家庭、公民社會及國家；道德是關於個人的自由決意。加上「自然法」，就構成《法哲學原理》的三大部分了。雖然孔子沒有這樣的概念區分，但我們借助黑格爾的框架，對孔子學說進行分析，才不致於搞混了不同層次的問題。

65 浴乎沂，風乎舞雩

參與政治活動，履行公民的責任，屬於客觀領域。但是一個人如果要客觀化自己，是不必參與政治的。除了政治之外，禮教也屬於客觀精神，甚至我們努力事業，做好手上的工作，也算為人倫世界盡了一分力量。不一定參與政治，我們只要自覺地參與天下事業，也算擁有客觀精神了。一般來說，人格健全的人不但有個人的道德生活，也須要參與倫理生活，而同時具有主觀精神與客觀精神。仁不但是內在的自覺，而同時呈露於人與人的相遇。在人敞開自己，面對世界，感通他人的時候，他才能夠成為真正的「人」。人要成為「人」，就必須經歷客觀化的階段，走出自己，而與社會上的人建立關係。政治是倫理關係的大舞台，人之關心政治事務，甚至參與政治，是客觀化自己的一途。由修身至齊家，及至治國，終而平定天下，是擴充仁心的道路。人不像石頭之封閉自己，必然是要向外走，把身心投注出去的，這才能真實呈現仁心。仁心即活動即存在，就在精神活動之中，我們看見精神的本體。政治活動起初看似是唯物的，是要限制人的欲望衝動，合理安排人的食色爭奪之事，但政治之所以為政治，人之所以追求權力，在哲學的意義上，而不是從歷史陳迹去考究，畢竟是唯心的。唐君毅在《文化意識與道德理性》中指出，權力意志之所由生，即在於人同時視自己和他人是具有人格地位的，否則支配死物就說不上是權力意志了。

在政治作為舞台的倫理世界中，人可以擔當不同的角色，演出不同的戲分。在理想的社會中，人不一定要參與政治，甚至可不關心政治，只管過好他的倫理生活。當然，參與政治的人，應該是為了完成自己的人格和事業，因而參政也是一種精神活動。一方面，政治活動具有工具價值，為了成就其他精神活動，而不能為政治而政治；另一方面，參與政治活動又可以不是純政治的，而是作為一種精神活動，是出於責任感，而為了完成人格。正如唐君毅指出，中國人敬佩關雲長與岳武穆，不只在他們的軍功，也不在他們的武力，而在他們具有儒將風度。至於人之崇拜諸葛亮與范仲淹，就在於他們具備一番仁厚惻怛之心，及公忠體國之意。這亦是所以孔子門下，多有志在天下之士。孔子曾命弟子各言其志，而他們大多著眼於從政治國，為百姓做一番事業。關於這個話題，《論語》有這樣的記載：

子路、曾晳、冉有、公西華侍坐。子曰：「以吾一日長乎爾，毋吾以也。居則曰：『不吾知也！』如或知爾，則何以哉？」子路率爾而對曰：「千乘之國，攝乎大國之間，加之以師旅，因之以饑饉；由也為之，比及三年，可使有勇，且知方也。」夫子哂之。「求！爾何如？」對曰：「方六七十，如五六十，求也為之，比及三年，可使足民。如其禮樂，以俟君子。」「赤！爾何如？」對曰：「非曰能之，願學焉。宗廟之事，如會同，端章甫，願為小相焉。」

子路、曾皙、冉有、公西華在孔子身邊侍坐。孔子說：「我比你們年長幾天，但不要因此在意。平時常說：『沒有人了解我呀！』如果有人了解你們，又怎麼樣呢？」子路直率地回答：「倘有一個千乘之國，夾在大國之間，受到軍事的壓迫，又年歲荒歉，讓我去治理，只需三年，可使民眾有勇，而且懂得道義。」孔子向他微笑。孔子又問：「冉有，你又怎樣呢？」冉有回答：「一個方圓六七十里，或五六十里的地方，由我治理，只需三年，可以使百姓富足。至於禮樂教化，就有待賢人君子了。」孔子又問：「公西華，你又怎樣呢？」公西華回答：「不是說我有才能，但是願意學習。宗廟的事情，比及諸侯會見，穿著玄端禮衣，戴著章甫禮帽，願作一個小相。」子路、冉有、公西華各有才能，各有抱負，都希望從政，或在軍事，或在經濟，或在外交上，作一番貢獻。這正好反映孔子講學，重視培養學生的政治能力，使他們能在王者事業上有一番成就。然而，孔子的學生之中，曾皙就有點與眾不同。《論語》接續記載：

「點！爾何如？」鼓瑟希，鏗爾，舍瑟而作。對曰：「異乎三子者之撰。」子曰：「何傷乎？亦各言其志也。」曰：「莫春者，春服既成。冠者五六人，童子六七人，浴乎沂，風乎舞雩，詠而歸。」夫子喟然歎曰：「吾與點也！」三子者出，曾皙後。曾皙曰：「夫三子者之言何如？」子曰：「亦各言其志也已矣。」曰：「夫子何哂由也？」曰：「為國以禮，其言不讓，是故哂之。」「唯求則非邦也與？」「安見方六七十如五六十而非邦也者？」「唯赤則非邦也與？」「宗廟會同，非諸侯而何？赤也為之小，孰能為之大？」

孔子說：「曾晳，你又怎樣呢？」曾晳正在鼓瑟，瑟聲疏落，鏗然一聲，放下了瑟站起來，回答說：「與三子所說的不一樣呀！」孔子說：「這有甚麼關係呢？不過是各自說說自己的志向而已。」曾晳說：「在暮春三月的時候，春天的服裝縫製好了。約五六個成人，帶上六七個童子，在沂水洗浴，在舞雩臺吹風，一邊歌詠，一邊回家。」孔子喟然讚嘆：「我贊同曾晳呀！」前面的三子退出，曾晳待在後面。曾晳問道：「三子所說的怎麼樣呢？」孔子說：「這也是各自說說自己的志向吧！」曾晳又問：「老師為甚麼笑子路？」孔子說：「治國須要知禮，他的說話不讓於人，所以笑他。」曾晳又問：「那麼冉有不算有志為國嗎？」孔子說：「哪有方圓六七十或五六十里的地方不是國家呢？」曾晳再問：「那麼公西華不是有志為國嗎？」孔子說：「宗廟祭祀與諸侯會見，不是諸侯的事情嗎？如果公西華還只擔當小相，誰能夠擔當大相呢？」孔子之所以贊同曾晳，是因為他描繪了一幅安居樂業的昇平圖像。前三人說出了自己的政治抱負，而政治活動是一種手段，以達成維持倫理和文化活動的目的。曾晳乃能由政治而超政治，希望大家能踏踏實實地過生活。正如胡蘭成所說，這就是「歲月靜好，現世安穩」的心境了。說來十分優悠，且帶點嫵媚。政府之存在，就是為了使人不覺其存在，而活在一種自在的境界。這亦是一切仁人志士所共存的心志，因政治而超政治，人間盡成一片禮樂風景。正是因為這片禮樂風景，胡蘭成說抗戰值得稱述，議和也值得稱述，就連後來的解放軍也值得稱述。也因此胡提議在南京為中日戰爭的雙方軍民舉行一場大法事，以令在世的人與死去的魂，皆得安息。這就是中國讀書人超政治的胸襟了。

總括而言，為政者應該有一種超越的情感，一方面能對自己的事業生死以之，另一方面能包涵容納政見不同的志士。政治領袖是要能體現天德的。至於中國傳統的賢能政治，是要使政治交由一些特殊的人處理，而免去大多數人的政治干擾。政治總不能一勞永逸，而要靠人的主觀能動性去操作與調節。這亦是中國司法重視人的智慧，與政治上重視德治的理由。孔子固然未意識到法權的問題，但也不是完全沒有客觀意識。雖然客觀意識可貴，但不能因政治制度而抹殺主觀精神。健全的社會是要使人的主觀精神與客觀精神都得以完成，因此有志於從政者，就要知道要能入於政治，而又能出乎政治，乃有政治而超政治的氣魄。最後，值得再提一句的是：政治活動也是一種精神活動。

十四　語言

語言能夠溝通人我之心，所以也是互為主觀，而屬於客觀的。雖然語言是心志尋找向外表現的出路，好像屬於主觀之境，但是語言之構成意義，必須能為人所理解，而具有溝通心靈的作用。就算是我在寫日記，只給自己看，那些句子也是溝通現在的我與未來的我，而萬一別人看到我的日記，也是能夠明白它的意思的。語言不但負載訊息內容，而且附帶情感和力量。比如我對人作出勸告，這會令聽受者產生相應的心理效果，甚至改變行為。語言表達一己的心意，也帶有人對於事物的肯定與否定，即是有所謂的「是非」了。莊子指出，語言不同於風吹，就是因為其中包含了是非，人的意志就表現於語言了。

語言的功能不止於描述客觀的世界。頗有一種語言哲學認為語言是用來述說事態的，至於句子中所可以用到的概念，都是事物的標籤。比如說「這裡有三個紅色的蘋果」之中，「這裡」是指涉眼前方寸之地，「三」是指涉抽象的實體，「紅色」是指涉一種事物的性質，「蘋果」是指涉某一種經驗事物。這都有一一對應的關係。維根斯坦就曾受到法庭中的一位律師的啟發，該律師曾以模型模擬交通意外發生的情況。維根斯坦認為，語言所具有的邏輯結構，也就像事物的結構一樣，因此語言是世界的鏡子。當然，我們可以問這種哲學的語言性質又是甚麼——它究竟是不是世界的鏡子呢？然而，這也是一種形上學。維根斯坦就說他的哲學有如一把梯子，讀者爬了上去之後，就要把梯子移除。我們要對不可說的東西保持沉默。這種哲學卑之無甚高論，但對於西方哲學家卻造成很大的衝擊。其實，在保持沉默之前，我們必須說很多話。我們寄言出意，形上學語言不止是客觀世界描繪，更是一種啟發式的語言，開啟我們的眼界，以一種新的觀點去看世界。存在因而發生不同的意義。比如筆者從前讀《紅樓夢》，忽略了很多精微巧妙的地方，讀了脂硯齋的批評後，就注意到先前不曾留心的地方。世界亦是如此，因人的境界不同，也會呈現不同的面貌。中國哲學就多有這種啟發性的語言。

語言帶有改變世界的力量，它就存在於人心與人心之間，因而具備改變人心的功能。也只有善用語言，才能溝通人我，甚至貫通過去、未來與現在的自我，因此語言是仁心呈現的載體。然而，語言不但表現為人與人的平等相交，也可表現為上對下的命令，或下對上的祈使。我們日常與人交談，談論正道的少，而談論是非的多。孔子也會批評弟子，亦會在人後評論人，但孔子之與一般人的分別，就在於人們大多陷溺於自我偏執，而孔子在乎人我的溝通，諄諄告誡，旨在使人改過遷善，令人我日進其德。也只有不封閉於自我，而是敞開自己，溝通人我，以語言來貫通彼此之心，「仁」就在「二人」之間呈露了。至於人們講是非時，也是為求聽者的認同，也好像求人之心意相通，但卻同時將參與談論是非以外的人排除在外。我們透過講是非形成小圈子，於是我們好像與人溝通了，但這時的心仍有所封閉，就封閉於我們固有的自我當中。我們要求別人認同我的意見，而又排斥另外一些人。這種同氣出聲的感覺使我們感到安全，而捲縮於熟識的自我甲殼之內，而忘記了甲殼之外更廣闊的天地。於是，我們更自私，而更麻木不仁了。仁需要一種自覺自明，即自覺到自我的界限，從而以一種超越的觀點來反省自我。知縛即解脫。這亦即是慧可斷臂求法，要求達摩祖師為他安心，達摩叫他覓得心來，才為他安。慧可以心覓心，當此之時，他的觀點已超於原有的煩惱心，而以更高的觀點去看這顆心。然而，這個觀點本身，只能是主體，而不可對象化，故慧可覓心竟不可得。此時達摩祖師說已經為他安好心了。也只有自覺，照察自己的是非之心，仁心才得清明。於是，我們不再陷於成心，而能好好地溝通人我，以語言貫通彼此之心。

韓愈說：「行成於思毀於隨。」言說也是如此。如果我們的言說也是隨物而動，受到別人刺激，便隨聲答應，沒有深思，沒有自覺，那便是陷溺於物了。言語搭上言語，就像物件引動物件，仁心便要隱蔽了。只有不蔽於自我，不隨於他人，而真的能夠談論道理時，這時仁心便呈現了。這可見自以為是，談論是非，較量長短之為仁道的大患。因此，孔子批評了子貢，警告他不要陷溺於是非，而要用力於仁：

子貢方人。子曰：「賜也賢乎哉？夫我則不暇。」

子貢批評別人。孔子說：「子貢呀！你很了不起嗎？我就沒有這樣的時間了。」所謂「方」，是比方之義，「方人」就是比方人物，較量長短，大概就等於說長道短，講人是非。子貢擅於語言，屢受孔子稱讚，但也有缺點，就是平日說話多了，會犯上過失。也許，正因為子貢能言善道，所以他談論是非也是語帶雙關，妙趣橫生，令聽者動容的。聰明是聰明了，就連孔子也及不上他的伶俐，但就是欠缺深思，太過隨便。一念陷溺，便是墮落。子貢方人，批評別人的方式很刁鑽、很巧妙，但卻是有大礙於仁道。況且自以為是，四處賣弄，亦不是君子所為。於是，便受到孔子的教訓了。

中國哲學家既指出語言的主要功用在於溝通人我，而語言除了負載經驗訊息之外，亦可帶有情感和力量。語言是意志之找尋出路，向外表現，本也是仁心的呈露。就如孔子諄諄訓誨，使彼此日進於德，就是仁心的實現。但是一旦陷溺於是非，既蔽於自己，又隨於他人，而不能自覺，成為人心感通天下的障礙，這就是麻木不仁了。孔子告誡子貢，不要因為長於言說，就樂於賣弄。況且，把時間都用在方人，自己還有空去深思，用力於仁道嗎？言說也是一種行為，也是須要修養的。

67

人而無信，不知其可也

一般來說，做到所說的要比說出一句話難。說話是容易的，正如許諾是容易的，而踐約則困難。正因如此，我們很多人都會言不顧行，行不顧言。言說是輕鬆的，而語言很多時都會超出現實的情況。我們不但能說出與事實相違的話，而且能說出經驗上不可能的構想，甚至會說一些邏輯上自相矛盾的話。正如到現時為止，人不能對於宇宙作一個大體上的經驗觀察，但哲學家與科學家就說出了不少宇宙生成的理論。至於，研究模態邏輯的哲學家，更在這個經驗世界之外，論說可能世界之種種，就算是在這個現實世界不可能發生的事，只要不違反邏輯規律，理性的人都可以加以探討。此外，近世的唯物論者提倡唯物辯證法，更批評形式邏輯，而主張所謂的矛盾統一論。姑且不論這種理論的迷糊之處，但我們由此可知，語言之能夠越過行為，冒出存在，逸出世界，甚至違反邏輯。只要字詞能夠組成的話，我們都能夠說，而不必是能夠實證的。哲學的魔魅，就在於語言運用的失誤。正如有人認為天國沒有來臨，是因為敵人還未消滅，而不知道敵人之所以無孔不入，是因為他們所說的天國根本是現實上不可能的。

語言不但超出行為，冒過存在，而且它比其他的行為與存在，具有更廣更深的存在性。

一方面，我們的行為所觸及的範圍狹小，而語言可以傳之甚廣。到了今天，孔子的所作所為，連同他為之而努力的周代王朝，早已消亡殆盡，但孔子之言仍然廣泛流傳。又如我們的行動，直接影響的範圍很小，但所說的話，尤其是謠言，則可能傳播甚廣，影響甚大。另一方面，我們的行為可能會深深改變一個人，但卻不及說話影響人心之深。君不見人們為了思想家一兩句說話，而在社會上掀起軒然大波？政治如是，宗教如是，只因語言能改變人的情感與思想，甚至令人畢生信仰，而奮不顧身，勇往直前。由此可見，精神要比物質更具存在性，即精神於現實世界具有更深更廣的作用，正如語言要比其他行為，以及其他存在，更具存在性。語言活動不只是一種物理現象，更是一種精神現象。正如卡西爾所說，比起其他動物，在人那裡，我們不但能看見感受器系統和效應器系統——即生命體之接受外界刺激和作出反應的兩個系統之外，還有符號系統，因而人活在一個更廣大的實在之中，甚至可說是活在另一個維度之中。

此外，不少人也會言不顧行，這不是我們要存心欺騙別人。但這是一種虛妄，而往往是不由自主的。語言之易發，有如機栝，很多時候我們的說話都受別人的帶引，隨便反應而已。在人群之中，我們甚至受到人們之間的心理暗示所影響。正如人人都講偉大革命，而終究不知革命是何物。這種不由自主的狀態，就有如物件帶動物件，是一種「物交物」的墮落狀態。我們為了應付環境，往往言不由衷，說一些無關痛癢的話。這不是真心與人交往，而是近乎條件反射，都是說些沒頭沒腦的話。雖然人們誇誇其談，甚至妙語連珠，但大多是言不及義，只為了搭話而搭話，幾乎都是無心的。我們的說話不禁冒出，都是沒有經過深思熟慮的，尤其是在閒聊的時候，更沒有想過要認真對待所說的話。當人與世浮沉，身陷大眾之中，就會人云亦云。人們都跟隨大眾，大眾談論甚麼，就談論甚麼，但大眾之中卻沒有一個人本著仁心說話。一個人可以客觀化自己，但要是忘失了自主性，仁心便黯淡了。人好像在與人交流，但不曾真正交流，就只像兩塊石頭碰撞，恰巧撞出了聲音。

仁心須要自覺，當我決定去自決的時候，就能有內在自主性了。語言活動之作為精神現象，也須要我們下修養的工夫。就在不自覺的時候，我們的心如水銀瀉地般，向外流蕩了。這時就須要慎言，把精神收攝起來。我們要知道語言總能超過行為，因此我們要盡量小心，不要讓說話輕易冒出，更不要多說我們實踐不到的大話。因此，孔子多次教訓學生，要反省語言與行動的關係。他提到一個人要是大言不慚，那麼他的說話就很難做到。古代仁人小心地不多說話，對於行為及不上語言感到羞恥。因此，君子謹慎地說，而敏捷地做。這也是為了拉近語言與行為的距離。及至有一次，子貢向孔子請教君子之道，孔子便指出，君子要是先做到了，然後才對人張揚。所謂「人言為信」，信義不是要死守諾言，為了遵守而遵守，因此孔子亦不重宣誓。守信是為了防止語言不恰當地超越現實，而成為一種存在的虛妄性。因此，孔子說：

人而無信，不知其可也。大車無輗，小車無軏，其何以行之哉？

「做人沒有信義，我不知他如何可以立身處世。正如大車與小車，沒有了輗木與橫木之間的接筍，試問它怎樣能前行呢？」車輪之所以能夠前進，就在於輗木與橫木間的接筍能夠靈活轉動；人之所以能實踐仁道，就在於他能夠真實化自己，去掉存在的虛妄性。語言之真實化，而不輕易冒出現實，不違反道理，就是實現仁心的重要因素。遵守承諾還是次要。因為語言是人與人溝通的途徑，因此是人客觀化自己的載體。精神世界主要由語言所構成，因此語言是仁心之資。也只有語言真實化了，仁心才得以呈現。

由是觀之，一方面語言可以超越行為，冒出存在，甚至違反道理，而具有虛妄性。其次，語言比其他行為和存在，更具有存在性，而於現實世界有更廣更深的作用。另一方面，人們傾向輕易說話，並多在不由自主的情況下，誇誇其談，而又言不由衷。這就令存在虛妄化了，同時使仁心黯淡起來。就在我們真誠地交談時，仁心才能煥發。仁就在彼此之間，而人與人的關係，大多靠語言來維繫。語言也就是客觀化之道。因此之故，講究信義，能令人與人的關係真實化，從而使仁心得以實現。

巧言令色，鮮矣仁

司馬牛是孔子的一個天分不高的學生。他的背景很特別，他就是桓魋的弟弟，而桓魋就是孔子路過宋國時，想殺孔子的人。與兄長不同，司馬牛卻有一顆向上的心，不願同流合污，於是跟孔子學習禮。他甚至放棄自己的封邑，出走齊國。然而，司馬牛卻有急躁多言的毛病。當他向孔子請教君子之道時，孔子知道他正在憂愁恐懼之中，便想安定他的心，就對他說：「君子不憂不懼。」面對紛擾的世界，人的確難以自主，很多時我們自以為隨機應變，其實是隨波逐流。司馬牛大概是習慣了為搭話而搭話，他聽到孔子的教誨，下意識地反問了一句：「不憂不懼，這就是君子了嗎？」孔子進一步解釋：「只要內心反省，沒有自我悔疚，那又有甚麼憂懼呢？」外在環境的確有很多事情會觸動思緒情感，而當我們不由自主地隨外面走時，便會感到不安穩，但只要收攝精神，自作主宰，深思好學，就能夠做到不憂不懼了。又有一次，司馬牛問如何實踐仁德，孔子知道他急躁多言，就當頭棒喝：「仁者說話遲鈍。」但司馬牛又是隨即反問：「說話遲鈍，就是仁者了嗎？」可見他沒有把話聽進去。對於孔子的話，司馬牛就如受壓的彈弓，把壓力彈回去了。這種隨機搭話，好像也很機警，其實是欠缺深思。在日常生活之中，我們任運而動，對外來的刺激很快作出反應，一切都不上心，自我與世界都變得輕薄浮淺。也只有將重要的東西留在心內，來回思考，而不即時反彈回去，才能構成生命的深度。因此，孔子又解釋：「要做到的很難，因此不得不說話遲鈍了！」這正是針對司馬牛的弱點來說。

語言大多是對人而說的，是表現出來的思想，而思想就是內心的語言，因而修正語言，也就是修正一個人的心思。我們的心總是向外跑的，隨時而動，應物而感，很多時都是被動流蕩，而不能安定自主。語言亦復如是。所謂「言為心聲」，語言不但表達心意，它本身就構成了心思，因此語言不但是心之作用，也可說是心之本體。心思就是語言。因此，慎思慎言不但是為了對人誠實，也是對自己真誠。唐君毅曾說，人當謹慎說話，因為它是靈魂的聲音；如果你利用了言語欺人，它將對你報復，就在你需要真實的言語，來代表自己的內心時，你將缺乏適切的語言。因此，孔子常常將語言與仁道相提並論：

子曰：「巧言令色，鮮矣仁！」

孔子說：「滿口說著討人喜歡的話，常常裝出和顏悅色，那樣的人就罕有是仁者了！」巧言固然是指一個人的說話伶俐，令色也是指說話的態度，也是語言行為的一部分。為了利益而討好人，就很難是仁人了；但不為利益，也要著意討好人，這也不是真誠者的所為。我們與人交往，總不希望別人欺騙自己，而希望別人真誠。反過來說，我們都希望自己成為真實的人，很少人期望自己成為油滑的小人。油滑的人可能會得到很多小便宜，但他卻失去人格。因他不但令人看不起，而且也會令自己看不起自己。油滑的人之所以不能方正起來，就是因為他欠缺誠敬。這不只是對天地鬼神誠敬，也不只是對別人誠敬，而是對自己誠敬。小人妄為，不知何為偉大。雖然得到眼前利益，但是失去人格。很多人都不覺得這樣有問題。他們還很得意地認為自己很聰明，而且樂此不疲，殊不知賣弄是仁道的大礙，而仁道就是要使你成為真實的人的道路。因為要佔小便宜，而失去人格，那是得不償失，所以孔子下如此的斷語：巧言令色的人，就罕有是仁者。這番話在《論語》之中出現不止一次，可見言說之道對於仁道的重要性。

時風輕薄浮淺，亦不止於一時，至少在孔子的時代，人們也以輕浮相尚，都覺得巧言令色很重要。雖然巧言令色也是人際之間的潤滑劑，會令我們一時得到利益，但是一直巧言令色下去，卻會使人處於一種不真實的狀態，不能好好面對自己。巧言令色的人會在社會上得到利益，但卻很難得到別人的尊敬。只要我們反省一下，怎樣的人會受到人們的由衷尊敬，我們將發現受人敬重的人或多或少都能實踐仁道。此外，孔子提倡仁道，他除了受到儒者的崇敬之外，不少宗教徒都同時奉孔子為他們的第二聖人。況且在人類的宗教哲學中，就根本看輕佔盡便宜的小人。他們巧言令色，格局狹小，令人反感。由此可見，在人心之中，我們都會看不起玩弄聰明而欠缺智慧的人，稱他們為小人。但時代以輕浮為尚，看來是代代如此。有人曾經向孔子打聽學生仲弓的為人，說仲弓是一個仁者，但卻沒有口才。孔子就回答：「何必要有口才呢？以口齒便給來對付人，屢屢惹人憎惡，我不知道仲弓是否仁者，但卻不一定要有口才。」可見當時的人很重視一個人的口才，甚至以此來衡量心目中的仁者，好像仁者欠缺口才，就是一種很大的缺失。看一個人的外在表現是容易的，但深入了解他的人格就是很難的。也只有相應深度的人，才能了解別人的深刻之處。

孔子之批評巧言令色的人，實在是有理由的。油滑的人輕浮，不知何謂偉大，更不知誠敬為何物。語言不但表達心意，而且就是心思的本身。言為心聲，語言就是靈魂的聲音。「仁」是「二人」，仁心就存在於人與人之間。人的關係主要由語言來維繫，當人真誠交談的時候，仁心呈現了。人與人之間的言說，交織成仁心，仁心就以語言為體。因此，只有人心存真誠，善用語言，才能發露仁心。一方面，語言屬於客觀境界的事物；另一方面，語言也需要主觀的工夫修養。《中庸》說：「修辭立其誠。」「立其誠」對於人格挺立是至關重要的，而其中「修辭」就是關鍵的工夫。偉大的人之所以偉大，不但在於誠敬，而且在於他們善於語言，並適時歸於沉默。

知者不失人，亦不失言

唐君毅認為哲學言說的最高境界是「當機成教」，即是在不同的觀點之下，把各種哲學言說，都視為針對相應語境的最勝之義，而所有相異相反的言論，無不可相輔相成，而應機設教。這就成為唐君毅的「哲學的哲學」。據唐君毅所說，這是有得於佛家的判教之論，而所謂判教，並不是各宗各派要爭箇高下，反是為各宗各派的言說，給予應有的位置。唐學之博大恢宏，就在於它有海納百川的勢態，意欲對天下學說皆作出肯定。然而，哲學系統仍有系統相，有系統相即會與別的系統互礙互爭。因此唐君毅指出，他的哲學系統雖然匠心獨運，不無精到巧妙之處，但在他心目中，哲學的終極之境，仍在銷融系統，不以某種言說預留於心，以成為言說的妨礙；卻要隨機應變，因事設教，而圓融無礙。這與一般著意於建立系統的哲學家，大異其趣，而頗接近古代中國哲人的心靈。這就是重視人的哲學智慧，而不在於述說客觀的哲學系統。

頗有一種哲學觀點，把語言抽空而脫離了具體語境，既不重視言說者，也不重視聞說者，又不重視語言溝通心靈的功能，而把這些句子視為客觀自存的真理。此外，哲學家又把這些句子演繹，使句子互相勾連而構成抽象的哲學系統。這種哲學系統就像空中樓閣，凌空而起，潛藏於天壤之間，似是自存永存，只待人去發現。比如黑格爾的邏輯學，就是思考思考的自身，是思考之在其自己，因而哲學家能從基本的純粹概念推演出其他純粹概念，而自成系統。這種視語言為客觀抽象的存在，於西方宗教哲學的傳統，樹大根深。《聖經》上說，神之創造世界，亦靠語言，比如神說有光，於是有了光；而太初有道，道與神同在，道就是神。此中所謂的「道」，就是邏各斯，亦即是聖言。邏各斯不但具有語言的意義，而且它是思想的理則，同時是存在的原則。存在之為存在，就是作為被思考之物而存在，而只有把東西講清楚，理則才能被發現。因為有了語言，世界才不致陷入一片混沌。也是因為如此，上帝才透過語言來創造世界。邏輯學就是研究邏各斯，亦即是聖言，亦即是上帝之在其自己。這就是視語言為客觀自存的實體的哲學觀點了。

中國哲人多不抱持這種語言哲學，而重視語言溝通人心的功能。人的言語往往是意有所指、因人而發的，因此我們不好脫離上下脈絡，而以抽象的哲學觀點，去看待一句說話。正如孔子的言論，往往是因時因地、隨事應機而說，因此不好把它奉為金科玉律，而不考察它的原意。語言既表達心意，屬於主觀境界；又能交通人我，互為主觀，而屬於客觀境界；而人與人之間的交談，亦可忘去說者與聽者兩端，而重視統一主客的整個仁心，而屬於絕對境界。所謂絕對境界，即是不重主體，亦不重客體，而是無主無客，只見仁心的透露，而這仁心又靠語言來溝通彼此，仁心就見於交談。語言的存在，既有說話的主體，又有聞說的客體，然而語言活動之本身，可不突出說者在說，聞者在聞，而重視二者之間的交通，而說者和聞者都融入交談之中，忘人忘我，無主無客，只重心思與心思貫通，終於觀成一大宇宙聖心。宇宙聖心就是由語言交織而成的精神現象。精神世界的構成，就是眾人在交談。所謂的交談，就是人我交通，仁心呈現之時。心思就是語言，心思之與心思交流，亦靠語言。宇宙聖心以眾心為心，它的載體就是語言。所謂宇宙聖心以語言為體，這好像與《聖經》中以道就是神的觀點相似，但重要的是，宇宙聖心之為物，建立在人我交通之上，而重視交談之中忘主忘客，而成就一絕對精神。

正是由於語言旨在交通人我，在真正交談的時候，仁心就會呈現，而心思就是語言，語言就是仁心的載體，因此孔子特別重視慎言的修養工夫。就在交談之時，孔子務求不作無益之言，但求貫通彼此的心意，所以他主張應機即說，不應即藏，我之說話就有如天心仁體透過我去說話，人之回答亦如天心仁體透過人去回答，在真正的交談中，宇宙聖心同時體現在人我之中，並通過語言去透露它自身。因為孔子重視當機成教，所以他說：

> 可與言而不與之言，失人；不可與言而與之言，失言。知者不失人，亦不失言。

可以與之交談而不與之交談，這是失人；不可以與之交談而與之交談，這是失言。智者不失人，亦不失言。孔子既珍惜與人交流的機會，務求不失人；又重視恰當地交談，而不白費唇舌。孔子認為說話必須應機，這就需要知人之智，同時需要自知之明。這就是既重主體，又重客體；亦忘主體，亦忘客體，而只有一片仁心呈現。忘掉彼此，斷絕對立，這就是絕對之境。

孔子教人以言默分寸，本身也是智慧之語，亦須要應機。在孔子的心目中，交通人我需要真誠，而真正的交談就需要智慧。這就可見在語言之道中，我們須要仁智並重。孔子之談論教誨，就有如宇宙聖心在談論教誨；而孔子之言歸於默，就是宇宙聖心之銷用歸體，潛存於沉默之中。其實，說是潛存也不好，宇宙聖心與言說者的言說，俱顯俱隱。仁心的載體既是語言，不好說交談之外，別有實體。我們就在交談之中體會仁心，也只好在無言之中默契聖心。絕對精神行進的歷史是一場漫長的交談，其中包括一切言說，也包括所有沉默。語默進退的智慧，深於全部邏輯學，深於一切宗教神話，乃至深於所有哲學系統的深刻。

孔子於鄉黨，恂恂如也

嚴羽《滄浪詩話》有言：

盛唐諸人惟在興趣，羚羊掛角，無跡可求。故其妙處透徹玲瓏，不可湊泊，如空中之音，相中之色，水中之月，鏡中之象，言有盡而意無窮。[12]

這是說盛唐諸位詩人注重引起趣味，有如羚羊夜宿，掛角於樹，沒有蹤跡可尋。因此它的妙處，在於透徹如玉石碰撞那麼清脆，不可聚合，如空中的聲音，形貌的色彩，水中的月影，鏡中的形象，言有窮盡而意義無窮。這就是講究寄言出意，無窮深遠。中國人的語言哲學，既重言說之溝通人心，又重於言說之盡處，令人迴環往復，透出意味，而達超言說之境。雖然意義可以在語言之外，就在於沉默空白之地方，但是意義就寄託在語言之中，我們總不能一無所說，而能表達意義。就算是詩人，也須要通過語言，來表現語言的窮盡之處。無跡無象，也必須先從有跡有象，才能興起人的心志，由言說達至超言說的境界。

12 嚴羽著；郭紹虞校釋，《滄浪詩話校釋》（北京：人民文學出版社，1962年），頁24。

孔子也曾說過自己不想說話了，而默會沒有語言的天，它令四時運行，萬物自生，而不作言說。然而，聖人也須要說過很多話，才保持沉默，否則仁心沒有辦法顯露，人們更不得其門而入。心思就是語言，但我們知道心靈更在思考之上，意義亦有出於言說之外的地方。這就是從語言去體會語言之所由生的本體了。語言是交通人我的載體，而它所承載的是彼此的心意。因此，在有語言的地方，就有人有我，亦能忘人忘我，而有心；但在語言窮盡的地方，也能有意。心不盡在語言，但更重要的是，亦不離語言。這亦是之所以在《論語》之中，孔子諄諄教人，暢發言論，就算是說上天無言而能化育萬物，亦通過語言。不通過語言，就不能透露仁心，也不能寄言出意，而達到超言說的境界。因此，一切否定語言溝通人我心意的學說，實在無有是處。沒有語言，這種學說亦不能存在。也許，這些人的語言能力就很差，才會覺得語言不足以傳遞心意。正如，我們不會見李白杜甫指責語言是不理想的溝通媒介。

孔子在日常生活中，也很喜歡說話，而通過語言，他表達了他的思想情感。更重要的是，語言不但成就了生活，更是一種生活的方式。孔子在不同的場合之中，對待各色人物，語言的態度都會有所不同。在《論語》之中，就有兩則文字記述孔子的言說態度，其中一則是：

> 孔子於鄉黨，恂恂如也，似不能言者。其在宗廟朝廷，便便言，唯謹爾。

孔子在鄉里間，溫和謙恭，好像不會說話似的。他在宗廟朝廷中，說話清楚明白，毫不含糊，只是極之謹敬。這可見孔子在鄉里之間，語言的態度是徐緩和順的，這表現了他的私人生活態度。此外，在宗廟朝廷之中，就語言閑雅謹嚴，這表現了他的公務生活。至於另外一則，是這樣記述的：

朝，與下大夫言，侃侃如也；與上大夫言，誾誾如也。君在，踧踖如也。與與如也。

孔子上朝，與下大夫交談時，和氣而歡樂；與上大夫交談，中正而諍言。君主在朝時，恭敬威儀，而又徐而不疾。這可見孔子靈活變通，不刻板，不呆滯，而他的人際關係應該是非常良好的。在《論語》之中，我們又可見孔子與朋友學生說話，能夠溫暖人心。林語堂論孔子的幽默，說孔子富有人情味。他又批評崔東璧說孔子稱病拒見孺悲，而又在屋內彈琴唱歌，使之聽聞一事為不可信，說崔氏「贊道之心有餘，而考證的標準太差」。他又說道學先生對孔子活潑潑的言行，大多不能了解。孔子的經學，也許很多人能學，而孔子的言行，又不是很多特立獨行的哲學家所能做到的了。

說到語言，孔子很重視珍惜，他的言談靈活多變，既能表達心意，又能切合對象。《論語》中涉及語言哲學的地方，大都平易近人，並無曲折精奇的地方。佛教徒說，人身難得，中土難生，佛法難聞。筆者就認為生而為中國人，懂得中文，能讀《論語》，就十分難得了。

中文其中一個的好處，就在於歷史文化的累積，經歷了漫長歲月，不少聖賢天才用中文來談論和寫作，這使中文的底蘊深厚豐富起來。我們運用中文，說出一言一語，寫出一字一句，都隱藏了不少思想記憶。這亦是文化心、歷史魂的所在。當我們再讀一次《論語》，或再講論孔子的教誨，孔子就鮮活起來，而如在眼前。漢儒也好，宋明儒也好，清儒也好，近現代的文人學者也好，只要他們一講論，孔子就在文化歷史的大流中呈用，而於文化心、歷史魂中不朽了。「仁」就是「二人」，仁就在人與人之間，當眾人心光互照，就交織成一個大的仁心了，終極來說，又稱「宇宙聖心」。語言就是宇宙聖心的載體。

總括而言，語言能表達心意，交通人我之心。語言不但負載訊息，而且帶有改變人的思想情緒的力量，能夠推動或停止人的行為，因而能改變世界。語言又能超過行為，冒出存在，而造成虛妄，因此孔子教人慎言，慎言自己所不能實證的事情，甚至是實證到了，才說出來。語言又是靈魂的聲音，語言就是心思，因此要修正心思，就要修正語言。孔子批評巧言令色的人，只因他們不能真實化自己，不知誠敬為何物。語言不但是仁心的表現，它就是仁心的載體。當人真正地交談，彼此感通的時候，仁就在他們的中間，宇宙聖心就呈現了。宇宙聖心以眾人之心為心。就在眾人心光相照，交織成一大網羅，無主無客，忘人忘我，那就是絕對精神了。雖說意寄言外，但是通過語言，與人溝通，心就呈用了。沉默固然重要，但人在回歸沉默之前，必須說出很多話。

十五　朋友

71 益者三友，損者三友

人在年紀很小的時候，就會有玩伴，而結識玩伴，這就是交友的開始。相信不少人的第一個朋友，都是玩伴。當我們走出家庭，在社會上結交陌生人，很多時都是為了找尋樂趣，而遊戲就成了連繫朋友關係的媒介。朋友之間的關係，不一定深厚，只有一面之緣的人，也可以結友，甚至從未見面的人，我們也可神交。相比起一般人，朋友至少引起了我的注意，在我的精神之中佔一定的位置，我會投放一定的時間或努力在他身上，哪怕是僅僅數分鐘。在茫茫人海之中，朋友突然來了，他們不只是一個擦身而過、面目模糊的途人，而是於我們心目中具有臉孔、有血有肉的相識者。朋友是從人群之中，走到我們面前，與我們建立存在關係的人。有了朋友，我們對於他人的理解不再是抽象的，朋友進入了我們的生活中，而成為了具體的人。

關係密切的朋友之間，可以具有深厚的感情，或者心存道義，甚或抱持共同的志向。但從淺近之處去說，朋友也可能只是一同尋找樂趣，或者有共同利益的人。我們不是石頭，不是封限於自身之內的存在，不能總是在其自己，人會走出自我，意識到他物，而成為存在之對其自己，甚至意識到他人，知道他人也是對其自己的存在。我們不好為「朋友」下一定義，但當我的精神停駐於一個陌生人身上，與他建立存在關係，那麼他就是我的朋友了。這是我們判別朋友的重要判準。因此，甚至是與我們對立，抱有敵意的人，也可以包括在廣義的朋友之中。也許你的敵人是你的知音，深刻的精神交流也能存在於敵對關係之中。比如司馬懿在敵陣中，遠遠看見諸葛亮，羽扇綸巾，風流儒雅，就不禁由衷讚嘆：「真名士也！」只要是在我們的精神世界中突顯出來，而成為具體的人，那就可以是朋友了。又如秦始皇讀韓非子書，大為欣賞，心生敬佩，存想他必是古代賢人，雖然未曾一見，但卻已神交，因此韓非也可算是秦始皇的朋友。況且從後來的政治作為看來，秦始皇是深深明白韓非的人，並且將他的政治哲學實現了，可見秦皇是韓非的知己，縱使他聽信讒言，終於把韓非害死。

我們走到社會上，與各色人物結為朋友，就是自我意識走出封閉，投放到他人身上，因而不只涉及個人的主觀性，更及於另一個主觀的意識，屬於客觀境界。雖然結交朋友是客觀境界的事情，但是這與自覺到人我都在天下事業中，成為間接統一的客觀意識不同。在天下事業中，我不必與人直接相交，甚至不知道對方是甚麼人，只知道我與他們都在社會上工作，因為客觀的天下事業而連結起來。在間接統一之中，人們面目模糊，只是存於抽象的推想之中。反之，我們對於朋友就有一定的了解。對於我們來說，朋友是具體的存在，至少他們與我之間，具有存在關係。有些朋友，我能夠親自看見他的面目；有些朋友，我知道他的意圖，或者了解他的利益和興趣；有些朋友，只是作為一個獨特的人格，存於我的心中。朋友多種多樣，有關係深厚密切的，也有關係淺薄疏遠的，甚至彼此之間不一定存在友誼。

朋友本是來自陌生人，而結識到怎樣的人，很多時不是我們的主觀意志所能自主的。至於我是否投放精神，與之深交，或者交往到甚麼層面，這在一定程度上，可以由我來選擇。因此，擇友、交友也有它的學問。這同時涉及知人之智與自知之明了。對於朋友的評價，孔子說：

> 益者三友，損者三友。友直，友諒，友多聞，益矣。友便辟，友善柔，友便佞，損矣。

「有益的朋友有三種，有損的朋友也有三種。與正直的人交友，與誠信的人交友，與博學多聞的人交友，就有益了。與矯飾的人交友，與工於媚悅的人交友，與巧言善道的人交友，就有損了。」據錢穆的解釋，矯飾的人與真誠信實的人相對，工於媚悅的人與正直的人相對，巧言善道而非真有學問的人與博學多聞的人相對。由此可見，人能結交益友，亦能結交損友。如果按照西塞羅所言，友誼只存在於好人之間，那麼並不是所有朋友之間都有友誼。因此，並不是所有朋友都值得我們深交，或者珍惜。投放時間與努力在才德淺薄的人身上，也許我們會得到快樂，甚至利益，但卻不會令我們進步，或者使人生過得更好。比起快樂和利益，友誼來得更為珍貴，它不但能使我們的境界更上層樓，而且令人生更圓滿。失去快樂或利益，也許是損失，但卻不妨礙我們過一種美好的生活，甚至於圓滿的人生無損。人生的圓滿境界，或哲學家所探討的最高善，就必須以得到友誼作為重要條件。

朋友之間不一定存在友誼，友誼與最高善有關，誰人想達到圓滿之境，並不是在物量上貪多務得，甚麼都擁有就叫做「圓滿」，而是達到人生之中最高的境界。中國人講聖人之道，西方人講德行與幸福的一致，甚至宗教家講天國，都針對最高善而言。哲學的最終目的就是向圓滿的境界邁進，否則就成了沒有舵輪的船，流蕩無歸。哲學家缺乏最高善的觀念，就如無主孤魂，飄盪於天地之間，流浪生死。至於，作為一個真正的人，也要為最高善而努力。雖然人們不及哲學家有自覺的反省，但是在他們心目中隱約都會想到如何才是圓滿的人生。友誼是甚麼？為甚麼友誼只存在於好人之間？友誼與最高善有何關係？關於這些問題，我們在以下幾節，還會詳細探討。

關於交友，人不能無所選擇，其中也不能沒有智慧。孔子說過，觀察一個人的行事動機，觀察他達到目的的行徑，觀察他的安心止息之處，這個人的人格還可以隱匿了嗎？錢穆指出，不但觀察朋友如是，觀察自己也是如此。在交友的過程之中，我們認識別人，同時也能認識自己。朋友就如一面鏡子，使我們更能了解自己。坊間關於觀人之術的書籍，汗牛充棟，卻不免失諸揣摩穿鑿，不及孔子智慧之扼要精簡，切實有用。至於，善於揣摩別人，而不善於自我反省，既不了解自己的心，又如何推己及人呢？不了解自己的人格，而意圖了解朋友，不是本末倒置了嗎？

72 可與共學，未可與適道

在人生不同的階段，我們會與各色人物結交，罕見有人到老還與兒時的玩伴保持密切關係。正如西塞羅所說，兒時的友情往往會與童裝一起被丟棄，就算人們把兒時的情感維持到青年，也會因為利益衝突、政見不同、性格改變等緣故，而令情感受到猛烈衝擊。這不是因為朋友關係就像物件一樣，會因時間變化而朽壞，而是我們的目的、意圖，或更準確地說是志向，會隨著成長而改變；所以不但是朋友關係，就連我們衡量自我與世界的觀點，都在轉變。因為精神在變化行進，故此我們的人生境界不同了。所謂的境界，就是看待自我與世界的觀點。因境界不同了，一切都會呈現迴異的意義。人們兒時天真爛漫，有的長大後野心勃勃，追逐名利；有的閑靜優雅，用心於精神世界；也有的胸懷天下，為客觀事業而奮鬥。人們的志向不同，對於人生的實踐也大異其趣，因此所重視的人物事情南轅北轍，不一而足。

人或多或少都會反思人生，即是對於人生如何是圓滿抱持一定的見解，對於「人」應該如何過活有自己的想法，因而對於各種具體事物，都自有判斷。正如沙特所主張，「人」沒有先天的本質，而在我們跨出的每一步，都透露著我們對於「人」的理解。作為一個人，我們願意怎樣行動、成為怎樣的人，就反映我們如何界定「人」的觀念。因此，每一個人都身負「人」的命運。用較為莊重的說法，就算我們沒有清晰的哲學反省，作為一個人，我們都趨向最高善，或至少對之作出呼應。在現實生活中，我們未必行善，但在義理上，作為一個人就會抱持「善」的觀念，即對事物具有善惡的判斷；而「善」不只是一個知識概念，我們對善的事物都會有所肯定，並決起而追求，因而人人都會向最高善步武。人要成為「人」。人具有良知，能知善知惡，因而也具有最高善的觀念。縱使那觀念因未經反省而模糊了，就如良知也有時黯淡而不分善惡。人生的實踐就是在最高善或圓滿的觀念之下而成，而哲學家的重大任務，就是對它作出反省。生命中的所有東西，包括朋友關係，甚至比朋友關係更難得的友誼，都在最高善的籠罩之下，而被人所理解。我之看待朋友是如此，朋友之視我亦如此。

在人生的不同階段之中，我們對於最高善的理解有所變化，或對於「人」應該是如何過活有差異的見解，所以對於所遇到的具體的人，都會有迥異的判斷。因此我們所密切交往的朋友，都會隨著精神行進而轉變。人生是精神行進的過程，事物的意義會隨之變化，朋友關係亦與之更新。因此，值得我們交往的，而為之付出精神與物質的朋友，都會因為人生階段不同而相異。孔子對此就深有體會，《論語》記載了孔子的一番說話：

子曰：「可與共學，未可與適道；可與適道，未可與立；可與立，未可與權。」

孔子說：「有人可以與他一起學習，而未可與他共同向道；有人可以與他共同向道，而未可與他比肩立足；有人可以與他比肩立足，而未可與他權衡輕重。」少年時的同學可以互相交流讀書心得，而因為大家的志向並未明確，所以未意識到彼此的人生道路迥異，但後來卻發現少年同學未必可以共同向道。就算大家都有心於仁道，但卻不一定都能立足於禮，因而比肩立足於天下。就算能夠比肩立足，守著一些大原則，但面臨事情變化的時候，對於事變的具體判斷都未必一樣，因此未可以與之權衡輕重。人生面對各種情景，都會有相異的判斷，這都因為志向改變，境界不同，而有不一樣的實踐。人心不同，各如其面。隨著精神行進，我們不但自我更新，對人的要求亦會轉變，而交往的朋友也會不同。這就是孔子之所以說出這番話的緣故了。

對於人生階段的變化，孔子不說愛好改變了，不說地位改變了，也不說物質需求改變了，而是指出朋友關係轉變了，因此我們可以反省到人的精神面貌隨時變化，境界也會不同。有些人日新又新，也有人原地踏步，更有人到了老年，於世間佔有多了，因而精神墮落，反不及年輕時。「人」並沒有先天的本質，正如不同的人，對於要如何生活都有相異的見解。雖然對於最高善，人們或多或少都會有普遍的理解，但就最高善所映照之下的特殊存在，以及特殊存在與普遍的「圓滿」觀念的關係，都會有不同的具體判斷。人之判斷力有高下之分，一方面因人的抽象思考能力相異，另一方面就算達到了普遍的原則，人對於特殊事物的機敏程度都會有所不同。世間確有天才，這不是常人所能及的。孔子多講聖人之道，這是普遍的，人人都可為此而努力，都可趨向最高善。但是我們同時要知道聖人也有才性，即氣質稟賦的一面，但就各種天資的人，他們都能就自己的生命氣質，而達到各自的圓滿之境，走出獨一無二的道路。正如同是黃金，就算斤兩不同，但不礙它們的成色精純。王陽明以此來比喻聖人之道。人生的成就大小高低各有不同，但就人們身處各種境遇，而實現仁心，甚且體會宇宙聖心，則殊途同歸。「仁」是「二人」，就體現於人我之間，因此當我感通他人之時，仁心就呈現了。當仁心擴充至極，達到感通天下，而成至大無外，上際於天，下蟠於地，入乎人間，出乎世外，知以藏往，神以知來，貫通古今四海一切之心，照明往來上下所有之物，就能呈現宇宙聖心了。聖境是最高善，雖不能至，但心嚮往之。就在實踐聖人之道，趨向圓滿的歷程中，朋友彼此相遇，而在你我的交通之中，我們不但實現仁德，而且宇宙聖心也在其中顯露端倪。因此，真正的友誼是人生圓滿之境的通道。當然，孟子說端倪有四，那是總持地說，實是變化多端，而友誼是最純粹的一種通往聖境的道路。人生不同階段會有各色朋友，但在各種朋友關係中，我們都應該嚮往友誼。但友誼就只存在於好人之間。正如西塞羅解釋，這是因為好人具有美德和善。也只有與最高善呼應，而與人成一和諧，宇宙聖心才會呈現。我們固然要立志，但只是主觀上的修持不夠，更不用說袖手談心的人。心就是向外投注，敞開自己，及於他人；能夠感通，不麻木的，就是仁心，而仁心也有程度大小強弱之分，至於實現仁心，至於盡致之境，就是聖心了。在友誼之中，人最能體會聖心。友誼就是聖道之所存了。

73

無友不如己者

西塞羅指出，友誼只存在於好人之間，這是因為好人具備美德與善，而友誼生於人對美德與善的愛慕。中國人喜歡說：「君子之交淡如水。」這是因為他們認為真正的友誼，不是由密切的利害關係建立，也不是由熱烈的情緒感覺築成，而是建基於淡然的精神交流。精神交流之所以是淡然的，是因為物質條件越是淡薄，精神關係越能彰顯。一般來說，人與人的關係都建立在經驗條件之上，比如父母子女、兄弟姊妹有血緣關係，而親愛之情由此而生。又如夫婦關係源於男女愛欲，緣此而生出相敬相愛的恆久之情。至於朋友，原初也可能因為共同利益或共同興趣而結交，然而一旦友誼建立起來，就可以超越經驗條件，而成為一種純粹關係。純粹關係不因經驗條件消失而斷絕，朋友之間沒有血緣，也可以不涉及愛欲，甚至忘記利害關係和共同興趣，而成為一種精神上的連結。真正的友誼就是一種純粹關係，因為彼此愛慕美德與善，而生出的精神交流。當然，友誼也有程度之分，有些友誼較純粹，有些則不然；正如我們神交古人，雖然好像是單向的仰慕，但是其物質條件較少，因而也較純粹，所以也是友誼的一種。

「君子之交淡如水」一句表示友誼純粹的一面，然而這不是說友誼不能容納其他經驗關係，正如夫婦也可以是很好的朋友，而建立深厚的友誼，不因貧富、生死、殘疾等情況而改變。朋友之間既能莫逆於心，又能適時在物質上幫助對方一把，那就更好了。友誼不因經驗條件改變而移易，不等於它排斥一切經驗上的關係。比如伯牙與子期因音樂而惺惺相惜，而子期是伯牙的知音；子期死後，伯牙碎琴絕弦。他們的友誼建立在音樂之上，但不因生死而改變，音樂只是交通彼此的媒介，伯牙甚至為友誼而放棄音樂。友誼固然建立在德行之上，而通過彼此交流，而呈現仁心，甚至透露宇宙聖心的端倪，但是仁也有它的物質媒介。從最顯淺的地方說，仁見於交談，而交談則必有言動視聽，託於聲音形貌。仁不只能是純粹的，而一定有它的載體。西方哲學擅於概念分析，比如康德分析「道德」概念，就排除一切經驗條件。雖然這可以振聾發聵，但道德又必須見於經驗行為，現實化於具體存在。這就是黑格爾由「道德」而進於「倫理」的理由了。「仁」是「二人」，仁心必須實現於倫理關係之中。對於呈現仁心來說，朋友關係比起其他倫理關係，可以來得更為純粹，而更能成就友誼。友誼最能表現仁心，乃至擴充至宇宙聖心。只因我們不但能友待天下的善士，更能神交古人，貫通古今四海的聖人之心，而宇宙心又以眾心為心。

朋友關係之中，又以師友關係最為純粹。師友是共同學道，一起追求圓滿境界的人。真正的師友關係是最純粹的精神連結。師之傳道、授業、解惑，不應是出於一己的偏見，而是聖道通過他來言說，因此學生對於不合理的地方，可以拒不接受，而只聆聽合乎道理的教誨。人師就是聖道的化身。在人之立志終必成聖的終極目的的倒映之下，一切言說道理的師友都是聖道的體現。先於我明白道理的人，我向他們學習；而後於我明白的人，我曉以道理。道理不是我一人可以私藏的，道是天下之公道，理是宇宙的真理。道理之所存，亦即是師友的立足點。因此，當我們談論道理的時候，重要的不是你我之間的私意如何，而是聖道如何呈現。宇宙聖心之透露端倪，不在主，亦不在客，就在彼此之間。當我們真正交談的時候，道理就顯現它自身，亦即是絕對精神昭臨彼此之上。因此，友誼不但是互相愛慕美德與善，而且是宇宙聖心的降臨與昭彰。

友誼就見於朋友從彼此身上學習道理，因此《論語》之中，很多地方記述了朋友與學習道理的關係，其中一則是這樣的：

子曰：「君子不重則不威，學則不固。主忠信，無友不如己者，過則勿憚改。」

孔子說：「君子不莊重就沒有威嚴，學習就不會固陋。行事以忠信為主，不要交不如自己的朋友，有了過錯，就不要怕改。」這裡值得留意的地方有兩點：其一是這幾句教誨不是散列的提醒，而是以學習道理為主題，貫穿不同的層面；其二是「無友不如己者」一句，須要好好理解。所謂「無友不如己者」，其中一種解釋是，結交才德勝過我的師友，不要結交及不上我、比我低下的人。這是講不通的。因為勝過我的人，也會因為我及不上他，而不願與我結友；而比我低下的人，我又不願與之結友；就是如此，我們難以結交朋友了。孔子曾經說過，幾個人在一起，他們一定有值得我師法的地方。他又教人「見賢思齊」，看見別人的好處就學習，看見別人的不足之處，就反省一下自己是否也是如此。可見孔子不重視與人比較才德高下，而著重從他人身上看見道理。因此不要以為朋友及不上自己，所有朋友都有我值得借鏡的地方。友誼就存在於好人之間，而所謂好人，就是立志學習道理，以趨向最高善的人。也只有立志實踐聖人之道的人，才會愛慕美德與善，而能成就真正的友誼。

當人與最高善呼應的時候，他能看出朋友身上的德行，也只有愛慕別人的美德與善，我們才能夠成就友誼。因此，在宇宙聖心的倒映之下，友誼就存在於好人之間。他們彼此愛慕，互相學習，視對方為道理的化身。友誼不是我的主觀意識所能主宰，它甚至不只屬於彼此意識之間的客觀關係。友誼就有如絕對精神之昭臨於你我之上，我們與之呼應，而成一和諧。當然，這絕對精神既不在主，亦不在客，但當二人交流道理，師友之間以仁相尚的時候，它就呈現了。雖然宇宙聖心不在我中，亦不在你中，我們亦不好說它就在它自己之中，是一獨立自在的實體；但是當我們交談，或彼此論說道理，而結成友誼的時候，宇宙聖心就臨在於你，亦臨在於我，也就在你我之間。「仁」是「二人」，就在彼此相遇，互相交通之時，仁心就呈現了。仁就是通往聖人之心的道路。

74 唯仁者能好人，能惡人

「仁」是「二人」，當我與你相遇，彼此交通，仁心就在我們之間呈現。人不是枯槁，人的意識必然投向外物，敞開自己，照亮他人，使世界澄明起來。人之意識外界，意識他人的存在，很多時不是冷智地知道了，而必然帶著價值意識，對人產生好惡之情。康德曾指出，比起思辨理性，實踐理性有其優先性。人首先必然是一個實踐者，他在生活上考慮與實踐有關的善惡問題，甚至與生存有關的利害關係，要比研究不帶價值判斷的純粹理論來得優先。人具備知善知惡的良知，而仁者又能對之有所反省，甚至自覺到最高善的觀念，並以畢生的努力去實踐，趨向人生圓滿的境界。人之具有仁心，因而能夠自主自決，並思考價值問題，自覺到價值意識。價值意識的一個特點就在於，它能分別善惡，因而仁者之認識他人，不只是知覺到他人的存在而已，而必然帶著好惡之情。這種好惡之情，不只是一種心理情緒而已，而是源自人的良知——知善知惡的良知。因此，孔子說：

唯仁者能好人，能惡人。

「只有仁者真正能夠喜好人，能夠憎惡人。」一般來說，人對於別人都會帶有喜好和憎惡之情，不過這些情感大多是任意的、飄忽的，甚至沒有經過反省，而不合乎道義的。

然而，由於仁者自覺一己的良知，反省到作為價值之源的價值意識，並對於為人處世的道理有恰當的思考，所以能夠恰當地喜好人，憎惡人。人之能夠喜好人，憎惡人，這些好惡之情都本於對最高善的肯定，因一切妨礙實踐最高善的人，我們都憎惡之；而一切有助實踐最高善的人，我們都喜好之。對於我們來說，也許一個人在某方面有助於實踐最高善，或更明確地說，充分彰顯宇宙聖心，使人達到聖境；而在另一方面有礙於實踐最高善，即令我們麻木不仁，封閉於狹小的存在之中。因此，一方面我們喜好這個人，而同時又憎惡這個人。子張曾問及如何辨別疑惑，孔子指出：「愛之欲其生，惡之欲其死。既欲其生，又欲其死，是惑也。」愛好一個人，就希望他可以長生；憎惡一個人，就希望他快快死去，而又希望他長生，又希望他死去，這就是迷惑了。可見一般人之喜好人和憎惡人的情感，是不合乎原則的，沒有經過反省的。至於仁者的好惡之情，是本於最高善的實踐，以感通為原則的，因而對於一切窒息感通的極端情感，仁者都會遠離的。這就是孔子說，只有仁者能好人惡人的理由了。

仁者結交朋友，也會對人有好惡之情，而對於朋友有所揀擇。仁者對人的好惡之情，不同於未經反省的人的好惡之情。仁者所懷有的喜好，不是一種偏愛；他所懷有的憎惡，也不是一種匿怨。仁者已然達到一種廓然大公的境界，能夠感通天下之心，所感通的就是人心所同然之處，就在於實現最高善，因而絕去一切閉塞麻木的私情。正如孔子也會憎惡人，但亦本於仁心。比如冉有作為季氏的家臣，為了主人斂聚財富，不理百姓死活，令孔子義憤填膺，將他掃地出門，並囑咐其他弟子大張旗鼓批判冉有。這大概是孔子的一次絕交了。又有一次孺悲來見孔子，孔子知道他是別有用心的。只因這個人一向就是鄉愿，對人沒有真誠，而只是一味模仿君子，做表面的工夫。孺悲來找孔子，是想利用孔子為他背書，以增加自己的名聲。孔子便稱病拒見，但又在屋內彈琴唱歌，使他聽聞在外，知道孔子憎惡他。孔子憎惡他人，是本於仁心，而孔子之愛人，也是愛人以德。比如他之愛好顏回、閔子騫、仲弓等，孔子對他們的德行都大加讚賞，予以稱許。這可見仁者能好人，能惡人。

友誼只存在於好人之間，只因好人愛好美德與善。這是一種合於道義的愛慕，或更清楚地說，這是一種與最高善和諧呼應的情感，而不是一種令人閉塞麻木的偏私。因此，對於真正的朋友，我們要真誠以待，真誠地愛慕他們的德行，而不要匿藏我們的私情。《論語》之中，就有這樣的記述：

子曰：「巧言、令色、足恭，左丘明恥之，丘亦恥之。匿怨而友其人，左丘明恥之，丘亦恥之。」

孔子說：「說好話，裝出討好的臉色，一副謙恭的樣子，左丘明引以為恥，我亦引以為恥。藏匿怨恨，仍友待其人，左丘明引以為恥，我亦引以為恥。」這裡有一點值得留意的。所謂「足恭」，有說是「過分謙恭」；但錢穆指出，《小戴禮．表記》云：「君子不失足於人，不失色於人，不失口於人。」《大戴禮》亦以「足恭」與「口聖」相對為文，因此這裡「足恭」應解作「從兩足行動上悅人」。所謂「巧言、令色、足恭」，就是對朋友不真誠，因此孔子深以為恥。而匿藏私怨而與人交友，也是不真誠的行為，孔子亦深以為恥。友誼既是朋友之間愛慕彼此的德行，故此容不下一點虛偽；亦由於友誼是人我感通，所以匿怨偏私是與友誼背道而馳的。締結友誼就必須出於真誠，否則不如絕交。絕交反而落得一個了斷，乾淨利落，而絕不扭捏拖拉。這才是君子所為。

只有仁者真正能夠喜好人和憎惡人，因他們的好惡之情合於感通的原則。因此，也只有好人之間，能夠締結友誼。也只有君子能恰當地處理憎惡，並與人絕交。管寧與華歆同席而讀書，後來因為華歆渴慕富貴，不能一心向道，而與之割席絕交。管寧就是以對方的心被富貴所閉塞，不能更有所感通，而麻木不仁，才與他斷絕友好的關係。管寧之能夠以道義自持，保持自身白璧無瑕，不但超出一個時代的人，甚至於古往今來都是難得的。這就是王船山推許他為三國時代第一人的理由了。

75
朋友之饋

友誼是精神上的連結，是一種純粹關係。雖然友誼超越經驗條件，不因經驗條件改變而消失，但是友誼也可通過物質而得以實現。友誼不但是精神上的交流，而且也可以通過物質上的互相幫助來成全。只是友誼不止於物質上的利害關係，但也不否定朋友之間甘苦與共。孔子曾經著學生各言其志，子路就說但願他的車馬和裘衣與朋友共用，壞了也不遺憾。當子路問孔子的志願時，孔子說，願老人安好，朋友互相信任，少年得到關懷。子路做了官，在物質條件上較寬裕，就希望能與朋友共享富貴。孔子則不但希望天下老人辛勞了大半生，晚年得享安樂，並關懷正在成長之中，尚未能自立的少年，而且願望朋友之間能彼此講求信義，保持良好的關係。朋友之間講求精神交流固然可貴，但是友誼也須要見於分享物質。分享也是忘我，並且是愛慕對方的表現。如果有人說與人交好，但卻不能分享自己的東西，這就是過不了物質這一關，因他把這點物質看得比朋友更重要。當我們執著於這點物質，我們的心關閉了。

當然，我們不能因為朋友有通財之義，就訂立一個準則來要求朋友，剝奪朋友。正如我們在談論財富時提到，一個人擁有資產，是他人格的基本防線。我們尊重一個人，在最初一步，就表現於保護他的資產，包括他所擁有的身體及生產之資，而不任意侵佔。對於我們私交甚篤的朋友，我們卻不能在財富上隨便了。一方面，友誼使人忘我，忘記自我的界限去追求仁道；另一方面，我們又要尊重朋友的人格，不能以混忘彼此為藉口，就侵吞朋友的財產。當朋友在財物上資助我們，當我們有能力的時候，就應該好好報答。真正的友誼不為物質所限，但不等於朋友之間不用互相尊重。況且，如果我們只接受朋友提供物質，而不能適時予以回報，那麼我們也是過不了物質這一關。那不是真正的友誼，只不過是利用朋友罷了。因此，所謂朋友有通財之義，那就必須有來有往，或至少接受的人心裡自我要求，終有一天報答朋友。朋友不要求回報，不等於我們不用報答。

對於朋友，我們可以不計較自己的付出，而在有需要的時候，對於朋友的幫助亦受之無愧。這是出於對朋友的信任。管仲在少年落魄的時候，也接受了朋友鮑叔牙的幫助。到了他名成利就時，就回憶對方的恩情，他說：「我窮困時，與鮑叔牙做生意，分紅多了一點，鮑叔牙不以我為貪，他知道我貧窮。我曾為鮑叔牙謀畫事情，卻使他更為窮困，鮑叔牙不以我為愚，知道時運有利與不利。我曾多次出仕做官，都被君主驅逐，鮑叔牙不以我為不肖，知道時運不利於我。我曾經三次上戰場，三次都逃跑，鮑叔牙不以我為怯懦，知道我有老母要照顧。公子糾失敗了，召忽殉職，我被幽禁受到屈辱，鮑叔牙不以我為無恥，知道我不拘小節，而恥於功名不彰顯於天下。生我者父母，知我者鮑叔牙也。」管仲就是如此接受朋友鮑叔牙的恩情，而毫無愧疚。一來鮑叔牙對朋友的無私付出，固然可貴；但管仲對於朋友的信任，完全接受，也很難得。這是之所以管鮑之交千古傳頌，成為友誼的典範。

孔子交朋友不但講求信義，也講究情感，而且互相分享物質。《論語》記載孔子如此對待朋友：

朋友死，無所歸。曰：「於我殯。」朋友之饋，雖車馬，非祭肉，不拜。

有朋友將死，其人沒有歸處，先生迎之來，說：「病中在我處寄居，死了在我處停柩吧！」朋友有饋送，除了祭肉，雖是車馬貴物，先生受贈都不拜。這裡所用的是錢穆的語譯。《禮記．檀弓》：「賓客至，無所館，夫子曰：『生於我乎館，死於我乎殯。』」錢穆指出，這與此一節所記應屬於同一件事，兩段文字當合看。《禮記》所謂「賓客」，指這個人從遠方來；而《論語》說「朋友」，指這人與孔子素有交往。當時那人病危，孔子便叫他來家中休養，死了便在家中停柩。這可見孔子對於朋友的疾病危難，會盡力幫助。他不計較物質，而施以援手，正是因為朋友有通財之義。至於朋友饋贈，孔子亦欣然接受，並且受之無愧。除非是朋友送來祭肉，為了表示尊敬他的祖考，如自己的祖考一樣，縱然是車馬那樣貴重之物，他都不拜謝。因為朋友既然分享他的東西，那就不必拘謹，也不用客氣了。拘謹客氣反而見外。這可見孔子重視朋友之間互相分享，彼此沒有隔閡。

總括而言，朋友從人群之中走出來，與我們結交，我們的精神投注到朋友身上，朋友使我們對他人的認識，由抽象變得具體。朋友再不是面目模糊的眾人，而是在我們心中具有精神面貌的人。我們了解朋友的興趣、利益，也了解他們的心思情感，甚至彼此的精神連結起來。朋友之間不一定存在友誼，友誼只存在於好人之間。好人愛慕彼此的美德與善，只因好人就是立志向道，而追求最高善的人，好人能從他人身上學習道理。友誼就是聖道的顯示，而在友誼之中，朋友就是宇宙聖心的臨在。在友誼之中，絕對精神降臨於你，亦降臨於我，就在你我之上彰顯。由於在不同的人生階段，我們都有不同的志向，而對於最高善或人生圓滿之境都有相異的理解，因此對於事物的具體判斷都會不一樣，所交的朋友都會有所分別。友誼不受經驗條件所限制，但友誼也須要通過互相幫助，甚至分享財富來表現。深厚的友誼除了講究朋友之間真誠的情感關係之外，朋友更有通財之義。這就是子路和孔子樂於與朋友分享他們所擁有的東西的緣故了。

十六　疾病

叔本華指出，疾病無疑是美滿人生的一大障礙。在染病的日子，我們會特別想起沒有病痛的歲月，彷彿平凡無奇的時日，都是金光燦爛的幸福時光；而一個健康無事的乞丐，要比一個身患惡疾的國王，更值得羨慕。雖然對於幸福是甚麼，可能因人而異。然而，審慎的人決不會用健康來換取感官快感。感官快感虛幻易逝，而疾病痛苦卻是如此真實。比如患上牙痛，卻會令我們的生活品質大大下降，而所得的幸福失色不少。經營健康，避免病痛，而不是追求快樂的人，更懂得幸福之道。幸福不是一個積極的概念，我們並不真的能得到甚麼實質的東西，反之我們只能小心規避禍患。若說我們能追求幸福的話，那麼這是一個消極的概念，我們要謹慎我們的言行，首先是不要令自己陷於病苦。因此，就算從精審原則的角度來說，我們要趨利避害，也要一定的德行，即道德實踐。而道德實踐也包含著改善存在，潤澤生命的願望，因此不能不期望配得幸福。幸福不可以只是抽象的概念，福德一致首先實現在我們的身心健康之中，因而涉及具體的實踐。

仁道就涉及具體的實踐。孔子的仁，從來就不是抽象的、脫離現實的東西，它甚至好像沒有把幸福從原則上與道德分別開去，仁就是生活之道。仁道不但通向最高善，使人達到圓滿的人生境界，而且是貫穿生活的小節，是切實可行的實踐哲學。孔子說君子沒有一頓飯的時間違反仁，倉促也如是，顛沛也如是。我們就在吃飯之中實踐仁德，就在睡覺、穿衣、閒居之中實踐仁德，仁德都不離這些具體的東西。因此，我們讀《論語》，不好把「仁」化為抽象的道德原則，說它是「道德我」云云，而要深入箇中的生活之道。這就是《論語》之所以多記述孔子的生活小節，但卻為後世哲學家所忽略。不是真懂生活之道，任憑你以概念分析來說明仁，若不能涉及具體存在，不知道仁有潤澤生命存在的功用，那就是偏枯之教。孔子重視廣大的生活之海，並且要在吃飯、穿衣、睡覺、閒居之中，追求人生的圓滿之境，實現那最高善。要是明乎此，我們才能理解《論語》的那些內容，而不像哲學學者之以濫調套語，把孔子的仁學混過去了。牟宗三說佛經的內容豐富，處處啟發人心，不似論藏之專精，這亦可以用來說明《論語》與後世的哲學論說的情況。

由於疾病是人生幸福的一大障礙，因此孔子對於預防和治療，就非常小心謹慎。就算我們實踐仁道，要客觀化自己，在社會上工作，為天下事業而努力，也需要強健的體魄。雖說在疾病之中，孔子也有他的仁道實踐，但健康之於仁道，卻不能不說是非常重要。無論對於幸福來說，還是對於道德來說，我們要避免疾病痛苦，也需要一定的修養工夫。《論語》指出了孔子對於疾病的態度：

> 子之所慎：齊，戰，疾。

孔子之所慎重的，就在於：齋戒、戰爭、疾病。齋戒與祭祀有關。對於鬼神，人要心存誠敬。這不但與個人的禍福攸關，而且跟自己的修養攸關，因此不能不謹慎。至於戰爭，更是國家大事，事涉集體的存亡，因此也不能不重視。疾病就涉及生死禍福的重大課題，我們更加要小心經營，慎重其事，不能掉以輕心。學者讀《論語》容易把這句話輕忽了，但錢穆就因為讀了這番說話而十分警惕，他在快要感冒時，就想到自己修習儒學，要在此時下工夫了。這可見錢穆實在是深諳孔子之道。

孔子對於疾病的慎重，就見於他在平日生活中的講究。首先是他的飲食之道。孔子對於飯食魚肉等主食，會精細講究。食物因濕氣而餿臭，魚肉腐敗，孔子是不食的。食物變了色，不食。發出惡臭，不食。火候不足，不食。物非其時，不食。肉割不正，不食。所用醬料不適當，不食。從外面買來的酒肉，不食。吃肉不過多，飲酒不會醉亂。吃飯之後不立即徹去薑食，亦不多食。公祭的肉由於分賜時已經過一兩天，所以不隔夜食用，或者及時分給別人。家祭的肉不出三天便吃掉，過了三天便不食。吃飯時不會說話。對於粗食、菜羹、瓜類等，臨食前也必祭，而且十分恭肅嚴謹。此等種種，都可見孔子對於飲食之道的謹慎，而貫徹「無終食之間違仁」這句說話。孔子也有他的穿衣之道。孔子因為祭服是天青色的，而三年喪期的練服是青紅色的，所以不用這兩種顏色來作領和袖的邊緣。孔子居家時的便服，不用紅色和紫色，因為這不是正色，而是間色。夏天會穿麻布單衣，外出時必定加上外衣。他穿上上衣時，顏色會跟裘毛相稱，黑衣襯羊皮，白衣襯鹿皮，黃衣襯狐皮。在家時的皮袍做得長，以便保暖，但手袖做得短，以便工作。睡覺時必有寢衣，長度及膝。以狐貉的厚皮為坐褥，取其毛深，溫厚適體。除喪之後，腰帶上會佩上玉器。除了上朝祭祀用正幅帷裳外，其餘服裝，總是斜裁縫合的。弔喪不穿黑羊皮衣，不戴玄色冠，因為那是吉服。每月初一，穿上朝服入朝。這可見孔子穿衣不但為了保暖適體，也講究顏色配搭，還視乎禮義，可見穿衣也有仁道。至於孔子睡覺，不會大攤，像具死屍一樣挺直仰睡；反之，他會「曲肱而枕之」，側臥而睡。這與佛陀的睡姿不謀而合。佛經就稱右側臥為「吉祥臥」。吉祥臥不但養腎，也有利心臟排血，亦使右腹肝臟處於低位，易於供血，還因為幽門向右開而有利養胃。可見聖哲也有聖哲的睡相，睡覺也涉及正道的實踐。另外，孔子閒居的時候，不像出門或待客時那樣拘謹，總是泰然舒適，怡然和悅。此等種種，都與人的身心健康有關，而我們不能不加以重視。

仁是一種實踐之道，它不但緊扣生活小節，而且改善存在，潤澤生命。因此，實踐仁道與健康有密切的關連。保持身心健康不但與幸福有關，而且是一種道德實踐。孔子說過，智者會快樂，而仁者會長壽。快樂與長壽，不是一種我們所得到的物品，就像財富一樣，而是深根於我們的德行，是一種切實踐行所具備的境界。我們通過身體去實踐仁道，呈現仁心，因而仁心不能脫離生活而別求，它就呈現於我們的生活之中，這就涉及生命存在的問題了。生命存在與心靈境界，固然可以分別地探討，但一旦落於實踐層面，身心就不能真的如概念探討一樣，截然二分。所謂的仁心，就見於舉手投足之間，而實現於言默行止之中。因此，仁者能夠好好地過他的生活，就在他追求最高善的時候，就能或多或少地實現圓滿之境。仁不只是目的地，也不只是實踐的動機，它就存在於實踐的過程之中，因此又叫作「仁道」。

77 丘未達，不敢嘗

唐君毅以一頭無耳無目的大怪物比喻病痛，牠會吸食你的意識，就在病痛的時候，除了病痛之外，你難以再集中精神到其他事物之上。當你想盡力分心不去注視痛苦的時候，它又會把你的意識吸回來，沉入痛苦之中。除了痛苦之外，還是一片痛苦，你不能感通外物，仁心便黯淡下來。每當意識要投注出去，疾病都使它麻木。就在痛苦之前，哲學家平日所講的超越性都崩潰了。耳目都失去它們正常的功用了。仁心躍動不起來，意識被封閉在一片苦楚之中，或者說意識就是一片痛苦，又或者更準確地說，沒有意識，只有一片痛苦。疾病對於哲學家是一場大考驗。他們的哲學儘管說得冠冕堂皇，但面對疾病，就會武功盡廢，也只有捱過疾病的哲學，才是真正的哲學。因而抽象的哲學是靠不住的，就算是存在的哲學，也止於描述人生的實況。也許，我們需要的是一套實踐哲學，幫助我們實現仁道，就算在病痛疾苦之中。

病痛使人麻木，使我們封限於苦楚之中，不能對世界敞開自己，也不能把精神投注到他人之心。當然，人之尊，就在於心之靈。惡疾使心滯而不運，不能更有所靈。我們所能做的工夫，就是意識，並自覺到這一些。我知道我在痛苦，這個知道很重要。我們在痛苦，還有一個「知道」是不痛的。就在我們思考時，我們盡力對抗痛苦，使意識不整個地沉入疾苦之中。其實，我們只能思考，知道這個「知道」，但我們的意識還是會被痛苦所黏住，就如陷在泥沼中的人不能脫離，而只能要求不陷得更深。心靈的超越性不能輕易地講，但當我們思考我們的困境，就會同時發現超越性與實存性。我們知道痛苦，還知道「知道」。但這一切還可以只是一場思想的遊戲而已。病痛擊潰所有不扎根於實存的哲學。可以想像，萊布尼茲在痛苦的時候，他的最好可能世界理論，並不能給他安慰。我甚至懷疑朱熹的理學，其中所講的客觀天理，在他病痛之中，又是否能幫助一二呢？也許他們在個人主觀上，都有深湛的實踐工夫，但這都與玄思沒有必然的關聯。也許，我們在疾苦之中所能做到的，就是關心一下他人。雖然我們的意識為痛苦所侵蝕，但仁心的本性就是關心他人。這又特別見於人在病痛之中，會顧念身邊的人。就如父母會繼續關心子女，子女想念父母，朋友記掛朋友。就是疾病止息了一切妄念，把平日瑣碎的事情排除，這時生命中最重要的事物就突顯在我們的心中。人注定是倫理的存在，人心總是投向人心，也只有在倫理的關係之中，仁心才能真正呈現，人才能不麻木。只有感通他人，仁心才不致於枯死。當然，病痛會斷絕我們的社交關係，但只有我們心存他人，就這麼的一念，便能令心不陷入麻木的狀態。

在疾病之中，人心的麻木不仁，在最顯淺之處，就表現為藥石亂投。人們身患惡疾的時候，總希望抓住救命的稻草，因此期盼奇蹟出現。病人在正規醫療之外，寄望於另類療法，甚至相信一些偏方，希望藥到病除。重要的不只是病人事實上相信了甚麼偏方，而是他們願意相信。他們之所以願意相信，不但是知識不足的問題，而且是他們除了急於解除痛苦之外，一無所見。人總是缺乏知識的，人的所知遠遠及不上他所不知，但是病痛使人麻木，沉入一片痛苦之中，而對於道理不能更有所意識。就在病痛之中，只要我們一念不陷溺，都可視疾病為我們心性的磨鍊。痛苦使我們修心養性，教人不至於自我膨脹，目空一切。病痛令人精神收斂，止息過多的欲望與野心，使流蕩的精神收攝回來，集中在重要的事情之上。因此，在苦楚之中，人要保持感通，首先就要對於病痛有所覺察，而不好藥石亂投。《論語》有幾則文字記載了孔子在疾病中的情況，其中一則是這樣的：

康子饋藥，拜而受之。曰：「丘未達，不敢嘗。」

季康子給孔子送藥，孔子拜謝接受。他卻說：「我未了解這藥的性質，不敢嘗試服用。」也許孔子都懂一點藥理，才會強調他不了解藥性，因此不敢亂服。一般人未必精通醫學，但現在資訊發達，我們對於醫生用藥，還是可以多作資料搜尋，了解一下藥性。就在宋代開始，書籍印刷發達，一般讀書人都能稍涉醫理。比如金元四大家之一的朱丹溪就自學成材，並寫了一部題為《格致餘論》的醫論，指出了當時醫學上的一些誤區。我想以孔子的好學，若能接觸醫書，他都會勤學苦讀的。因而在疾病之中，他也能保持警醒，不會藥石亂投，也可避免自己為庸醫所誤。朱丹溪在書中，就記載了伯父因誤服春宣丸而身亡的故事。當時的俗醫以為醫書上的「春宣」，是指趁春天到來服食瀉藥，把積滿病蟲排出，於是用牽牛、巴豆、大黃、枳殼、防風等製成藥丸，名之為「春宣丸」。他的伯父形肥骨瘦，在五十歲時輕信流俗之言，於春三月服用春宣丸數丸，每年如此，至五十三歲時，於盛夏初熱之時，無病暴死。只因在春天之時，陽氣上升，有病宜吐，所謂「宣」就是自上召下的意思，何況《傷寒論》早就指出春天宜用吐法。春天陽浮於上，陰弱於下，再行瀉泄，就是戕賊其陰，所以他的伯父才會無疾暴斃。流俗世間，人云亦云，醫藥資訊亦然。在絕大多數的經驗知識，包括醫藥，我們最好都是訴諸權威。關於宣劑，現在流俗還有很多爭拗，這都是因為不讀書之故，而另一位金元大家張從正在《儒門事親》之中，所論甚詳，早成定論。可見儒者也要讀一點醫書。「儒門事親」一題，就涉及具體存在，也涉及仁道了。

仁德涉及具體的操持，並能夠改善存在，潤澤生命。就在病痛之中，我們要保持警惕，仍然要實踐仁道。如果我們提撕仁心，與最高善呼應，不忘實踐聖道，以趨向圓滿之境，那麼一切疾病痛苦，都可以成為心性的磨鍊，而對我們的才德有所增益。孔子的仁道，使實踐者順適暢調，就算在疾苦之中，也有他該有的福分。這一切都源於圓滿之境。在宇宙聖心的倒映之下，一切困苦都不致令人絕望。我們心存希望，希望仁心擴充至極，達於宇宙聖心的圓滿境界。就是因為心存希望，我們在疾病之中，不但得到安慰，而且能夠呈現仁心，而不忘他人。仁德不但涉及心靈，而且涉及存在，尤其實現在舉手投足的生命活動之中。最高善不是實踐以外之物，它就是實踐活動的品質。就在病痛之中，我們也能實現最高善。

疾病中的人另一種麻木不仁的表現，就是把惡疾訴諸鬼神。我們不能說相信鬼神的都是迷信，而要視乎人對於鬼神的態度。也許一個人平日相信鬼神，態度冷靜，然而一旦病了，就陷入荒亂之中。人在困苦之中，總是感到無能為力，就會設想鬼神能主宰人的生死禍福，因而將一切都交託鬼神。我們不好一口咬定世上沒有鬼神，也不好視一切宗教信託都是迷信。但當人面對自己的困難時，不自求多福，不盡一己的道義，而完全依賴鬼神，這就是麻木不仁了。在眾多宗教之中，筆者就十分欣賞道教。雖然道教的多神論被知識分子視為淫祀，又多受一神教，特別是基督教的神學家所批評，但是道教徒不視世界為某一神靈所主宰，而在眾神之上，崇信自然之道，並認為自然之道不為任何意志所移易，這卻是十分客觀明透。再者，道家文化固然有不少糟粕，但卻博大精深，包含很多經驗上的智慧。雖然表面上道教徒好像十分迷信，但是他們卻不廢人事上的努力，而講究人的德行，不似某些宗教徒宣傳「因信稱義」，而又真的忽略人的本分。

雖然道教徒崇尚法術，而一些法術是安慰人心的掩眼法，但卻具有一定的經驗智慧。譚志基老師就曾告訴筆者，東漢末年道教徒以符水治病，確實是有效驗的。這是因為古代用的是植物染料，道符黃色本由黃蘗染成，而黃蘗又是退熱治病的特效藥，因此道符浸入水中，黃蘗染料一經溶解，即成一碗濃縮藥水。病人服用了特效藥水，就算不能藥到病除，也能轉危為安。黃巾軍之所以如此聲勢浩大，多靠治病效驗。若一律以迷信視之，就會錯過了它的醫學原理。於十多年前，譚老師曾贈給筆者一些自製的甘草黃蘗粉，藥粉中除黃蘗外，加入了炙甘草緩和寒性，又加入了冰片強化走竄之功，該藥粉不但能消炎退腫，又能令傷口愈合，善於發揮黃蘗藥性，實在是別具匠心。因此，我們對於道教的經驗智慧，不能一筆抹煞，而有關鬼神治病，亦只好姑妄聽之。又如祝由一科，亦有它的道理。徐靈胎在《醫學源流論》中，指出祝由能移精變氣，但古法不傳已久，亦可存而不論。

另外，古代又將精神病視為鬼神作祟，姑勿論是否真有鬼神，孫思邈就病論病，而總結了前人經驗，在《千金方》一書中提到「鬼穴十三針」。是鬼病也好，是精神病也好，病理上一律斷為風邪入侵。「孫真人鬼穴」有十三個，有鬼宮、鬼信、鬼壘、鬼心、鬼路、鬼枕、鬼床、鬼市、鬼窟、鬼堂、鬼藏、鬼腿、鬼封。此外，孫思邈又提到其他鬼穴，有鬼祿、鬼穴、鬼城、鬼門、鬼邪、鬼受、鬼客廳等。《千金方》又提到：「凡諸百邪之病者，源起多途也。其有種種眾相，示表癲邪之端而見其病。或有默默而不聲，或復多言而謾說，或歌或哭，或吟或笑，或眠坐溝渠，噉食糞穢，或裸形露躰，或晝夜遊走，或嗔罵无度，或是蜚蟲精靈，手亂目急。」[13]此等種種描述，大體類似於當代醫學所謂的精神分裂症。對於這種鬼病，孫思邈就用防己地黃湯來治療，方中使用了防己、生地黃、桂心、防風等藥物。另外，對治鬼魅，孫思邈就用四物鳶頭散，方中有東海鳶頭、黃牙石、莨菪子、防葵各一分。這四味藥研成細粉，過篩，酒服方寸匕，飲之能令病人「見鬼」。再加防葵一分，可以令病人「知鬼主者」。雖然我們不能因針灸藥物能治鬼病，就否定鬼神作祟，但是就算真有鬼病，在原則上，甚至在技術上，我們也能以經驗智慧加以處理。其實，如果鬼神存在，也是屬於經驗界的事物，筆者相信科學家之驗證鬼神存在，是遲早的事，那是經驗上可能的事情，只差一些科學技術而已。

面對疾病，我們不好放棄客觀理性，而完全依賴鬼神，陷入迷信，致令麻木不仁。孔子一生講習仁學，到了疾病關頭，仍然不忘提撕仁心，《論語》有一則記述了孔子對於禱告的態度：

> 子疾病，子路請禱。子曰：「有諸？」子路對曰：「有之。誄曰：『禱爾于上下神祇。』」子曰：「丘之禱久矣。」

13 曾鳳校注，《新雕孫真人千金方校注》（北京：學苑出版社，2012年），頁244。

孔子病了，子路請求為之代禱。孔子說：「有這樣的事嗎？」子路回答：「有這樣的事。誄文上說：『為你向上下神祇禱告。』」孔子說：「我已禱告很久了。」孔子婉拒子路代禱的請求，而說自己禱告已久，其實是表示自己一生踐仁行義，敬天憫人，並不會麻木不仁；若有上下神祇，也會福祐自己，因此不必另作禱告了。孔子沒有否定子路的善意，只因關心病人也是仁的表現。他也沒有否定上下神祇的存在。仁就是對世界敞開自己，因而對於上下神祇亦不會麻木，而能感通。若然麻木不仁，一念沉溺，唯鬼神是事，則令仁心黯淡，違背聖道。所謂聖道，就是擴充仁心至極，達至宇宙聖心的圓滿之境，這種境界又稱之為「天」。天包容覆載，廓然大公，仁心通達至於天德，那又稱之為「天心」。天德流行，謂之「天道」。天心就是無心之心，即不為私意偏見所左右之心。孔子心存天道，曾經說過：「獲罪於天，無所禱也。」這就指出了心不能麻木不仁，也只有在天道之下，人才能有所禱告。

由於無知，人才將鬼神之事神秘化，就好像原始人不理解自然現象，而對之產生懼怕的情緒。在疾病之中，人們求助無門，就會求之鬼神，這也無可厚非，孔子亦不反對。但在疾病之中，孔子仍然提撕仁心，而不陷溺於不可知的鬼神。他不否定鬼神的存在，但不求助於鬼神，不將自己的生死禍福寄託於其他個體存在。因為若然鬼神存在，也不過是與我們狀態不同的個體存在。祂們的智慧能力或高或低於我們，但在天道的覆載之下，人與鬼神都須各正性命。鬼神之善惡高下，當似人心不同，各如其面。道教徒之尊奉神靈，亦視乎其智慧與威德，此所以道教不同於淫祀。重要的仍在於仁心，仁是實踐最高善，通向人生圓滿之境的道路，因此不可或忘。君子無終食之間違仁，包括在困窘之中，以及在疾病之中。保持感通，而不麻木、不陷溺苦痛之中，就是疾病中的仁道了。

79

吾誰欺？欺天乎？

「天」在古代漢語中，可以指天空，也可以指自然界，但在《論語》之中，應該指絕對精神。因為當我們認識天空，或自然界時，只要我們的心一感通，仁就會呈現，所以仁不但是心的客觀化表現，而且仁就在認識與對象之間，就在主客之上，而為絕對精神。仁心的擴充至極，就是「天」，或叫作「天心」。就其是絕對的，我們叫作「天」，就其作為精神的，就叫作「天心」。當我們從人生實踐的圓滿境界，就最高善來說，它也可稱作「宇宙聖心」。《論語》中有「仁」、「天」、「聖」等觀念，筆者強調這些都是精神實現的境界，而稱「仁心」、「天心」和「宇宙聖心」。其實，孔子並沒有點出「心」的觀念，但就其是活動的、精神的、境界的，而且是實證的，筆者效法吳明老師，指出孔子之「心」。觀乎孔子之不將人的精神活動作對象化的討論，而是當機成教，教人勤勉踐仁，並不提出「心」的觀念。但是筆者為方便討論，就用了「心」的觀念。這是筆者的論說之所以富哲學意味，而異於孔子的平實樸素。富哲學意味，則能作思想推演，道出儒家的精彩；平實樸素，則博大厚重，意蘊豐富，藏而不發，但規模已具。筆者的工作目標，就如金聖嘆之於《西廂記》、脂硯齋之於《紅樓夢》，但願能一新耳目，道出《論語》的精彩之處。雖不能至，心嚮往之。

孔子畢生所學在仁，即在於感通，而不麻木。所謂「智潤思，德潤身」，仁學既以最高善為目標，旨在實現人生圓滿之境，仁德就能改善存在，潤澤生命，仁道就是通向宇宙聖心的圓滿境界的道路。不是說在實踐之外，另有一個圓滿境界，而是在仁道之中，自能一步一步實現這個圓滿之境。仁就是生活之道，德行貫穿一切生活小節，而為宇宙聖心的圓頓呈現。就算在疾病之中，或災禍之中，有德者都配有一種道福。這不是因為紅福不易得，才說道福，而是紅塵滾滾，不是精神真正安頓之處，仁道才是人心的歸宿。心存上天，懷有希望，可使人在疾苦之中，仍然不憂不懼，生死安然。因此，君子在疾病中仍然用功，一方面磨鍊自己，另一方面受用無窮。仁道是具體的實踐之道，人須要在倫理世界中實現自我。這是之所以孔子在病痛之中，仍然不麻木，不但實踐仁道，而且心存天道。在《論語》之中，就有這樣的記載：

> 子疾病，子路使門人為臣。病閒，曰：「久矣哉！由之行詐也，無臣而為有臣。吾誰欺？欺天乎？且予與其死於臣之手也，無寧死於二三子之手乎？且予縱不得大葬，予死於道路乎？」

孔子病重，子路派遣門人充當家臣，籌辦喪事。待病情減輕，孔子說：「我病久了！子路竟然做出欺詐的事來，我已不是大夫，而不該有家臣，卻裝作有家臣。我欺騙誰呢？要欺騙上天嗎？況且與其叫我行欺詐而死於家臣之手，不如死於學生之手？況且我縱使得不到大葬，難道就會死於路旁嗎？」孔子這次病重，應在返回魯國的道路之上，因此孔子才會有他死在路旁之語。至於當時孔子已不是大夫了，就不當用大夫的禮，但子路崇敬孔子，才會以大夫的禮來籌辦喪禮。錢穆指出，當時「禮不下庶人，刑不上大夫」，孔子作為士人，是新興階級，所以他要怎樣治辦喪事，於古禮無據。但孔子顯然認為士人用大夫的禮，是僭越的行為。待孔子病情減輕，稍為有所意識，知道是甚麼一回事，就教訓子路，又提到「天」。孔子心存敬意，念念不忘，他的一言一行，就在絕對精神的籠罩之下。就算病重，也不能違反人倫禮義，都要踐仁知天。在危難之中，孔子誠敬以待，一念飽滿，即能無所憂懼，而常存希望。杜斯妥也夫斯基在《白癡》中，透過主角梅什金公爵扣問：痛苦是否只是沒有意義的忍受呢？他旋即又指出在羊癇發作的時候，他達到了一種狂喜的狀態，這時他覺得自己是最接近上帝的；因此，以人生所有的苦難來換取這一刻，也是值得的。小說的靈感可能來自《古蘭經》，因為根據記載，當穆罕默德發生神秘經驗，接受真主之言時，他就會羊癇發作。這種狂喜狀態，伴隨著一種病態的痛苦，箇中滋味又非外人所能體會了。然而，值得留意的是，只要能達到神聖圓滿之境，杜斯妥也夫斯基認為一切疾病痛苦，都有它的正面價值，因而是被肯定的。換句話說，只要心存天德，在宇宙聖心的倒映之下，人在疾病中仍可懷有希望，而這就涉及「道福」的觀念了。

雖然牟宗三沒有直接提出「道福」，但在《圓善論》之中已涵蘊了這觀念。他指出，孟子說：「生於憂患死於安樂」，這是一警戒之格言，表示人必須於缺陷之中精進不息，在困苦中奮鬥，在事上磨鍊，生死是指實踐中的價值生命是否立得起而言，立得起就可以提攜自然生命而使之歸正並使之一代一代繼續下去，否則自然生命可順其自然而泛濫以至加速被淘汰。牟宗三又指出，張橫渠說：「富貴福澤將厚吾之生也，貧賤憂戚庸玉汝於成也」，富貴福澤若有德以提之就是「厚吾之生」，否則就是「宴安酖毒」了。雖然「玉汝於成」也不必能令你有富貴福澤，但福以德為條件，若堅心行善而不動搖，則終必致福。筆者認為長安紅福不足道，人生當追求更高的道福。仁道之所以能終致人生的幸福，這就見於仁德可改善存在，潤澤生命。論流俗所追求的紅福，孔子未必及得上帝王將相，但論高貴生命所配享的道福，則孔子應該達到圓滿之境了。沒有紅福，不礙人生的圓滿；若然沒有道福，那就使人生得不到基本的安頓了。

人應該努力實踐德行，規避疾病，只因疾病構成美滿人生的一大障礙。孔子的仁道，貫穿吃飯、穿衣、睡覺、閒居等生活小節，正如他所說的「無終食之間違仁」。提撕仁心，足以提攜自然生命，使之不致自暴自棄，而陷於困頓。然而，若在疾病之中，則須要警惕病痛之令人麻木不仁。一念陷溺，忘失聖道，仁心亦黯淡起來。人心要是與自然生命一起滾下去，人生就要崩潰了；反之，提撕仁心，仁心就能改善存在，潤澤生命，使之生生不已。疾病固然令人難過，但我們在痛苦之中，仍然須要學習道理，努力向上，止於至善。只要人懷有最高善的觀念，為實現宇宙聖心的圓滿之境而努力，那麼人心就能在仁道之中，得到根本上的安頓了。

十七　生死

若由也，不得其死然

南容是孔子的學生，他謹言慎行，數誦《詩經》「白圭之玷，尚可磨也。斯言之玷，不可為之」之篇，以之為座右銘，令孔子十分欣賞，並把兄女嫁了給他。後來，南容問孔子：「羿善於射箭，奡擅於盪覆敵國的戰船，二人都不得好死。大禹治水，后稷躬親稼穡，他們都富有天下。」孔子不答。南容退下，孔子說：「他可算是君子啊！他可算是尚德的人啊！」羿是古代有窮國的君主，善於射箭，滅夏后相而篡位自立，後來被大臣寒浞所殺。奡，又作澆，寒浞之子，《竹書紀年》記載：「澆伐斟尋，大戰于濰，覆其舟，滅之。」[14]他勇武而能盪覆敵舟，但後來卻被夏后少康所誅。二人皆自持強力，卻不得善終。大禹治水而創立夏朝，后稷之後為周代，皆有天下。南容以前二人比喻當世權臣，而以後者比喻孔子，因此孔子不答。但在南容退下後，孔子大加讚賞。人生在世，當知道如何安身立命，甚至要知道該怎樣死去。有人順受正命，能夠盡道而死；有人胡作非為，而死於非命。南容指出了羿和奡好勝爭強，終於不得其死，不似大禹和后稷能夠推己及人，得享安樂。因此，孔子才推許南容為尚德的人。

14 雷學淇，《竹書紀年義證》（臺北：藝文印書館，1960年），頁47。

《尚書．洪範》提到「五福」，就是「一曰壽、二曰富、三曰康寧、四曰攸好德、五曰考終命」。生活富裕是一種幸福容易明白。在古人的心目中，不但長壽是一種幸福，而且希望身心康寧，甚至得以善終也是五福之一。古人還把愛好德行視為福氣，可見德行與幸福之間微妙的關係。五福大有道福的意味。由此可見，幸福不只是天賜之物，也須要人去努力經營，甚至須要具備仁德，才能配享。孔子說智者會感到幸福，而仁者會健康長壽，這些東西都不是身外之物，它們都隨德行而生，而缺德者難以保持。所謂「智潤思，德潤身」，仁道能夠改善存在，潤澤生命。實現仁德不但是心靈境界上的事，而且必涉及生命存在，並且是生死攸關。雖然不是所有具備德行的人都能夠盡享天年，但是實踐仁道的人可變化氣質，將生命純潔化而歸於貞正。因此，孔子說少年時，血氣未定，戒之在色；及至壯年，血氣方剛，意氣飛揚，戒之在鬭；至於老年，血氣衰敗，心思容易黏滯於物，所以戒之在得。生命存在可獨立於心靈境界去探討，其中亦非常複雜奧妙。實踐仁道也要照顧血氣欲望的一面，並順成它的發展，以至於正道。因此之故，仁道的極致，即是達到最高善，人必須照顧到生命存在的層面，而仁者之死須要是盡道而死。

我們不將生命輕率地交付盲目的命運，而務求不橫夭而死、冤屈而死、無故慘死。就算是遭受橫逆，而夭折早逝，我們仍要求自己死於正道。孔子在一次師生相聚之中，因門下人才濟濟而感到歡欣安慰。但當他想到子路勇武不屈，好勝爭強，應該會不得善終，不禁悲從中來，並且說出一句：

若由也，不得其死然。

「像子路的樣子，恐怕不會得到善終。」無疑子路是孔子最喜歡的學生，而不論孔子去到哪裡，子路總是侍衛在側。就在孔子周遊列國，被圍困於陳蔡之間，到了糧食斷絕的地步，還在彈琴唱歌。子路焦急起來，並埋怨孔子，孔子便以音樂感化他，於是子路拿起盾牌跳舞。跳舞三次之後，子路總算平和下來。然而，江山易改，但孔子的樂教並未能徹底轉化子路好勝爭強的性格，所以才勸告他行事要先跟父親和兄長商量，不要因一時衝動而犯下大錯。然而，後來衛國內亂，子路本來已逃出城外，卻因為要救主人孔悝，所以返回城內。他在城門遇到子羔，子羔勸他快快離開，不要犧牲性命，但子路不聽。後來他在與石乞、壺黶的作戰中，身負重傷，又被割斷了帽帶。於是他綁好帶子，端正衣冠而犧牲了。後來孔子見子羔回來，又得到子路的死訊，雖然口中稱許子羔明智，卻為子路痛哭起來。後來子路更被剁成肉醬，不得好死，應驗了孔子之言。孔子從此也不吃肉醬了。雖然子路不得善終，但他卻是忠勇殉職，不能不受人敬仰。

中國的讀書人一方面敬仰孔子，稱他為聖人，另一方面又敬重為國犧牲的武將，比如崇拜關羽、岳飛為武聖。雖然這些武將不得善終，但我們也會認為他們盡道而死，也算是順受其正，而不是死於非命。這是因為他們的忠勇足以使人格得以完成，成就了作為一位武將的最高境界。雖然武聖的地位不及文聖，但是武聖也算是在他們的生命中，得到自身的圓足了。我們不能要求人人都學武聖，那是特殊的人格。然而，孔子的仁道卻是人人可學，而通向最高善的圓滿之境。也許，武聖的精神可敬，甚至帶有一種壯美之感，但他們之不得善終，成為了憾事。他們不但不得善終，而且半生功業亦不能成功。相較之下，郭子儀功成名遂，富貴之極，而且家庭和樂，又得以善終，在現實上要比關羽、岳飛更為成功。然而，郭子儀的人生卻不夠悲壯，不能突出他的忠勇，因此反不及武聖受人崇敬。武聖的人生帶有缺憾，反而能激勵人心。武聖是武將中的理想人格，他們之被封聖，是由於他們能盡道而死。

人生當求盡道，生也如此，死也如此。踐仁行義的人，能夠以仁道貫穿生命，在人生的歷程中盡道，以至於死亡。實踐仁道，即是立志於達到最高善，實現圓滿的境界。當你我相遇，彼此交通，仁心就在我們之間呈現。仁心以感通為體，只要不麻木，我們便能實踐仁道。若人閉錮於血氣生命，好勝爭強，至於橫逆而死，那便是不能盡道，而死於非命。然而，如果人能夠感通他人，持守正道，不惜犧牲性命來維持仁義，那麼他不但死得其所，還能完成人格，使生命得以貞正。在孔子的心目中，實踐仁道，至於生命的最後一刻，便是成就圓滿之境。此外，規避禍患危險，得以長壽善終，要比起夭折早逝、冤屈慘死、無故身亡，來得境界更高，需要更高的德行和智慧。雖然武聖表現了忠勇的品質，那是憑著特殊的才氣，慷慨就義，但是具備智慧的人或許能在災難萌芽之前，具備先見之明，而妥善應對。正如兵書所言，為將者的最高境界，不在於與人爭勝，屢立軍功，而在於將戰爭消弭於未然，為國家爭取最大的利益。因此，筆者認為真正的武聖是那些並無軍功顯示於世，而能以和平手段消除危機的人。聖人之於自身、之於他人、之於天下，亦是如此。

81 人之將死，其言也善

夫人之相與，貴在知心，就算是講唯物辯證法的人，都會揆度他人之心。雖然人的相遇，托於身體物質的接觸，而通過聲音形貌，我們才能了解彼此的心意，但是身體物質的銷亡，不會斷絕人的精神活動。從最顯淺處說，父母生我的身體，經過多年的新陳代謝，已非原來的物質，但我們仍會感念他們的生育之恩。又如孔子死後，身體朽壞了，但他的精神仍存於後人的心中，不因物質變化而移易。這都可證明精神活動可以獨立於物質而存在。正如唐君毅指出，年輕女子之所以化妝，並不止於妝點形軀，而更重在他人心中留下美好的印象。由此可見，人的精神活動，在其生時已超出一己的身體，而投向他人；人又能知道他人之心超出對於自身的顧念，而念及自己。我知道他人之心，又知他人之心之知道我，復知道他人之心之知道我知道他。「仁」就是「二人」，當你我彼此相知，仁心就呈露了。

仁心感通，可托於身體物質，而又超出物質。當我讀報知道四川地震時，就非常同情在災難中傷亡、痛失家園和親朋的人。然而，除了他們是受災的同胞之外，我對這些人幾乎一無所知。此時我的心或多或少地感通一切慘劇中的人。又如我讀《論語》一書，雖不見孔子其人，但孔子的一番精神，實存於心中，而又由此推想到天下儒者，共有這番心情，這些不相知的仁人志士，也就在感通之中，心光相照，而成一天心了。天心呈現或托於物質，或超出物質，它不為感性觸及的具體對象，亦不為理性所把握的抽象概念，而是超經驗、超理性的神秘體驗。當我悟到古往今來之心，都融通為天心，而天心無分主客，又統攝主客，當我沉浸在仁心的光明中，便可直契宇宙的絕對精神。人心總在顧念之中，而對於一切顧念生出顧念，我便能逆覺體證宇宙聖心。雖然在現實上，我們總有很多虧欠，但只要一念飽滿，也就無虧無欠了。

人心不只是在其自己的存在，不像石頭封閉於自身，而總是顧念他人他物，向外投注，成為對其自己的存在。此外，當仁心呈露，我們可以從中窺探絕對之境，而當人以古今上下四方之心為心，他就能認同天心，而不因死亡所阻隔了。人之死亡，固然使身體活動暫停，而打斷了人生的實踐。我們總想到如果不是就此死去，就可以做更多有價值的事，因此死亡也剝奪精神生活。然而，在我死後，如果我仍為他人所感念，那麼我就像活在他人的心中，而我的精神活動，便不為死亡所終結。比如我少時希望從事著作，而長大後我著書立說，這就實現了少時的志願。又如我於著述中表達哲學理念，被一位讀者明白了，縱是素未謀面，或在萬世之後，實在是旦暮古今。又或是我未完成著作而亡，而有人能夠竟續其業，這就使我的精神得以伸展，由幽入明，使之呈用於世而不致斷絕。人總顧念他人，而希望活在他人心中，在生如此，死去如此。重要的是成就精神活動，而能死而不亡，在歷史文化中相續呈用，就成了歷史魂、文化心了。正如尼采提到自由死亡，就是死者與生者訂立盟約，而死去的人就像夕陽一樣照耀大地，使來者得到光明。就算面對死亡，人也要成就精神活動。

曾子臨終時，仍然很重視自己的四肢是否擺放端正，這不只是以身體為念，而是顧念到自己的精神面貌，考慮到自己是否合乎仁道。他說自己「戰戰兢兢，如臨深淵，如履薄冰」，而從今以後，可以免於大的過犯了。此外，《論語》又記載了曾子病重時，與孟敬子的對話：

> 曾子有疾，孟敬子問之。曾子言曰：「鳥之將死，其鳴也哀；人之將死，其言也善。君子所貴乎道者三：動容貌，斯遠暴慢矣；正顏色，斯近信矣；出辭氣，斯遠鄙倍矣。籩豆之事，則有司存。」

曾子病重，孟敬子來問病。曾子說：「鳥將死，牠的鳴聲悲哀；人將死，他的說話就會是善言。君子所重視的有三件事：注意動容貌，這就能遠離暴急怠慢；注意正顏色，這就能近於忠信；注意吐辭出聲爽朗明確，這就能遠離鄙陋背理了。至於籩豆的事宜，都有專門掌管的人在那裡呀！」曾子素以誠敬工夫著稱，在他死時仍不忘把自己的學問工夫傳達他人知聞，這是他對於人世最大的善意。他願意將自己的仁道實踐作為禮物，送給後來的人。人終有一死，問題是他留下甚麼給世間，後人又如何悼念他。唐君毅指出，一方面自然生命由存在至於不存在，另一方面精神活動由不存在而至存在，這就是人生的歷程。到最後，人所留下的是一番精神。因此，當有人問唐君毅是否後悔吸煙以致患上肺癌，他卻說吸煙能幫助他從事哲學著述，失去的是身體健康，以至自然生命，成就的卻是文化業績、精神活動，因此這是值得的。人之消耗生命，成就精神活動，不也是如此嗎？就算面臨死亡，若能實踐仁道，於人倫世界留下功德，這就不枉人世一場了。這就是之所以古人重視立德、立言、立功，於歷史文化的心魂中佔一席位，而為「三不朽」了。

人是對己存在，心思總是往外投注，顧念他人他物，而他又知道他人也是對己存在，因此知道他人也會顧念自己。就在人們彼此感通，心光相照，呈現天心的時候，人實現自己的仁德，而成為真正的人。人要成為「人」，不但在生時如此，面對死亡也是如此。人作為「人」，存活於絕對精神之中，不可須臾或離。人與人之間彼此精神連結，就呈現宇宙聖心。一般人對於自己的精神存在並不自覺，這就是百姓日用而不知，而哲學家的工作就在於指點仁心，使人覺醒他的精神連結。這亦是神秘主義者所說的神秘的連繫，須要人加以確認。天人本是合一，這是從本體論上說；天人須要合一，這是從工夫論上說。人生的意義就在於精神活動，精神活動甚至不因自然生命滅亡而亡。人心就藏於宇宙聖心之中，只要人一旦自覺到這一點，就能知道生命的永恆價值。唐君毅說，「我」來自無始之始，而終於無終之終；「我」之存在，使宇宙成為現存的宇宙，宇宙一旦失去了「我」，它將無法彌補損失；「我」的一生，一成永成，一經存在便進入永恆。人是精神的存在，就算是死亡，精神活動也不銷亡，而寄於他人之心，並藏於宇宙聖心之中。因此人之將死，也總在顧念他人。

孔子的仁道乃貫通生死，生不麻木，死亦能感通，而活於他人心中，不以一己之死為生命的虛無，乃能死而不亡。雖然流俗認為我們不免一死，而死亡令人生歸於最大的失敗，任憑你事業成就有多大，亦會因身體朽壞而倒塌。宗教徒多將死亡突出於人心，使人覺得現世不足為，而要追求靈魂不朽，或寂滅。若以孔子看來，這也可以是因為死亡，而對於人倫世界麻木不仁，不能通死生幽明之際，因而不能呈現一片天心。儒者不只是從具體之物件，如從身體物質上著眼，從身體物質著眼，就見一切皆在變化，而終歸於銷亡。儒者視人生為一大實踐歷程，我之死亡，為事件的完成，而宇宙亦不過是一動一易，是實事實理，我的一生就長存於天地之間，一成永成。因此，仁者生時感通宇宙，死亦常存其情，而活於天心之中，呈用不已。我知道我之死，將有後人來感格，因此我的精神活動不曾斷滅，而一切聖賢天才，更能在歷史魂、文化心中死而不亡。一念之仁，即使我之死亡，不曾麻木，亦不曾陷入虛無，因感通他人故也。

死亡從不只是一人之死亡，而必關係到他人。也許面對自己的死亡還較容易，然而面對所親愛者的死亡，卻使人更為難受。君不見災難之中，不少父母子女，為救對方脫離險境，寧願犧牲一己生命，這可見人的顧念，乃能超出一己之身體，而及於他人，甚至以他人的生命比自己為更重要。由此可見，人能忍受自己之死，而不願看見所親愛者之死。唐君毅指出，生時與之越親厚的人，在他死時，我們亦越會傷痛。西蒙．波娃甚至在母親死後，反省到親人的死亡，乃是不可彌補的損失。他們的死亡會令我們想到自己的虧欠——為何我們不曾花更多的時間陪伴他們？我們巴不得花畢生的精神來關心他們，但若重來一次，卻又未必能夠做到，因此生者會深深內疚。人能超脫自己的死亡，卻不能從親友的死亡中解脫。

生離死別是難過的，因此我們要確認這事實，並接受這事實。唐君毅說，對於摯愛者之死別，沒有哲學能安慰你，你必須承受這痛苦。然而，哲學能喚醒仁心，使你對這件事不致麻木。在孔子生命來到最後兩三年，他親愛的人一個又一個先他而去，先是子路，接著是孔鯉，然後是他最愛的學生顏回。我們可以想像，孔子晚年屢受沉痛的打擊，這可以使他倒下來，但孔子卻不因此對人世麻木起來。他應該還記得當年在匡地被敵人圍困，身陷險境，顏回與孔子在混亂中失散了，孔子以為顏回死了，後來他們重遇，顏回說：「有老師在，我怎敢赴死？」孔子亦應該記得顏回多年的追隨，在經歷事業的起伏，學生去去來來，就只有顏回不離不棄，鐵了心要隨從老師。孔子也應該記得當初教導顏回，認為他不懂發問，所以有一個錯誤印象，覺得他是一個又笨又悶的蠢蛋，但後來卻發現他好學不倦。孔子還應該記得顏回早年就長滿一頭白髮，以至記得他的神氣、面貌、語言、態度。

一切一切，恍如昨日，今已隔世。因為目睹顏回之死，孔子指著上天說：「天放棄了我！天放棄了我！」他想賣掉自己的車子，買一副好的棺槨，厚葬顏回，但又因為於禮不合而作罷。當門人厚葬顏回時，孔子感嘆：「你視我如父親，我卻不能視你為兒子。不是我做得不好，都是因為這些學生幹的好事。」孔子又慟哭起來，有人問孔子為甚麼哭得這麼悲慟，孔子回答說：

> 有慟乎？非夫人之為慟而誰為！

「真的很悲慟嗎？不為這樣的人悲慟，還為誰而悲慟呢！」悲傷是因為我們失去重要的東西。如果你不曾為他人的死悲傷，你就不曾重視他人；如果你認為自己不會為世間任何東西而悲傷，那麼在你生命之中，就不曾有過真正重要的東西，這就是真正值得悲傷的事情了。我們之所以悲傷，是因為動情，而不是麻木不仁。不麻木，因此能知痛癢；不知痛癢，斯之為麻木。

當我們面對死亡，無論是自己之死，還是他人之死，雖然也會懼怕，也會悲傷，但卻不要麻木不仁。保持感通，接通光源，能照亮生死之途，使世界澄明起來。唐君毅到南京讀書，與父親在船上分別，也不知何時可以再遇，他為此而悲傷不已。但他旋即想到，在此天底之下，古往今來有無數父子別離，都同此悲傷，因此他生出一種超越的情感，同情一切生離死別中的人。他晚年述說此事，覺得這是他一生之中最寶貴的體驗。唐君毅在香港，曾聽一法師以梵音念誦經文，超度十方世界一切眾生，歷兩小時之久，眼淚未曾乾。母親死亡時，唐君毅居廟十日，亦曾對一切神位禮拜。此等超越的情感，乃天心仁體的表現，是宇宙創造最為深邃的秘密。有說眼淚是寶貴的珍珠，人應當珍惜而不輕易流下。然而，若不把珍貴的東西獻給摯愛，它亦會失去它的價值。為摯愛而流淚，於是兩者相得而益彰。

然而，摯愛逝去，悲傷是悲傷，我們卻不能因為陷溺悲傷，反生麻木。孔子死後，子夏於西河設教，受魏文侯所尊崇，一時無兩。後來子夏的兒子死了，子夏哭成淚人，甚至把眼睛都哭到瞎了。曾子弔喪，為朋友眼睛瞎了而哭。當子夏悲痛至極，便自道他的悲傷說：「我沒有罪過呀！」曾子便直斥其非，說：「子夏啊！你怎會沒有罪過？我與你在洙泗事奉老師，後來你在西河設教，使人將你比擬孔子，這是第一種罪過。你喪失雙親，居喪時沒有值得稱道的地方，這是第二種罪過。至於你喪失兒子，卻又哭瞎了，這是第三種罪過。」子夏聽罷，放下手杖而下拜，說：「我錯了！我錯了！我離群索居也很久了。」曾子為朋友而哭，卻又當面斥責，示之以道理。就在死別的傷痛之中，我們不能忘記道理，不能陷溺悲傷而麻木。悲傷生於對他人的感通，生於仁德，我們不好因為悲傷，反而窒息仁心。也只有不窒息仁心，我們才能領略宇宙聖心之奧體，而感通死生幽明，使人我皆在一片澄明之中，不為死亡所阻隔。這就是面對死亡的應有之義。

若能保持感通，可打通生死二界。我們不但在人之生時，與之相遇，而且在他死後，仍然久久不忘。逝者在我們的心中存活，還影響著後人。就如孔子死後仍然活在廣土眾民的心中，亦即活在心光相照、由眾心所交織而成的宇宙聖心之中。人不因自然生命死亡，而使精神活動也消失，精神活動可經由薪火相傳，以至於無窮。只要宇宙聖心在，眾心就不曾滅亡。當我們向外看經驗對象時，它們是有生有滅的，但當我們反溯生命之主的心靈，就知它不是經驗事物，亦無所謂生滅，亦即是無所謂斷滅。因此，張載說，大易不言有無，只言顯隱。就如人熟睡無夢時，心靈作用隱而不見，一旦醒來，就又作用彰顯。因此，我們不能說個體心靈不顯，就歸於虛無，而只是暫時隱密起來而已，它永遠再有起用的可能。根身之生滅，是氣的散聚，並不決定心靈本體的有無。個體心靈一如宇宙聖心，可顯可隱，而不會斷滅。

我們對待死者，就像對待生者一樣。生者與死者不但彼此相遇，還心光相照。正如孔子死去了，但他的精神卻存於後世儒者之心中：儒者思考就像孔子一樣思考；儒者的行事方式，若換了孔子，也會如此當機立斷；至於儒門的著作，亦旨在申述孔子的仁學，就像是孔子所應當說的。百世之後，孔子不但不曾過去，還好像活在世上。又如父親死去，兒子不但長了與父親相似的眼睛，還堅持父親生前的原則，甚至同樣吃著那幾道家常小菜，在同一棵大樹下散步，有著類似的生活習慣，活著就像父親活著一樣。從精神的層面來說，逝者的靈魂就活在後人身上，而所謂身體不過是靈魂的載體。所以孔子說三年無改於父之道，就可稱為孝了。後人的身體，是前人的伸延，我們不但為自己而活，而且為前人而活。我擁有的不但是自己的靈魂，而且也擁有父母雙親、列祖列宗、古聖先賢的靈魂。我的靈魂並不清澈，以致也無法辨清人我。也許，在原則上，一切心靈都可相感相通。我之一念誠敬，可通孔子於千古之上，而一切踐仁行義的人，莫不可以如此。孔子的心並不囿於他的根身，而表現於一切思想性情相通的人；一切個人又能承載不同的靈魂，以致靈魂相入，心光相照，而成就一宇宙聖心。從我反身內省，知道宇宙聖心內在於我，而為內在的；就宇宙聖心不為我所私有，而超出個人意志，恍如從天而降，那就是超越的。一方面，宇宙聖心是內在的，因此神秘主義者向內探求，而說自己能體現神聖之心；另一方面，宇宙聖心是超越的，因此一般宗教徒敬奉天心聖體於萬有之上，視之為人不可企及的。儒者既講天命下貫而為仁心，並且下學而上達，踐仁以知天，強調仁體的內在性；又講天道「鼓萬物而不與聖人同憂」、「上天之載，無聲無臭」、「維天之命，於穆不已」等，重視天的超越性。此等種種，皆無必然的矛盾。因此，牟宗三喜歡說宇宙聖心之奧體之仁既內在又超越，這都與具體實踐有關。吳明老師曾苦口婆心地說，若不了解儒學作為一種實踐的形上學，而實踐的入路可有不同，但同歸於內在之仁，就不能明白內在超越之義了。筆者修習儒學多年，乃深深得益於此。

人之事死如事生，乃出於一種肫肫之情。這不能只是思想上的事，仁心必涉及生命存在，而見於具體的行動。人之事人，體仁用禮，子之事親，亦是如此。對於生死之道，《論語》乃有一番言論：

> 孟懿子問孝。子曰：「無違。」樊遲御，子告之曰：「孟孫問孝於我，我對曰『無違』。」樊遲曰：「何謂也？」子曰：「生，事之以禮；死，葬之以禮，祭之以禮。」

孟懿子問如何實踐孝道。孔子說：「無違。」有一次，樊遲為孔子駕車，孔子告訴他說：「孟孫向我詢問孝道，我回答：『無違』。」樊遲問說：「這是甚麼意思？」孔子說：「他們生時，以禮去事奉；他們死時，以禮去埋葬，以禮去拜祭。」根據文獻記載，孟懿子的父親孟僖子重禮，又派孟懿子跟孔子學禮，因此孔子叫他不要違背父親的善意，叫他重視禮。至於孔子告訴樊遲這件事，是想借機教育其他人，不論生死，皆須以禮事親。有些後儒指出，孔子之所以告訴樊遲，是想樊遲轉告孟懿子。錢穆指出，若孟懿子不違父親學禮之命，則已收其效，何必勞煩樊遲再達。事生以禮，送死亦以禮，這就是對於前人的感通，將仁德化作具體的行動了。孔子說「仁」、「聖」、「天」，而沒有提到「仁心」、

「宇宙聖心」、「天心」，然而心不是與物質相對之心，而是涵攝物質、改變物質、實現於物質的精神活動。比如我對先人行拜祭之禮，籠統地說，我們可以指行動的身體是由物質所構成，而又負載了我的心意，因此有了心物之對；然而，就拜祭之禮作為一整體來說，我們首先看到的是一種禮敬的活動，不分心物。我們視之為禮敬，乃一具有人倫意義的精神活動。我們從來不是先看見沒有意義之物，然後思考它的意義，而在大多數時候，是一開始就理解事物為具有實踐意義的存在，就存在於精神活動之中。這種理解精神活動的精神活動，我們稱之為心。「心」取其活動之義，取其主觀之義，而不先視為經驗對象之物，如心理學家之所為。心能涵攝事物，又須表現於行動，而改變事物。因此，所謂宇宙聖心，不是在事物之外，別有一實體，而是無主無客，無心無物，又統攝主客，涵蓋心物，而體現於經驗事物之中。我們甚至可以說，所謂「形上」「形下」，亦不過是我們思想反省中的區分，在生活實踐之中根本打成一片。一切「主體」與「客體」、「心靈」與「物質」、「本體」與「作用」、「內在」與「超越」等概念亦然。哲學家從生活中反省，得到概念；人們又須消化概念，回到生活。生活就是須要禮義來維持的，對於生者死者的感通亦然。

人的意識總是向外投注，它意識到外物，甚至意識到時間，經過抽象化的推想，人有了「無限」的觀念。關於時間無限的觀念，人總是從當前的一刻，向前或向後推想，知道有前一刻或後一刻，而在前一刻之前或後一刻之後，又有再之前的一刻或之後的一刻。我們又能想到諸如此類的推想可以不斷重複，而想到時間在原則上可以向前或向後無窮伸延。就是因為有了「諸如此類」的抽象能力，人有了時間上的無限觀念，並又以為在人的意識活動之外，有客觀的時間存在。其實，在原初的一步，時間是作為意識的行進方式而被反省，因而被認識。當我們在直接的意識活動之上，想到時間可以被抽象化，而推想到時間可以無窮伸延，並設想時間好像可以間接地離開意識活動而存在。就在我的意識活動的起處和止處之外，時間就如所推想的一樣，諸如此類地存在，以至於無盡。這就能在原則上產生「時間無限」的觀念了。然而，人有生有死，生命活動是有其起止之處，因而不是無限的。推想中的時間是無限的，但人生中的時間是有限的。

叔本華指出動物規避死亡，是出於天生的本能，但人的心思卻能擺脫當前，而想到死亡，因此人有了雙重的痛苦，一是個體生命滅亡的痛苦，二是對於死亡的恐懼。人總是在籌謀，心思投向未來，甚至有些人以為未來比現在更重要，現在只是趨向未來的階段，而當前的生命活動只是達到未來目的的手段。這些人向未知的黑暗投射一束閃光，以目的照明未來，然而未來尚未到來，一切目的的投注難免會落空，他們的人生意義就有如建立在沙上的堡壘。你想著他朝如何享受，卻怎知明天還能保有生命和健康呢？人的意識由當前出發，航行至未來的大海，當中經歷波濤如虎，難免就將整個生命意識吞噬。將生命的重心永遠放在未來，一次又一次投向未知的海濤，比起無盡止的賭博風險還要大，我們終於會輸的。未來是尚未到來的現在，未來亦有未來，不斷籌畫，而不知安於當下，人生就總不能安定下來，一切努力也不能自身受用了。

一切對於未來的籌畫，當意識到死亡的大限，終須有一止息之處。人生也不能無盡止地奮鬥，也不能不斷工作下去，而死亡是人生的終點。就是因為死亡，人終必退下人生的舞台；而就是意識到死亡，人生有了安息的歸宿。我們應當了解到，就算是如何奮發向上，偉人終必休息；就算如何墮落，小人的卑鄙勾當最終也會被勒令停止。死亡的莊嚴就在於，它令君子的事業得以完成，小人的作惡終必停止。莊子認為生命是一場勞累，衰老給我們安逸，而死亡令我們休息。死亡固然會引起身體上的痛苦，以及心理上的恐懼，但當我們明白死亡是一種自然現象，人人都終必投向的歸宿，那麼我們就明白死亡也可以是一種宇宙的祝福。叔本華指出，當我們面對死人時，哪怕是一具小人物的屍體，都會引起我們肅然。死亡是莊嚴的，它引起人對於生命意義的思考，又令人生最終得以完成。人的身體經歷生老病死，而人的生命內容卻日漸增加，至於死時有一個終結，表示奮鬥完成了，人格就此定下來了，而不是無盡止投向未來。將人生堡壘建立於沙上的人，一旦深切反省到死亡的意義，實踐終有一止息之處，就能將人生立於堅實的土地上了。

人生是否有意義，一方面要看我們做了些甚麼，另一方面要看人是否覺察到箇中的意義。就算在最卑劣的歡樂中，以及在最剝奪尊嚴的疾病之中，也可以是人生的寶貴經驗，至於它對我們有甚麼意義，很多時取決於我們的反省。詩人能從一朵花中看見天國，一顆沙中體會永恆，就是因為他們的機敏，致令他們從微小之物，體驗到偉大的意義。尼采說，當我們凝視深淵，深淵也凝視我們。也只有深刻的心靈，才能發現深刻。深刻的意義來自對人生中的事物深切的反省。對於死亡亦然。在對於最高善的呼應之下，一切事物，包括罪惡痛苦都是宇宙聖心的倒映。也只有立志，知道了人生的最高善的止處，一切都被賦予了實踐的意義，因此一花一草，一沙一石，都參與了我實現圓滿境界的歷程，而為宇宙聖心的直接體現。也就是說，我不但經驗了一切，而且體驗到它們對於圓滿人生的意義。只有領悟宇宙聖心的奧體，人生才是實在的。關於了悟奧體，《論語》如此記述：

子曰：「朝聞道，夕死可矣。」

孔子說：「早上聽聞聖道，晚上便可以安然死去了。」就是因為有了反省，反省到平凡生活的神聖意義，於是思想處處點鐵成金，令天地萬物反映一片光明。因為有了最高善的觀念，人生進入了實踐，一切無不是奧體的體現，就連最卑賤、最可惡、最邪惡的東西，都或多或少地實現著奧妙的意義。當然，在實踐的意義上，我們仍然要為善去惡，分別判斷正義與邪惡；但在反省的層面上，一切都直接或間接地具有神聖的意義，因為連最黑暗的陰影，也可使人領悟到陽光的臨在。宇宙涉入了一場神聖的實踐。因此，領悟宇宙聖心之奧體，即反省到人心之仁，人生便在思想層面上圓滿了，亦即是基本圓滿了，所以可以安然結束而沒有遺憾。當然，我們在現實層面上，總有很多該作未作的事，因此事與理一分為二，而人生總帶有缺憾，總不能圓滿。但在思想上，一旦了解到一切事物都是宇宙聖心之奧體的實現，一切就歸元無二了。在反思上得到圓滿的觀念，也就使人生基本上圓滿了。就連最卑微的人生，都或多或少地實現仁心，都在透露奧體的端倪，因此人可以心存敬意，而對於小人物的屍體都肅然起敬。只因死亡是人格的完成，是人生的安息。

死亡是人生的止息之處，它是人生實踐的堅實土地，我們踏足其上，視死如歸。然而，在心理上，人對於死亡仍可以是恐懼的，而本能上，人如其他動物一樣規避死亡。但是人有了思想反省，就可以安順這種恐懼了。孔子認為重要的是，在死亡之前，要領悟生命奧體之仁、心存仁道，如此就可能在基本上得到人生圓滿之境了。認識死亡，使我們不致無盡止地籌謀，把精神投向無邊的大海。人生充滿了不確定，在經過深切反省之後，我們知道人生最確定的是，人終必一死。這就涉及「圓滿」的觀念了。因此，死亡成了人生實踐的終結，同時是精神生命的完成。

「仁」就是「二人」，當你我相遇，彼此交通的時候，仁心就會呈現。仁道通達至極，就會達至宇宙聖心之境。當我們反身而誠，向內了解生命核心之仁，知道仁心不為我所私有，而在你我之間，如在其上，如在左右，那便能體會到天心了。就人的意識活動來說，叫做「心」；就人的感通來說，叫做「仁」；就仁通達至極，是人生的圓滿境界，叫做「聖」；就人了解仁的創造根源，叫做「天」。從實踐上說，仁根於心，是人生實踐的根本。從形上學上說，宇宙都為仁所含攝，那就是天道了。存在之為存在，不是它自己客觀獨立地在那裡存在而已，而是受我主觀意識所照明而存在；存在之為主觀意識所照明，又不是冷智地為意識所含攝，卻是就我作為實踐者，向最高善而步武，而為帶有價值意味的存在。就其作為照明存在，並作為價值意義的根本，仁是本體；就仁之不為我所私有，而為所有主觀意識所共有，甚至為一切存在所分享，它就是生生不已的天；就仁之趨向最高善，人在道理上終必圓滿來說，它是宇宙聖心之奧體。仁、聖、天可說是同體而異名。當孔子說：「上天有好生之德」，聖人也具備了生生之德，他就在自身之仁中，呼應上天的生生不已，而自強不息。因此，《易傳》講「乾坤」，是就君子之德如天地之包容覆載來說：

天行健，君子以自強不息。地勢坤，君子以厚德載物。

一方面，就超越的一面來講，天地之道乾健坤順；另一方面，以內在的一面而言，君子以德行來呼應天地之道，而成一和諧。從宇宙論來說，天地賦予我仁心；而從工夫論來講，人下學上達，踐仁知天。宇宙論不能脫離工夫而寡頭地說，否則就成獨斷論，經不起批判；而工夫論也須要涉及形上學，一方面它關涉道德，另一方面它統攝存在，而成為大人之學。黑格爾視孔子為東方的西塞羅，就是忽略了孔子之言「天」，即是講形上學的一面。儒家的形上學，從來都是實踐的形上學，既講工夫，也講本體，一來一往，而成一循環。

人從自身的生命核心之仁，來體會上天的好生之德，而視宇宙恍如一大生命，而為絕對精神，或宇宙生命，而一切都是它的體現。因此，仁不但是實踐人生圓滿境界的根本，而且是人與他人，乃至人與宇宙生命的神秘的連結。仁就是連結人與絕對精神的神秘紐帶。史懷哲在《有大用的中國思想史》中指出儒家思想也是神秘主義，就是在這個層面上說。這種神秘主義哲學，以孔子思想為開端，孟子為成熟的展開，而於《中庸》、《易傳》大具規模。孔子言「仁」，孟子言「盡心知性」，《中庸》言「誠」，《易傳》言「機」，都是就神秘的連結來說。不明乎此，而視孔子只為人生行動的教訓者，如黑格爾之所為，就不能就實踐形上學的傳統來了解孔子之學，亦錯失了仁學的核心意義。因此，仁就是宇宙生命的體現。忘失了仁，生命就會脫離它的根本，而像是花果飄零，將要枯死。因此，人生中所擁有的事物，都不足以換取生命核心之仁，包括利益、名位、權勢，乃至形軀生命。《論語》如此說：

子曰：「志士仁人，無求生以害仁，有殺身以成仁。」

孔子說：「一個志士仁人，沒有為了生命而損害仁道的，而只有寧願以殺身來成全仁道的。」須知宇宙生命表現於你我，但卻不因你我的個體死亡而毀壞。只要我們向外看，就會看見經驗事物有生有滅，但當我們反身向內看，就會實證到仁心不屬於經驗對象，而為純粹的，因而不生不滅，而為本體。也只有實證仁心，人才能確認他內具的宇宙聖心的奧體，而覺醒自己是宇宙生命的體現。因此，生命的意義就在於實證奧體，於對待一切事物之中實踐仁德，包括前面提到的財富、名、立志、工作、愛欲、人性、學習、教學、禮樂、家庭、政治、語言、朋友、疾病等，因而人必由客觀化自己，而通向絕對精神。這條通向絕對精神的道路，就是仁道。不但生命中的一切都可以玉成仁道，就算是死亡，也是人格的完成，所以我們應當殺身成仁，而不是以苟且偷生來損害仁道。

關於殺身成仁，孟子有一個非常親切的類比，他在〈告子上〉說：

> 魚，我所欲也；熊掌，亦我所欲也，二者不可得兼，舍魚而取熊掌者也。生，亦我所欲也；義，亦我所欲也，二者不可得兼，舍生而取義者也。

「魚，是我所希望得到的東西；熊掌，也是我所希望得到的東西，兩者不可同時兼得，就捨棄魚而取得熊掌了。生命，是我所希望得到的東西；道義，也是我所希望得到的東西，兩者不可同時兼得，就捨棄生命而取得道義了。」雖然在《孟子》之中，有「義利之辨」，把道義與私利視為截然不同，甚至是互相排斥的東西。但在這個類比之中，孟子用兩種美味來比喻生命與道義，兩者並不必然是互相排斥，但萬一生命與道義之間發生衝突，兩者只能選取其一，我們就應該捨生取義了。由此可見，道義不必排斥生命，但道義具有實踐上的優先性。我們甚至可以說，道義可一時與生命發生矛盾，但在一般情況來說，道義可以成全自然生命，使人過得更為美好。仁心具有改善存在，潤澤生命的功用。只是到了迫不得已的時候，我們會選擇捨棄生命，來成全仁道。仁是人與宇宙生命的神秘樞紐，成全仁道也就是復歸宇宙生命的身分，而實現圓滿境界的道路。這比起單單維持吃喝拉睡的自然生命來得更有價值。就如熊掌要比魚肉更為珍貴難得，明智的人都會以前者為優先一樣。

死有重於泰山，輕於鴻毛，在通常的情況，我們不損害生命，甚至不輕易犧牲幸福。我們保護生命，因此不立於危牆之下，不把生命輕率置於危難之中。但是我們更加不損害仁道，而不苟且偷生。人不應輕易言死亡，甚至不必損害幸福，但是明智的人會在萬不得已的情況下選擇殺身成仁，而勇敢的人敢於違反自然生命的本能，不畏死亡，而捨生取義。因此，要達到人生的圓滿境界，成聖成賢，就同時要具備智、仁、勇三達德，其中又以仁德含攝其餘二德，而為宇宙聖心的奧體了。

總括而言，死亡是人格的完成，經過一生的奮鬥之後，人得以一場大休息。意識到人生的止息之處，使人不會茫然地投向無盡的未來，而知覺到當前的生活，並能活在當下。只有有了人生圓滿的觀念，人才可領略宇宙聖心的奧義，而反省到生命核心之仁。覺悟到仁心，知道人生是一場趨向圓滿的實踐，並且知道我所經歷的一切事物，都涉入仁道實踐之中，而為宇宙聖心的體現。因此，我們不會以寶貴的仁德去換取利益，而會順受正命，殺身成仁。人要盡道而死，這就能與圓滿之境呼應，故此君子不立於危牆之下，不將性命盲目交付於命運。善終固然是道福，但在必要的時候，人亦應當捨生取義，只是平日我們不好輕言犧牲。人能盡道而死，就能成就精神生命，死而不亡。死亡不只是一己之事，而必與他人發生聯繫。他人之死也好，一己身故也好，自然生命的銷亡，並不影響精神長存，人的精神乃能恆久藏於天心之中。眾心相照，所以成天心。天心仁體既內在又超越，亦無所謂內在與超越，一切都在實踐之中被實證。仁學也就是一種實踐的形上學。然而，無論哲學講得如何高遠，都由不麻木，而常能感通開始。

十八　鬼神

未能事人，焉能事鬼？

子貢曾經問孔子，死後有知還是無知，孔子回答：「如果說人死後有知，我怕孝順子孫因為事奉死去的先人，而妨害了正常生活；如果說人死後無知，我怕不孝子孫拋棄先人屍體而不埋葬。如果你想知道死後有知無知，死後便會知道了，用不著心急。」觀孔子的回答，他不是就死後有知還是無知這一問題本身回答，而是考慮到不同回答對人所產生的效果。孔子所關心的不是死後有知無知的事實，而是在生的人聽到之後的反應，能不能夠好好生活的問題。因此，一切妨害正常生活的怪力亂神，孔子都是不講的。當然，我們可以說，關於死後有知無知、是否有鬼神存在的問題，是宗教信仰上的事，而宗教信仰或多或少也可令人安心，並好好度過現世生活；然而，如果人沉迷於宗教，不能好好生活，那便是一念迷信，而麻木不仁了。換句話說，如果以感通為原則，不論言死後有知無知、真的有鬼神或者沒有，都不成問題了。

不少神學家探討上帝存在的問題時，是以上帝為一個認識對象來討論。他們論證上帝存在，就像討論其他客觀之物，如討論世上有沒有外星人一樣，視之為我們之外的東西，來加以探討。至於，靈魂問題也是一樣，被視為一個客觀的問題來研究。然而，對於靈魂的問題，我們只要自我反省，便可實證心靈是不生不滅的——向外探討的經驗對象有生有滅，向內反省的靈魂則不是經驗對象，而不能說得上生滅。所謂靈魂不朽，即不是一個客觀對象的問題，向外認識注定徒勞無功。關於宇宙本體的問題，我們亦可逆覺體證仁心之能夠涵攝萬有，而與宇宙本體為一。這就是各大宗教的神秘主義者，自證為宇宙本體體現的理由。中國人不視鬼神屬於本體界，因鬼神也是天地所覆載的個體存在，與我能實證的天心仁體不同，而為可客觀研究之物。對於可客觀研究之物，只要有足夠的經驗智慧，我們儘可探討。然而，這都與仁學之究極之義，沒有必然的關係。正如人可以研究心理學，也可以不研究，這並不對於踐仁知天純潔化一己生命的道路有決定的重要性。

《論語》中提到對於鬼神與祭祀的態度，表面上是互相衝突的。一方面，孔子說要遠離鬼神，另一方面孔子重視祭祀，但其中都可以仁道一以貫之，而無必然的矛盾。子路曾經問及生死與鬼神之道，孔子不作正面回答：

> 季路問事鬼神。子曰：「未能事人，焉能事鬼？」敢問死。曰：「未知生，焉知死？」

子路問及事奉鬼神之道。孔子說：「人事尚且未能做好，怎能夠事奉鬼呢？」子路問及死亡。孔子說：「未知道生的道理，怎能知道死亡？」在這裡有三點值得注意。首先，這是孔子當機成教，教誨子路，不等於說孔子就一定不探討鬼神問題，而在《論語》及其他文獻之中，我們都可以看見孔子在這方面的看法。其次，子路問及鬼神，孔子只答以「事鬼」。因為在孔子的心目中，「鬼」就可概括「鬼神」了。古代中國人以神靈為鬼魂的伸延，一般人死而為鬼，聰明正直者死而為神。孔子大概也是像一般人一樣抱持相關觀念。再者，孔子說：「未知生，焉知死？」即是以知生為知死的必要條件，不可在不知生的情況之下，探討死亡的問題。由此可見，雖然孔子否定了子路的問題，卻在一定程度上透露了答案。

關於古人對於鬼神的看法，於文獻可上溯至《左傳》。《左傳》記載伯有死後為鬼為厲，最後被子產平息了。趙景子問及伯有死後是否真的能成為鬼，子產回答：

> 能。人生始化曰魄，既生魄陽曰魂，用物精多則魂魄強，是以有精爽至於神明。匹夫匹婦強死，其魂魄猶能馮依於人以為淫厲，況良霄。[15]

「能夠。人剛出生的時候所化成的，叫作『魄』，既生成魄，其中顯揚昭明的，叫作『魂』，享用的物質精微繁多了，則魂魄變強，因此有了精爽，至於成就了神明，普通男女橫逆死亡，他們的魂魄尚且能夠依附於人，以為鬼厲，何況良霄？」良霄即是伯有。人生而有魂魄，死後的餘勢即變成鬼神。其實，人在生的時候，既有魂魄，死後失去身體，

15 李宗侗註譯，《春秋左傳今註今譯》（臺北：臺灣商務印書館，1973年），頁1112。

精氣仍在，因此能變成鬼。由此我們可以知道，魂魄不同於天心仁體，而是經驗界的事物，是有所謂生滅的。精氣聚則成鬼神，精氣散則鬼神亦滅。道家有魂飛魄散之說，就是這個緣故。魂魄因精氣散而滅亡，就如身體老死一樣，不就等於天心仁體就此斷滅。天心仁體屬形而上者，而精氣魂魄屬形而下者。關於鬼神的說法，我們同樣可以見於《易傳》。《易傳》有一句是這樣的：

精氣為物，遊魂為變，是故知鬼神之情狀。

「精氣是一個東西，遊魂是變化作用，因此我們可以知道鬼神的情狀。」鬼神也是精氣所構成的一個東西，而它的變化作用就是魂。因此，從人的言語動作，我們就可看到他的魂。至於魄，《本草綱目》有一條「人魄」：

時珍曰：此是縊死人，其下有物如麩炭，即時掘取便得，稍遲則深入矣。不掘則必有再縊之禍。蓋人受陰陽二氣，合成形體。魂魄聚則生，散則死。死則魂升於天，魄降於地。魄屬陰，其精沉淪入地，化為此物；亦猶星隕為石，虎死目光墜地化為白石，人血入地為磷為碧之意也。[16]

16 李時珍，《本草綱目》（北京：線裝書局，2009年），頁1746。

「人魄是自縊而死的人，在他下面有如麩炭之物，即時掘地探取便可得到，稍為延遲則深入地中。不掘出的話就會再有人自縊的禍害。因為人稟受陰陽二氣，結合成為形體。魂魄聚合則生存，散開則死亡。死了則魂上升於天，魄下降於地。魄屬於陰，它的精微沉入地中，化為此物；就好像星隕落成石，虎死目光下墜於地而化為白石，人血入於地中就變成磷石與碧玉了。」關於在自縊而死的屍體下，掘地發現麩炭之說，早見於宋代的《洗冤錄》。古代法醫以這現象來判斷人是否自縊而死。人死後魂魄分散，魂上升而魄下降，都是經驗界的事物，而可以加以研究的。

由於古人認為鬼神是人生的餘勢，而鬼神也終有一天散滅，就算死後有知，不過是將人生的真正大限延遲罷了，因此孔子對於鬼神問題，不故作神秘，仍以經驗智慧來處理，並且以知生為知死的必要條件。沒有證據顯示孔子對於鬼神魂魄認識及不上當時的子產，更沒有理由相信孔子否定鬼神存在，只是孔子堅持仁道，就算探討鬼神問題，也不麻木迷信，而視鬼神之道亦所以助我完成一個「人」的道路。

87 見義不為，無勇也

孔子主張知死必先知生，事奉鬼神必以事奉生人之道為先決條件，因此我們不好在人世的倫理原則之外，另外講一套事奉鬼神之道。事死如事生，意思是我們拜祭鬼神，仍然是要遵從人世的常理，而不應該違背倫理原則。人倫世界所講的仁義、忠信、孝道等，不但是君子行於世間之道，更是祭祀鬼神時應該抱持的態度。筆者記得第一次上道壇，向婁大真人叩問，當時對自己的事業前途充滿疑惑，並且有依賴之心，才訴諸扶乩。怎知扶乩的指示是：「適合何種事業，豈能問於老夫，自己決定！」後來讀《了閒概況》，乃得知婁大真人諱德先，生於明萬曆二十年，一生拳拳儒者之道。婁大真人二十歲時，負笈從師，悉心研究濂洛之學，後於河南開學校，培士氣，無人不識。後來入京，力陳魏忠賢二十四條大罪，其稿為御史楊漣所錄，翌日上陳，於是獲罪。先生乃出都徘徊於浙閩之間。至於清兵入關，史可法督師南京，久仰先生氣節，屢次徵召。唐王來閩，於是應徵率師建郡。後來南京失守，時局岌岌可危。清兵至閩，建郡賊匪乘勢作亂，城下一戰，先生殺賊無數，最終芝城就義。至清末戊戌年間，清太史郭曾炘在福州玉尺山房有扶鸞之舉，婁大真人忽然光降，並指示說：「天界仙真不能隨召隨至，此時倘有山林異物乘機作祟，就後悔莫及了。老夫明末在閩殉國，一靈不滅，隱居洞天二百五十多年。每當緬懷故國，感愧殊深。

今日重來此地，旨在宣揚聖教，扶助人群，希望藉此補報君國親恩。諸位善信既有心奉道，老夫願為諸位主持壇事。」[17]自始開設了閒道壇，並以「惟淡乃永」為教。關於了閒道壇於廈門的事跡，可見於《廈門市志》卷三十五雜錄二十九：「扶箕一事，走江湖者優為之，詩則大半宿稿也，間亦有真者。閩省人民政府未開幕時，十九路軍將領往鼓嶼，了閒社扶箕。有句云：『三妹胭脂空自賞，中郎才調枉成名』，明謂蔣、蔡無功也。而當局不悟，竟組閩府。衛師一來，紛紛返粵，蓋世英名，付諸流水。事固可前知耶？」[18]考查鸞章紀錄，原來在一九三三年九月十七日，就在閩變之前兩個月，十九路軍將領鄧世增、區壽年、林鴻飛、黃強等曾赴了閒道壇密叩。此外，於現存出版的唐君毅日記中，就記述了唐君毅在一九六一年六月二十一日下午至王弼卿處看扶乩，王弼卿教授即當時了閒道壇的鸞手。及至筆者上了閒道壇，道壇已流傳百多年了。雖然首次叩問，就受到了教訓，但婁大真人不時以道義勸勉，並於筆者上壇首個農曆新年頒下年偈：「疏食飲水，曲肱枕之，回自樂也，正道不移。」一方面勸勉筆者持守正道，另一方面鼓勵筆者繼續努力。筆者後來皈依婁大真人，但經過婁大真人循循善誘之後，知道人貴自立，亦知道神靈亦不主宰人的命運，就算信仰宗教也不應迷信。筆者除了敬佩婁大真人的儒者之風外，亦欣賞其降鸞詩文，其中一首是這樣的：

17 了閒道社編輯委員會，《了閒概況》（香港：了閒道社，2012 年），頁 18。

18 廈門市地方志編纂委員會辦公室，《廈門市志》（北京：方志出版社，1999 年），頁 716。

人間何處可埋憂，笑謝塵囂且自休。花底預謀今夕醉，煙中冥想隔江游。
松陰夾道青如滴，山氣平欄晚更浮。白日看雲無一事，風前容我小勾留。

筆者乃以藏頭詩一首和之：

白雲似牛，日下閒遊。看我心似，雲也無謀。無酒無觥，一向少憂。事來則應，風過不留。
前庭有樹，容我小休。我見坡前，小孩玩球。勾住夏蟬，留待清秋。

筆者與婁大真人相知相交的過程，大抵如此。

今人多以「敬鬼神而遠之」一句，認定孔子反對與鬼神打交道。考察《論語》原來的記載是這樣的：

樊遲問知。子曰：「務民之義，敬鬼神而遠之，可謂知矣。」問仁。曰：「仁者先難而後獲，可謂仁矣。」

樊遲問如何是有智慧。孔子說：「做好人事所宜，對於鬼神敬而遠之，可算是有智慧了。」又問及如何是仁。孔子說：「難事做在人之前，獲利居於人之後，可算是仁了。」

樊遲大概快要出仕做官了，要處理政務，因此求教於孔子。於是孔子說要管好人事所宜，不好訴諸鬼神，以致迷失道義。當然，不只處理政事如此，為人處世亦不應過分依賴鬼神，至於迷信。敬奉神靈，不應失去仁德，更不應陷溺宗教信仰而對世事麻木，而要處理好人倫之事。所謂「敬而遠之」，指人不應狎暱鬼神，而忘記道義而言。在《論語》之中，又有另一句有關的記載：

子曰：「非其鬼而祭之，諂也。見義不為，無勇也。」

孔子說：「不是應當拜祭的鬼魂，卻去祭祀祂，就是心存諂媚。遇見應當做的事情，卻不做，那就是欠缺勇氣。」在這裡上下兩句看似無關，但卻必須一氣連讀，才能明白箇中意義。這裡「非其鬼」是指不是祖先亡親的鬼魂，不當祭祀祈禱的，卻去祭祀祈禱，是心存諂媚，意欲巴結，一如對人的諂媚巴結。至於「見義不為」，是沒有履行道義，逃避責任，就如迷信鬼神而忘失本分一樣。由此可見，敬奉鬼神也須要克盡人倫道義，以仁心感通之，否則就是麻木，而脫離了仁道了。

一方面，孔子批評迷信鬼神而逃避責任；另一方面，孔子主張以人倫道義的原則來處理鬼神問題，乃至宗教信仰。宗教信仰之中，有正見，也有邪見，而正邪的判別準則，就在於倫常道理。有神學家解釋全能全善的上帝創造的世界何以有惡事時，即說上帝的善惡觀念不同於人，在人來說是惡的，但在上帝看來卻可以是善的。這種辯護甚為低劣，邪教行惡，就在於他們違反常理，濫殺無辜，卻滿口歪理，並自以為是「善」的。休謨的《自然宗教對話錄》對於世界的痛苦罪惡，有深刻的洞見，並本於人倫常理，對於歐洲宗教教條及盲目的神學理論予以極大的摧毀。敬奉神靈也不能麻木，而宗教信仰亦應當成為仁道之資，而所以成全仁道。

對於一般知識分子來說，他們大都對孔子抱持一種不談鬼神，無視幽冥世界的呆板印象。雖然孔子確實重視人世倫理，多於鬼神世界，但是孔子也重視以人倫道義處理死後的問題。我們不但要感通人倫世界，而且不限於此，仁心須要貫通死生幽明，致令上下四方一片光明，實現宇宙聖心。宇宙聖心乃由人心投向人心，甚至通於仙佛鬼神，心光相照，交織而成。從其實踐上的究極義來說，謂之「宇宙聖心」；就其超出主客對立，而為絕對精神，謂之「天心」；但從最淺近的倫理關係，人心與人心的交通而言，就叫作「仁心」。仁者既問蒼生，又問鬼神，以至感通祖宗、聖賢，乃至一切平凡的、卑微的、無告者之心。宋儒既說心外無物，難道仁心就排斥仙佛鬼神嗎？一切可敬可佩的，我都致盡敬佩之意；所有可哀可憫的，我都致盡哀憫之情；乃至被銘記的或被遺忘的，我都待之以真誠之心。這便是古禮中的性情之教了。

李天命老師常被誤會為邏輯實證論者，或被視為否定形上洞見或宗教經驗的學者。其實，在哲學上，他與邏輯實證論者之間，有微妙的分別。他們所採取的意義判準是不同的。其中，意義判準涉及「經驗」這個概念，邏輯實證論者所用的「經驗」概念屬於狹義的，不包括宗教經驗、形上體驗等，李老師則不然，他所採取的「經驗」是廣義的，甚至包括修行者的神通、通靈者的經驗，這使他不會輕易把有關經驗的言說判為沒有意義的，或更精確地說，沒有認知意義的。另外，李先生亦打算撰寫一部邏輯書，書中會對邏輯學的重要概念進行語理分析。筆者得知李老師對於一般邏輯書所採取的「真」、「假」概念，會代之以更有彈性的概念，以擴大可應用的範圍。筆者以為這可包括道德、美學、形上學、宗教等領域的討論。這些微妙之處，又非一般學人讀者所能把握。此外，對於靈異問題，李老師指出，只要世上任何一個有關鬼神存在的報告是真的，那麼便可完全肯定靈界存在；反之，就算世上全部有關靈異的報告是假的，都不能憑此絕對否定鬼神的存在。從理性的角度衡量，相信鬼神存在要比完全否定鬼神，來得更為合理。

其實，孔子也重視對於鬼神的敬拜，只要不違道義、不廢倫常，就應該對於鬼神盡一己之心，一如對他人盡心一樣，尤其是對於宗族的先人、歷史上的聖賢，乃至一切相知相交的亡靈。孔子就曾經稱許過禹淡薄滋味，也要祭祀祖先，以盡孝道。孔子不只視鬼神為我們情感的投射，而是視之為實在的，因此才要對先人盡孝。當然，所謂對先人盡孝，一如其在生之時，是人世道義的延續。一般人對鬼神視之不見，聽之不聞，然而其音容笑貌存於心中，宛若存在。因此之故，儒者重視鬼神之道，並視之為仁道不可或缺的環節。曾子就曾經說過：

慎終追遠，民德歸厚矣。

「在父母壽終的時候，要把喪禮辦得慎重；對於逝去的先人，要追思懷遠，這就可以令到風俗道德歸於淳厚了。」儒者大概不會視鬼神為虛幻，而以祭祀來愚弄百姓，因為這樣會有違仁道。孝悌既為仁道之本，喪葬祭祀就是孝悌的伸延。這就像父母青年的時候，兒女愛慕他們；到了父母年老，兒女就孝順他們；至於父母壽終，兒女仍然誠敬以待之，而永誌不忘。能夠重視孝道，仁心就能呈現，而慎終追遠，就能感通幽明之際，使死者的亡靈仍在人倫世界發生作用。先人之由幽暗而入於光明，發潛德幽光，端賴後人誠心祭祀，事死如事生而已。

對於鬼神，我們不好狎玩而輕視之。我自莊嚴，天地鬼神自然前來感格。我之與鬼神相遇，一如我與你之相遇。馬丁．布伯指出：「祈禱不在時間之中，時間卻在祈禱之內；犧牲不在空間之中，空間卻在犧牲之內。凡顛倒此種關係者必然會毀滅本真的實在。同樣，我絕非是在某一時辰、某一處所與我對其稱述『你』之人相遇。我固然可以把他置於特定的時空中，且當反復為之，但如此一來，他早已不復為『你』，所餘的僅是某個『他』或『她』，也即是『它』。」[19] 在我與你相遇之中，仁心就呈現了。「仁」是「二人」，不

19 馬丁．布伯著；陳維綱譯，《我與你》（北京：商務印書館，2015年），頁12。

只在我，也不只在你，而是整個感通活動。仁不是經驗對象，甚至我亦不是一物，你亦不是。彼此就沉浸在倫理之中。直至我把自己或對方用理智推出，成為一個東西、一件事物。就在人與人的交往之中，我們最初感受到的是人格，但當仁心冷卻下來，就凝固成一些身體特徵，於是我們發現了物。對於鬼神的祈禱、犧牲，亦復如是。我們沉浸在祭禮之中，忘人忘我，忘死忘生，在一片肅穆哀情之中，進入了永恆。所謂永恆，不是在時間上不斷伸延，而是根本沒有了時間觀念；同時也沒有所謂空間觀念。時空觀念，乃至作為對象的身體，都不突出，以致妨礙我與你的交通。只有仁心冷卻下來，理智發揮作用，一切才稜角分明，否則我們任運而動，一如游泳選手與海水融為一體。性情流露之處，便可窺見天心。

哲學的理論建構，由概念分析出發，至於辯證綜和，再至圓融之境，是現代人受哲學的魔咒之後，不得已的努力奮鬥。在哲學上，有分別說，也有非分別說，乃至生出「分別」與「非分別」的分別。中國古禮的性情之教，肫肫其仁，而禮樂相示，那是一片永恆的人間風景。然而，太古已遠，當今哲學乃不得已而為之。孔子之教之為圓融，本無所謂圓融，是經歷一切摩盪激發之後，而見其圓融。在古禮的性情之教下，圓教亦可戲論視之，因為仁心直接透露，乃高於一切理論者。然而，人當為哲學謀。雖然筆者以為理論不可為，不但概念分析不可為，而且辯證綜和不可為，甚至圓教亦不可為，但卻仍以哲學為志業。因為不可能滿街都是聖人，不可能都沉浸在一片禮樂風景之中。所謂圓教原是一句難聽的話，但卻足以發聵振聾。性情本是天壤之間最可寶貴的事物，而一切又由慎終追遠，通死生幽明而始。

89 祭如在，祭神如神在

祭祀天地鬼神，乃至信仰宗教，必須本於一己誠敬。所謂誠敬，是人真實化自己，以至對於天地鬼神莊重敬畏，感通祂們如在其上，如在左右。因此，《中庸》又說，鬼神之德盛大，視之不見，聽之不聞，不可測度。唐君毅深表贊同，並以天為宗，以聖賢為宗，以祖先為宗，並本，可通於死生幽明之際。牟宗三曾指出祭天、祭聖賢、祭祖先為祭祀三由宗起教，以別於佛教之宗及教，又異於世間宗教，而成儒者的宗教。他又指出，西方式的宗教音樂，足以引人上達祈求之心；梵音中的超渡亡魂之音，足以顯示人的悲憫同情；在二者之外，他卻希望有能夠贊天地化育，表示對聖賢的崇敬而絕一切祈求之意，與懷慕父母祖先而通百世之心的儒家音樂。唐君毅在早年寫《道德自我之建立》時，辨明道德與宗教的差異，而視宗教為不須，然而四五十歲時，思想經一轉變，認為須要以道德心安立宗教意識，成就宗教心，如此方能充道德心之量。牟宗三晚年亦多言道德宗教，可見二人在哲學上彼此影響。所謂由道德心安立宗教意識，即是在於一念誠敬，向天地鬼神致盡崇敬祭祀之意，而不是反其道而行，由鬼神信仰來建立道德意識。這就是古禮所說的性情之教，唐君毅當時以為時機尚未成熟，不肯輕易於人前透露，以驚世駭俗，聳人聽聞。有關儒者的宗教，順人之仁心表現為孝，故有祭祖；順人之仁心必尊聖賢，故有祭聖賢之舉；

就聖賢之同證聖神之境，而見天心，故同時亦祭天。唐君毅又說，宗教心情充量至極，必包含此三者。祖先為個體生命本源，各人有各人的祖先，因此祭祖之於儒者宗教，就如房屋的諸柱；聖人為個體真實化、純潔化自己而實現本心之全者，亦為宇宙本體的體現，故祭聖賢有如屋頂的樑棟；就諸聖賢同證或交會之境，即天心本身來說，祭天有如房之屋頂。得此三者，乃所以成儒者宗教的大廈，而缺一不可。由此可見，祭天之外，儒者必須祭祀鬼神，這是由於性分之不容已。此等種種，又以人的性情為其大本。

宗教生活須要以禮樂來支持，哲學家對之作出哲學說明，只為少數人的事，大多數人必須本於性情，行於禮樂，才得以恰當的宗教安頓。因此，儒者須要復興古禮祭祀，才能真正成就儒者宗教。關於祭祀，《論語》如此記載：

> 祭如在，祭神如神在。子曰：「吾不與祭，如不祭。」

祭祀祖先有如祖先臨在，祭祀天地百神有如天地百神降臨。孔子說：「我不親身參與祭祀，有如不祭。」前兩句描寫孔子祭祀時的情況，後面則記述孔子於祭祀有感而發。這是以祭祀不重在牲牢酒醴、香花管樂等物，亦不重在攝祭之人，而在於親自表達敬畏之心，以及真切流露性情。

黑格爾認為要通達絕對精神，可有藝術、宗教及哲學三個環節，而儒者之通達絕對精神，就有仁教、樂教與宗教。因此，仁者要純潔化一己的生命，以至於圓滿之境，固須本於仁，同時亦需要音樂與祭祀。有此三者，充宇宙只為一仁心，貫通上下四方生死幽明之際，而成一片大光明，此之謂「大明終始」之教。這才是真正的圓滿之教。這不只是哲學理論上的圓教，而是真能銷融理論，成就實踐的智慧學的圓教。牟宗三以四無教為圓教，因為它將一切理論系統消化掉了，不將特定概念系統橫列於心，以成一預設，妨礙人心的感應，而歸於寂感真機之善應無方。然而，畢竟四無教仍是理論上事，若圓教真成一哲學論述，又有違圓教之意了。因此，真正的實踐智慧學必須落於仁教、樂教與宗教，或更具體地說，實現於仁的感通、音樂與祭祀，坐言而起行，成就實踐智慧。實踐的智慧學必須是真正銷融哲學系統，而為超哲學的，這才能夠達至圓教的本旨。孔子的智慧就在於，他不必經由艱難的哲學奮鬥，而是本於生命核心之仁之純粹，滿心而發，發而皆中節。然而，當今之世，哲學家本於其分，不得不有所言說，不得不為圓教努力。正如唐君毅所言，他既艱難了自己，亦不必以哲學艱難他人。然而，他披荊斬棘，斬伐思想上的糾纏，若不斬伐，亦無斬伐之功。是故，子貢說仲尼不可毀，筆者認為唐君毅亦不可毀。哲學家必須從事哲學，而又能超哲學，令一切哲學言說，無不可用，皆當機成教引接不同形態的生命。明乎此，則知具體實踐不可廢，不但仁教與樂教需備，而且祭祀亦能使人通於天心，而行於天德流行之境。

中國性情之學之仁教，在哲學上已得到很大的成就，但是樂教與宗教仍須努力。一方面，儒者須要破斥迷信，使宗教歸於正道，因而必有批判邪說之舉；另一方面，又須復興禮樂祭祀，使人心有所歸向。儒者不但要祭天地，亦要祭祖先與聖賢。唐君毅又說，就諸聖之同證一神聖之境而顯示一宇宙聖心，則見宇宙聖心既內在於諸聖，又超越於眾多個體；就其為共證之境，可說為一；就諸聖既證見宇宙聖心而有不同的實現，可說為多。這就可見祭聖賢為通達天心的途徑，但如只祭聖賢而不祭天，則人的心思便會散漫無歸。加上，人必返於其生之本，而祭祀祖先。這就成了儒者宗教之三祭。關於祭祀鬼神，言至此止；至於祭天之義，則有待下一章詳細論述。

總括而言，孔子重視事人之道，以至於事鬼神之道。事鬼神之道不過是事人之道的伸展，因此我們不好另起爐灶去談論宗教信仰。敬奉神靈也必須本於仁義，人感通鬼神有如感通生人，正如天心透過人心投向人心，彼此交通而得以實現，人之拜祭鬼神，亦是上達天心仁體的途徑。人須敬畏鬼神，而不好狎暱鬼神，一如人不應諂媚他人，而應保持獨立的人格。至於祭祀先人不過是將孝悌之情延續至喪親之後，而祭祀聖賢是敬佩其精神人格，二者皆由明通幽，使幽入明。祭祀鬼神所以能通達天心，祭天所以能攝多於一。三祭由宗成教，成就儒者宗教，能充仁心之量，致令上下四方古往今來死生幽明皆成一片大光明。仁教、樂教與宗教三者，由哲學而超哲學，成功真正的圓教。

十九　天命

一般來說，我們會以為發生在身上的事情都是偶然的。然而，史賓諾莎認為世上一切事物皆由嚴格的機械因果所決定，因而具有必然性。正如我們看天上的流雲，總以為它無拘無束，自由飄蕩。這是由於我們缺乏知識之故。假如我們了解流雲的每一個水分子，以至充足了解大氣層中的空氣分子，就可以知道雲朵流動的形態，乃至作出精確的預測。在原則上，我們以為世事是偶然的，是因為我們對之認識不足，沒有掌握足夠的經驗知識。姑勿論在量子層面的隨機性，在日常生活的層面，我們總能對事物的因果關係有所掌握。至於有關自由意志的問題，史賓諾莎認為人的自由就在於深觀因果的必然性，使心靈得到安寧平靜而已。孔子則更進一步，認為「我欲仁，斯仁至矣」，認為人有自決去自決的能力。然而，牟宗三在《五十自述》中指出，一旦落在存在的層面，現實可叫你不欲仁，因人可有心倦心死的心理現象。人的超越性不好輕易地講，我們就只能在面對現實阻力上，一點點地超越之、克服之。孟子說，人之異於禽獸者幾希，就只得那一點點的自決力量。我們之自覺這種自決去自決的力量，亦即是內在的自決，是我們於具體行動上自決的力量根源。

所謂嚴格的決定論，不是一種經驗知識，而是一種形上學觀點。我們不能以之預測任何經驗事物的發生，甚至不能以之作為過去事態的經驗解釋。我們只能以之作為一種觀點去看待世界。正如華嚴宗所說的海印三昧，我們模擬以佛眼去觀看法界緣起中的萬法，一切事物依因待緣，一切因緣亦依因待緣，一即一切，一切即一，整個法界有如重重帝網。現實上，我們不能深觀一切現實上的因果關係，但是我們能夠想像在成佛的果地上，獲得一種全知的觀點。就算在事實上我們知識不足，我們都能本於這種觀點，形成我們應付世事，甚至立志實踐仁道的基本態度。孔子的思想之中，雖然沒有這種玄思，但是他以我們能夠充分實踐仁德為說，即發揮內在自決的能力，以至感通天下，達到宇宙聖心的圓滿境界。所謂宇宙聖心的圓滿境界，即是我們對一切事物不麻木，皆能感而遂通，我們敞開自己，使世界進入澄明之境。一方面，對於經驗世界，我們該以經驗智慧去處理，甚至可以本於嚴格的經驗智慧去看待；另一方面，我們向內反省，知道心靈不能是認識對象中的經驗之物，而自覺到這一點，我們就領悟到仁心不為嚴格的因果關係所決定。然而，當我們於經驗世界實踐仁德之時，就不能不對經驗中的因果關係有所認識。正如仁醫治病，也需要一定的經驗知識。因此，就算是本於仁心，我們所作出的判斷也可以是錯的，這是因為經驗知識不足。世事紛繁，我們難以對事情有決定性的道德判斷，道德判斷不像普遍原則應用於特殊現象，每一個道德判斷都是獨特的，就算是對於同一件事，因為各人所存的反省，乃至對事件的掌握都有差異，因而判斷亦各有差異。道德判斷乃本於人對於聖人之道與當前實況關係的反省，所以是具體而獨特的，因他既不涉及抽象的普遍原則，而又涉及千差萬別的經驗知識。仁道必然涉及具體的存在。

仁道既涉及具體存在，則不能不涉及經驗中的因果關係。對於我們生命中所能遇到的事情，我們可知道它們具有必然性，卻又不必了解它的因果關係。一方面，我們在道理上可以知道它有自己的因果；另一方面，我們在現實上又確實不知道它的因果關係是如何的。因此，我們就知道我們對於經驗事態的無知了。對於生命中所遭遇的事情，我們都視之為「命」。《論語》中記載了子夏的一番說話：

> 司馬牛憂曰：「人皆有兄弟，我獨亡。」子夏曰：「商聞之矣：死生有命，富貴在天。君子敬而無失，與人恭而有禮。四海之內，皆兄弟也。君子何患乎無兄弟也？」

司馬牛憂心地說：「人們都有好兄弟，只有我一個人沒有。」子夏說：「我聽過一句說話：生死有命，富貴在天。君子誠敬而沒有過失，對人謙恭有禮。四海之內，都可以是兄弟。君子何以憂慮沒有兄弟呢？」司馬牛的次兄桓魋在宋作亂，而長兄向巢，弟子頎、子車等都是同黨，因此司馬牛憂慮他們作亂而死，而說自己沒有兄弟了。子夏所說的「死生有命，富貴在天」，可能是聽聞自孔子。只因孔子面對冉伯牛的惡疾時，也提到「命」。他說這樣的善人有這樣的疾病，大概就是命了。對於死生富貴等人生遭遇，我們視之為出於天，而且視之為命，就好像上天命令於我的。哲學家既視「命」為命遇，而命遇之中又有命限。雖然有命在，仍然不礙我去實踐道義，因而有「義命分立」之說：

> 孟子曰：「口之於味也，目之於色也，耳之於聲也，鼻之於臭也，四肢之於安佚也，性也。有命焉，君子不謂性也。仁之於父子也，義之於君臣也，禮之於賓主也，智之於賢者也，聖人之於天道也，命也。有性焉，君子不謂命也。」

孟子說：「口舌之於味道，眼睛之於美色，耳朵之於聲音，鼻之於香味，四肢之於安逸，是人人所好，是出於自然之性。但有命限，因此君子不追求滿足自然之性。仁德之於父子，道義之於君臣，禮節之於賓主，智慧之於賢者，聖人之於天道，有他的命限。但這些東西都出於本性，因此君子不以命限為藉口。」就命與義之不同來說，我們知道無論命運如何，都不礙於實踐道義。命運非我所主，但仁義卻是主之在我。不論在任何命遇之中，我都有自主自決的能力，都能夠朝著聖人之道去邁進。因此，對於司馬牛問仁，孔子便以「不憂不懼」來提點他，叫他做好本分，自然就不憂不懼了。

對於事物的必然性，我們不一定擁有充足的經驗知識去了解，甚至視之為偶然的。我們既可視經驗世界受嚴格的因果關係所決定，但我們又知道仁心不是經驗對象，而在經驗世界之外、之上，不為必然性所決定。因此，對於經驗世界中的遭遇，我們視之若命，是上天之命令於我的；但就仁心之自主自決，作為我們實踐道義的根源，它不是受嚴格因果所決定的，所以在命之外，我們又有義的領域。此所以成「義命分立」之說。

91 畏天命

叔本華指出，現世是罪人的流放地，終極的審判不在彼世，人們帶著自身的缺陷，就已經得到了他們的懲罰了。他又指出，人生的意義在於經歷痛苦，也只有經歷痛苦，人才會得到道德教訓，而能更好地生活，這就好像大氣壓力之於身體，使之不致於自我膨脹，至於爆炸。人所遭遇的一切，好像在冥冥之中，都有它的道德意味，就好像上天命令於人似的。也只有心存聖人之道，心存上天的人，才能領略箇中的意義。所謂心存聖人之道，就是立志實踐人生圓滿之境，即是最高善，至於聖人之境。這當然是一個理想。就人生實踐至極，就稱作「聖」；就其超出個人意志，而為諸聖共證之境，就叫作「天」。因而天具有超越性，即好像超出主觀的意志，而具有獨立實在的意義。在我踐仁知天的實踐過程之中，所經歷的一切，皆可視為達至終極之境的考驗或助力，而為上天命令於我的，而具有道德的意味。因此，人對於上天，甚至對於所命令於我的，不能不具備敬畏之心。於此，《論語》有一番說話，提到人的敬畏之情：

> 子曰：「君子有三畏：畏天命，畏大人，畏聖人之言。小人不知天命而不畏也，狎大人，侮聖人之言。」

孔子說：「君子有三件事必須心存敬畏：敬畏天命，敬畏道德崇高的賢人，敬畏聖人留下的教訓。小人不知道上天的命令而不敬畏，輕視賢人，輕慢聖人的教訓。」小人就是沒有立志實踐聖人之道的人，他們心目中沒有最高善，沒有自覺地實現人生圓滿之境，也就目無上天了，更無所謂由聖道倒映之下的賢人和聖人的教訓了。也就是缺乏了人生圓滿境界的觀念，亦即是心中無聖人之道，小人心中不知敬畏。反之，君子對於天命、賢人和聖人的教訓心存敬畏，這就是一種智慧。

敬畏使人得到智慧，正如《聖經》中也提到，敬畏上主是智慧的開端。講習儒學的人，總喜歡提到聖道的根源內在於生命核心之仁，我之渴慕聖人之道，皆源於內在的自決的能力。所謂內在的自決，即不是指我在經驗世界的自決能力，而是指更為根源的，我自決去自決的能力。縱使我在經驗世界受嚴格的機械因果所左右，因而不能在行動上自決，但在我的內心之中，我總能決定去自決，這就是一切自決地實踐聖道的根源。然而，除了自覺到內在的仁心外，我們更要知道有我實踐所不能及的境界，而知道有上天。天超出一一主觀的意志，又不是認識所對的客體，而為超主客的絕對之境。人以一切實踐源於內在之仁，即覺一切工夫平實簡易，皆由我所主，而不覺其艱難。反之，人心存敬畏，知道在我之上，有一絕對之境不為我所企及，我只能為之終身奮鬥，它如在其上，如在左右，令我心生敬畏，這也是一種至關重要的實踐智慧。上天之命令於我，使我知所進退，它好像在為難我、鞭策我、玉成我，賜予我種種痛苦，於是我敬畏它。當然，宗教徒可想像它是人格神，乃至與我有種種互動，我可以對之祈禱懺悔，但是儒者只視之為有道德意味的天，而命令於我而已。對於上天的命令，《孟子》一書就有這樣的話：

孟子曰：「舜發於畎畝之中，傅說舉於版築之間，膠鬲舉於魚鹽之中，管夷吾舉於士，孫叔敖舉於海，百里奚舉於市。故天將降大任於是人也，必先苦其心志，勞其筋骨，餓其體膚，空乏其身，行拂亂其所為；所以動心忍性，曾益其所不能。人恆過，然後能改；困於心，衡於慮，而後作；徵於色，發於聲，而後喻。入則無法家拂士，出則無敵國外患者，國恆亡。然後知生於憂患，而死於安樂也。」

孟子說：「舜興起於田野農耕之中，傅說被選舉於泥瓦工匠之間，膠鬲受舉於販賣魚鹽的商人之中，管夷吾舉用於獄官，孫叔敖舉用於海邊，百里奚舉用於市場。因此上天將降下重大的責任於這個人，必先令他心志困苦，使他筋骨勞累，讓他體膚飢餓，令他身心空乏，拂逆阻撓他所做的事；這是所以激勵他的心志，堅忍他的性情，增加他的能力。人常犯過錯，然後能夠改正；心中困苦，思慮衡量，然後發奮振作；察看他人的面色，聽聞他人的聲音，然後通曉明白。國內沒有守法不移的大臣，國外沒有敵國外患，國家大多會滅亡。然後知道生存是出於憂患，死亡是出於安樂了。」上天的命令確實令人敬畏。除了敬畏天命之外，孔子又提到敬畏賢人和聖人的教訓，這些都可視為上天玉成我的行徑，而皆可以天命視之。

然而，在中國哲學的發展之中，敬畏天命的智慧得不到充分的展現，儒者大多太快地反身內省，知道一切道義皆出於良心的要求，而自覺到仁心為聖道的根源。他們領悟到實踐聖道，都是一種自我要求，而所謂天命，也不過是透過我的智慧去理解所有環境遭遇，而生出的自我命令而已。儒者喜歡把天命內在化，而不喜歡把天命看為超越的。《中庸》蘊含這一由超越的天命下貫為人性的理路，《易傳》亦說到「天行健，君子以自強不息」，然而儒家還是重視內在之仁，而在理路上撐不起超越的天命。至於由此而生的敬畏之情，也發揮得不夠充分。唐君毅有「義命合一」之說，指出在一切命遇之中，人都可以發現義之所當為之事。命之所在，即義之所在，在一切困苦艱難之中，人都可以發現上進的道路。唐君毅之說，令天下人皆有道路可走，固然指示了天下的大道。但他對孔孟的天命之說，仍然重在反省內在之仁，對自我提出道義上的要求，而所以自命也。一如大多數儒者之所言，天命即是出於自命，這是一種平實簡易的學說，並不會太過背離常理，亦不會生出人格神崇拜的虛幻性。但卻不能觸及敬畏之情了。仁說之平易，當然是大中至正之教；但是敬畏天命，也可令人振拔精神，於艱難困阨之中抱有不移的信仰。

知我者其天乎！

卡爾·波普曾在《公開社會及其敵人》之中批評黑格爾為「偽先知」，大概就在於黑格爾宣稱絕對精神最終降落在德意志之上，而德意志將會帶領人類進入歷史的終結。這種說法可能與黑格爾在《法哲學原理》之中所說的「密納發的貓頭鷹要等到黃昏的到來，才會起飛」有所違拗，而且黑格爾批評了柏拉圖的國家學說，並且不主張哲學家超前時代，對國家應該如何發展，提出一種大目的論。所謂「密納發的貓頭鷹」，是比喻哲學家的智慧，它要在「黃昏」，即歷史事件發生之後，才對事件作出說明。哲學家只能就存在是如何，而理解存在，為已存的事實提出哲學解釋。因此，中國人所講的天命，亦宜是後起的，這就在於一個政權穩定下來了，甚至得到了百姓的認同，我們才好說它是受命於天；而不好前瞻地說某人身負天命，而鼓動民眾，犯上作亂。當然，我們可以批評這種說法太過保守，甚至批評它為政府說話。但左派黑格爾主義者及其後繼者那種帶有《啟示錄》式的口吻，要帶領世界進入天國，它對世界所造成的災難是難以估計的。老年黑格爾早就意識到這一點，指出哲學學說不應超出現實的土壤，而對世界精神作出指點。黑格爾又說：「這裡有薔薇，就在這裡跳舞吧！」他認為他的哲學著作旨在說明人如何認識對國家這一倫理存在，而避免指導國家，亦即在地上的絕對精神，應該如何發展。

在《詩》、《書》之中，我們就能看見天命與政權的關係。古人為了警惕當政者修養德行，於是提出天命的觀念，並把天命與人的德行連繫起來。有鑑於前朝覆亡，有人提出「天命靡常，唯德是輔」的想法，想到在現實政權之上，還有天命，統治者應該為上天的繼續降命而自我約束。由此可見，所謂天命，固然是一種提醒，但其實也是一種自我要求。統治者須反省自己的德行，是否足以配上天命。因此當他對天命作出反省時，即是在反省自己的德行。天命亦即是人的自命而已。當人反省到義之所在，即天命之所在時，他不只是反省到自己的德行，而更在自我的道德要求之外，反省到這個道德要求的根源，即是仁心；仁心又不為我所私有，乃超越一己的主觀精神，而源於超越的天命。因此，人可以由對於道德心性的反省，而對於天命有所冥契。所謂冥契，即自覺到天命與心性的神秘關係，而仁就是這神秘的紐帶。中國人之敬畏天命，往往表現為自誠自敬，正如朱熹所說，敬就是「主一無適」，就是精神投放到自心之上，專念於仁，而無所外騖。敬不必投向一個外在的對象，就算是外物引起我的敬意，但本質上都是我自誠敬起來。因此，儒者大多講「誠敬」，而不是「敬畏」。由此可見，天命的思想，成為了君子的內在反省。就算是孔子，也不像西方的哲學家一樣，將上帝、靈魂與自然之理視為客觀之物，對之作對象化的考察，而是反身而誠，向內省察仁心、天命與道理。這就是孟子所說的「萬物皆備於我」的意思了。

《論語》中就記載了孔子對於天命的體會，這種體會不是從天而降的，不是出於天啟，而是他從人事之中，下學而上達所得到的：

> 子曰：「莫我知也夫！」子貢曰：「何為其莫知子也？」子曰：「不怨天，不尤人；下學而上達；知我者其天乎！」

孔子說：「沒有人知道我啊！」子貢說：「為甚麼沒有人知道夫子呢？」孔子說：「我不埋怨上天，也不怪責別人；從人事上學習而上通天命，也只有上天知道我了！」在這裡有兩點值得注意。首先，孔子提到上達，不是寡頭地提出天命，天命必然連於人事而言，因此孔子才說他從人事上磨鍊而通達天命。其次，孔子說天知道他，不是真的說天有所意識，而只是他踐仁知天，所以才感嘆只有天知道他。孔子說他通達天命，而不離人事。因為他就在人事的實踐之上，逆覺體證他的道德心性，又體會到仁心不為他所私有，而屬於天之所命。「仁」就是「二人」，當你我相遇，彼此交通，仁就呈現了。仁不在主，亦不在客，既不為我所私有，也不是先在於你，它就在你我之間，統攝主客，亦無主無客，而是絕對精神。仁的呈現，如在其上，如在左右，你我都沉浸在感通活動之中，分不出彼此，打成一片，只見整個地是仁。就其是精神活動，我們稱之為「心」；就其作為絕對之境，我們稱之作「天」。仁心即是天心。

孔子所說的天命，不像宗教徒將絕對精神對象化為一崇拜對象，更不會對之祈禱懺悔，祂亦不會有所思量，也不會有意志情感，亦即不是人格的存在。孔子就算是說到鬼神，亦不過將它們視為天道覆載之下的個體存在。所謂「乾道變化，各正性命」，鬼神與我皆須各正性命。鬼神不為我的主宰，天亦不為鬼神所主宰，甚至天不為任何個體存在的主觀意志所主宰。神學家努力論證上帝存在，是將上帝視為客觀的個體存在來探討，就像探討世上是否有外星人一樣。雖然他們會認為上帝是絕對精神的人格化，但他們的討論方式卻有所落差。神學家論證的第一因、設計者、完美者，都是視上帝為我們之外，別有一個體存在而已。至於孔子所說的天，就是一包涵覆載的絕對精神。它不是我們的經驗對象，甚至不為理智概念所把握。我們只能體驗之、默識之。史懷哲在《有大用的中國思想史》中說儒家是神秘主義，就在這個層面上說。孔子頗能把握這層義理，而毫無走作。

天命，亦即是人的自命。一方面，對於天命的體會，乃源於人的自我道德要求，將我之自命視為天命；另一方面，人不將自命只視為自命，而視為具有超越意味的天命，其理由就在於：人反省到一切自我道德要求，都根源於仁心，但又旋即反省到仁心不為一己所私有，而為超出個人主觀意志的普遍精神。它甚至不是一個客觀存在，而是一超主客對立的絕對精神。因此，人從他的性情流露，體會到天心仁體之為絕對的，既為內在的，又為超越的。因此，孔子既將天命內在化，但同時又將人的性情超越化。超越的天，不離內在的心性。

93 獲罪於天，無所禱也

《尚書》上說：「天聰明自我民聰明，天明畏自我民明威。」意思是指上天如有意願，都會表現在百姓當中，天要視聽就透過百姓的眼睛耳朵，而天要賞善罰惡就透過百姓之手來賞善罰惡。一方面，天道不是玄遠不可知的；另一方面，世道倫常具有超越的意義。古人不但將天命內在化於百姓之心，又將日用倫常中的道理超越化為上天的道理。當然，我們可以追問：世間總有很多不合理的事情，人又有很多偏見，不見得就會講道理，況且驅動人們行動的，大多不是道理，而是欲望、情感、利益等因素，何以見得道理就具有超越的意義，並且會表現在百姓之中？從一個人的言語行動來看，他固然會表現自私，甚至從群眾的表現看來，也會十分瘋狂；但如果我們從長遠的眼光來看，不合理的東西終會被歷史長河淘汰，如二十世紀的納粹及法西斯政權，而歷史上的不少野心家縱能掀起一時的熱浪，卻終究為人所唾棄；真正留在人心的，是聖哲之教，他們的光芒不滅，永遠照耀人心；又如巴赫與貝多芬可能潦倒一時，但卻最終為人所稱頌。這可見人心在大體上看來，是美善勝於邪惡的。人類經歷一次又一次的危機，而終於轉危為安；他們不斷走錯了路，經歷很多悲劇慘案，卻又能振作起來。這令人想到在群眾的潮流之上，乃有超越的天命，它不為人的主觀意志所動搖；而這超越的天命，又不是脫離人心而潛存的，卻是一點點體現於百姓之中，而終能大放光明。總體來說，人是具備良知的，而天命就藏在人心之中，體現於人的性情，人只要反身而誠，就能夠致良知，乃至自省天命所在。因此，筆者對於人類的未來是充滿信心的，而相信天心仁體總在透露它神秘的訊息。

孟子的性善論屢受挑戰，但筆者認為它之所以屹立不倒，並深入中國人的血液之中，是因為孟子道出了人世的常道。縱然有些人口頭上反對性善論，他們到要決定是非對錯的關鍵時刻，都會教人捫心自問，看看自己的良知。由此可見，他們或多或少都接受了人有良知良能，而能夠知善知惡，乃至為善去惡的能力。孟子主張性善論，並不就認為人在本質上就是善的，他指出了：「乃若其情，則可以為善矣，乃所謂善也。若夫為不善，非才之罪也。」這是說：就人的情實來說，人可以作善事，這就是所謂善了。至於人作不善的事，不是他的材質不好了。人之性善，不在於他真的作了善事，而在於他可以作善事，他的材質，即本性，具備這種能力。縱使是十惡不赦的殺人犯，孟子也相信他在原則上有悔改的一天。就人在原則上可以為善的能力來說，就是善性，至於人為不善，就不是本性的罪過了。對於人性之常，孟子又引用了《詩經》上的幾句話：「天生蒸民，有物有則。民之秉夷，好是懿德。」這是說：天生眾民，一物有一物的原則，百姓秉持常道，因此愛好美德。孟子的性善論，不是一種經驗的心理學，而是討論天人之學，即是從道理上、原則上探討人的存在地位，即涉及「人是甚麼」的問題。在孟子心目中，乃至在一般中國人心目中，人秉受天命，而具備良知，人或會放失良心，但追回來就好了。

天命具有倫常道理的意義。孔子以仁為天的具體實現，天命好像非常玄遠，而不為人所能觸及，但在具體的仁心表現之中，天就透露它的消息。「仁」是「二人」，就在我與你相遇，彼此交通之時，仁心就呈現了。仁不在於我，亦不在於你，而在我們的中間，仁心就是一整個感通活動。就其具有倫理的意義，我們稱之作「仁」；就其是精神活動，我們稱之作「心」；就其具有絕對的意義，我們稱之作「天」。仁心即是天心的體現。我們要體會天心，就從倫理關係中的仁去理會。沒有離開仁的天，沒有不是體現天命的仁。天不但是絕對之境，而且是倫常道理的超越根據。所謂倫常道理的超越根據，即是指道理不為一己所私有，亦不限於一時一地的人群之中，而超出一時一地的限制，就像上天一樣，不為堯存，不為桀亡，不為任何主觀意志所左右。關於天的超越性，《論語》記載了一番說話：

王孫賈問曰：「『與其媚於奧，寧媚於竈。』何謂也？」子曰：「不然，獲罪於天，無所禱也。」

王孫賈問道：「『與其奉承居室西南角的神明，不如奉承掌管飲食的灶神。』這是甚麼意思？」孔子說：「不是這樣的。若然獲罪於上天，就是禱告諸神，也沒有作用了。」王孫賈知道孔子見南子，便說了這句話，教孔子與其討好衛君的親幸，不如巴結掌握實權的外朝用事者。但孔子卻說，應該以天為尊，按照常理而行，不要違理而求媚於人。孔子不但不求媚於衛君及其燕私，而且不巴結外朝主事者，只是按照常道而行，以天為尊，以道理為尊而已。在孔子的心目中，我們固然要以人倫道義來處理鬼神的問題，鬼神世界只是人倫世界的伸延，所以我們不必在世道倫常的道理之外，另有一套應付鬼神的原則，仍是就義之所當為而為之。此外，在諸神之上，心存一超越之天，而天道包涵覆載，鬼神皆須遵從道理，就如世間的人一樣。天是道理的超越根據，因此古人又分別稱道理為「天道」、「天理」。雖然這裡孔子表達了他的政治取向，但是亦表達了他對於上天的信仰。人不應沉迷鬼神，更不可過分依賴其他個體存在，而應該自立自強，敬天憫人，行所當行，不行所不當行。天不是我的生命之外，另有一個實體，我就在天之內，天也在我之內，當仁心呈現，天就默默透露它的消息了。人當以天為尊，即是以仁為尊，亦即是以道理為尊。

孔子認為天是最高的存在，是絕對之境。天命不是有一類似個體存在的神靈，對我下達命令，反而是由我體會超越的道理，反省於心，對自己作出道德要求，而有所自命，恍如上天對我下命令一樣。天之所命於我，就在於仁心，義之所在，即命之所在。如此，則一方面，天命內在化於人心；另一方面，仁心即是天心的體現。而每當仁心呈現，或我與你交通，當我看見你的臉龐，聽見你的說話，感受你的溫暖，就好像上天化身於你，而親臨於我了。天不是玄遠不可觸及的存在。就在為卑微的人所作的微小事情中，天心就實現了。天是何等的實在！

94 天何言哉？

就自我要求來說，道德命令是發自內在的，是源自人的心性；就人之自我實踐，至於無窮之境來說，這無窮之境恍如超越於主觀意志，而別有根源，而為超越的。人越是實踐他的心性，他就越能體會天之所命，因此王船山說：「命日降，性日生。」一般來說，只就道德行為而說道德行為，甚至是只就道德概念作出哲學分析的哲學家，是難以體會天命的。也只有視人生為一場與最高善相呼應的實踐歷程，而至於無窮之境，才會在一己的主觀精神之上，體會超越之「天」。雖然我的每一次的道德行為，都是明確可知的，乃至每一次的進步，都是了然於胸的，但是當我想到我的道德行為，乃至道德進步，都是可至於無有窮盡之境，這時我仰望於全部的道德理想，心生無限的敬畏，恍如它在我之上而根源於天，於是我知道了天的存在。

宗教徒之信仰上帝，很少是因為在理智上接受了神學家的論證，而大多數人都是因為在困境之中，感到無能為力，或在美好生活中，想到一切恩賜，皆來自不知名的主宰，而對於無限的天或上帝產生敬畏之情。由道德實踐而生出對於無限的天或上帝的信仰，乃道德宗教的特徵。人出於道德體會而信仰於天或上帝，須是以仁或愛為宗，而承宗起教，成功為道德宗教。人或相信一些神話或教義，這是沒有一定的。正如福音書上說，最重要的誡命在於愛，信徒當愛人愛神。儒者就重視踐仁知天。兩者皆重視實踐道德，而對於無限的天或神，心存敬畏。就筆者的觀察來說，基督教的神話固然會在理智上遇到很多詰難，但它畢竟是深藏智慧的，而可視為上帝對人的啟示，豐富人對於天人之間的體會；而儒者之直接把握道德心性，雖然少了一點奇彩之處，但卻少一點虛幻性，使人較能切實達至天德流行之境，而沒有走作。儒者在宗教之外，更另有仁教與樂教，即在宗教信仰之外，別有一純粹的性情之教，這都是當今以後的儒者須要重視的。

人之信仰超越的天，而視天為無限的，而由無限的天，反觀一切有限的存在，就會疑問無限的天，何以生出有限的事物，乃至由有限而來的悲劇與罪惡。唐君毅就問至真至美至善的神：祂為甚麼不使小孩永保天真？青年男女永保堅貞？壯年志士永保忠誠？祂為甚麼不使孔子親身設教至今？耶穌今朝復活？我們再聽見釋迦說法妙音？祂又為甚麼使許多詩人飄泊世界，無處棲身？哲人寂寞一生，一心長懸天壤？革命家幽囚、逃亡、殺戮、焚燒？祂為甚麼使忠孝不能兩存？智慧與熱情常不能並存？祂為甚麼任一切生物生存而永遠競爭？人類歷史充滿刀兵？祂為甚麼不使地球上的生物與人類永不感物質的缺乏，各遂其生，而相親相愛？從神的無限與完全，我們深切反省出一切存在，包括自身的生命存在，乃是有限與不完全。於是，我們了解到宇宙人生的悲劇性，而生出最嚴肅的感慨了。一方面，儒者努力實踐道德，盡一己之力，令應該存在的走向存在，令不應該存在的走向不存在；另一方面，儒者對於上天抱持一種絕對不移的信心：相信天命流行，一切悲劇罪惡皆有待滌除的，而所有錯誤與不完全，皆有待改正與成全。天乃使大化流行，一切有限都籠罩著無限，有限都在超化之中而趨於圓滿。《論語》就記載了孔子說上天運化四時，覆載萬物，而無所言說之語：

子曰：「予欲無言。」子貢曰：「子如不言，則小子何述焉？」子曰：「天何言哉？四時行焉，百物生焉，天何言哉？」

孔子說：「我想不再說話了！」子貢說：「夫子若不說話，教我們這些學生何從傳述呢？」孔子說：「天何嘗說過甚麼呢？四季運行有序，百物滋生；天何嘗說過甚麼呢？」我們能從具體的言教之中，察看到具體而有限的存在，孔子卻又言歸於默，令人默識無限的天。天道不能不以言說為功，又不能全以言說為功，因此孔子教人，既說了很多的話，教人體察具體的德行，又歸於沉默，教人默識無形的天德。

人作為具體的存在，只能作出有限的努力，然後君子亦須從有限的道德奮鬥之中，反溯其超越的根源，知道有無限的天道，而心生信仰，心生敬畏。這是一種由道德實踐生出的形上學，或者道德宗教。人對於道德的體會越是深刻，他對於上天的信仰說越深厚。唐君毅很喜歡梁啟超的兩句詩，並曾題詩：「世界無窮願無盡，海天寥闊立多時。」「寥闊」

二字，梁原作「寥廓」。就詩意而言，世界從何而來，我們不能得知，就只能就其實存已久的「海天寥闊立多時」，反省出它的終極目的，為天地立心；而所立此心此願，是無有窮盡的，天地之道連同我的自強不息，都是無窮無盡的。由我的願力無盡，而反省發出這道德心願的性情，有它超越的根源，因而知道天是無限的。因此之故，由海天寥闊，自覺心願無盡，世界亦無窮。也只有無窮的道德願力，才能呼應無窮的天道。人的存在是有限的，但它卻統攝無限的心。從存有論上，固然是超越的天命下貫而為心性；但從工夫論上說，人卻是有限而無限——從有限的生命之中，許下無窮的悲願，縱然有限的生命不能窮盡其願，但人仍是能夠具有無窮的願力。這亦是所以其為「悲」之處。

從有限的生命永不能實現無限的願望，人生具有悲劇的意味；就無限的天籠罩一切有限存在，使一切不完善的超化，而趨向最終圓滿，人生還是樂觀的；就人生既在現實上具有悲劇性，而在終極圓滿的層面上仍能抱持樂觀態度，合此二者，即生出一種悲樂交集的心情。然而，悲觀也好，樂觀也好，對於儒者而言，仍當看見道理之所在，與義之所當為之處。離開了道理之所在，與義之所當為者，一切實踐形上學或道德宗教無從說起。孔子縱然說到天道，仍然不離人倫道義而說之。所謂實踐智慧，須由實踐著力之處說起。

95 天生德於予

孔子固然視天為包涵覆載的絕對精神，此外他又視上天與他有密切關係，而直接降命於他的。他不但在禍患之中，能夠表現冷靜沉著，而且往往自尊自信，用其力於仁道。孔子之崇尚天命，已經超出了哲學的理智，而為一種宗教信仰。所謂宗教，即不是流俗一般的宗教，而是以仁為宗，承宗起教的信仰。這是他走在純潔化自己至於最高善，終於達到圓滿之境的道路上，而相信自己終必成聖的信仰。這是由踐仁知天所生出的信仰，亦即是生於道德宗教的信仰。因此他相信上天的降命，知道自己雖然面對重大的難關，但德行卻不至於被奪去，甚至憑著德行，窘困終於會捱過去的。因此，孔子說過，在他的成長過程之中，五十歲能夠知道天命，那是他對於自己的德行，乃至一生事業的覺醒。他又說過，不知命，就無以為君子了。君子是要對天命有一種明確的覺醒，而對於自身的德行與事業有一種覺醒。這即是對自己一生所實踐的終極目的有一種了解。當然，孔子在十五歲時，有志於為學，已經對於人生的終極目的有所覺醒，但到了五十歲時，他回顧前半生，更能確切了解他一直以來的道德實踐的意義。兩者是一前一後的呼應。

孔子一生之中，經歷了三次大的困阨，第一次就是受到匡人圍困。匡人曾受陽貨虐待，因此心裡極之憎恨陽貨。孔子經過匡時，匡人就誤認孔子為陽貨，因為當時為孔子駕車的顏刻，也曾為陽貨駕車，加上孔子看起來與陽貨有幾分相似，所以匡人才把孔子圍困起來。當時，孔子對自己充滿信心，他安慰在困難中的學生說：

文王既沒，文不在茲乎？天之將喪斯文也，後死者不得與於斯文也；天之未喪斯文也，匡人其如予何？

「文王既死，道不就在這裡嗎？天之將使道喪亡，不會使後死者也知道這個道呀！天之未令道喪亡，匡人又能把我怎麼樣？」錢穆指出，孔子每逢危難，都會發出信天知命之語，這是因為孔子自信極深，認為自己實行的道，就是天命之所在；他又自謙之極，認為他所踐行的道，並不就是出自一己之意，而是天意使之明白於世而已。由此可見，孔子認為他的生命意義，就在於負載天道，天道乃通過他實現於世。於是他在現實的生命之外，獲得另一種屬於上天的生命與天職。

孔子另一次經歷困窘，就在宋國。他與學生習禮於大樹之下，桓魋斬伐其樹，欲加害孔子。於是學生請孔子速避，孔子便說：

天生德於予，桓魋其如予何？

「上天生下仁德於我，桓魋能夠將我怎麼樣？」孔子以自己的仁德，不為自己所私有，乃至一己的生命，亦不為自己私有，乃出自天命。於是，他在現實的生命之上，有了第二重生命，即屬於上天的生命。因此，面對禍患，孔子不但不憂不懼，而且知道他的仁德，乃出於天命。縱是此身毀滅，此德亦不可毀。孔子不以此身為身，乃以此德為我，此德既不可毀，我亦無所憂懼。這是孔子深深了解天命的表現。

孔子第三次經歷困阨，就在於陳蔡之間絕糧。孔子離開衛國，受到楚昭王的招請，陳、蔡兩國的大夫恐怕孔子受到楚國的重用，會對自己不利，於是派兵將孔子在陳蔡野外圍困起來。《論語》就記載了這件事：

> 在陳絕糧，從者病，莫能興。子路慍見，曰：「君子亦有窮乎？」子曰：「君子固窮，小人窮斯濫矣。」

孔子在陳斷絕了糧食，從行的學生都餓病了，不能起來了。子路心中不悅，說：「君子也有窮困的時候嗎？」孔子說：「君子固然會窮困，但是小人窮困，卻會放縱橫行了。」小人窮困的時候，會放縱橫行；反之，君子固然也會窮困，但卻持守正道，不會亂來，也不會自暴自棄。孔子既能在困境中自我持守，也能安慰他人，這是因為他自覺天命所在。

孔子不但視仁義為自命的，而且視仁德為天命所在，因此他在窮困的時候，能夠無所憂懼，終能克服困難。只因他視自己的德行，出於天命，而他又不以自身為身，卻以此德為我。既以此德為我，即是無私之我。「仁」是「二人」，仁不在我，亦不在你，就在於你我之上，屬於忘主忘客，不分彼此的天。天之所命，即是仁之所在。我以天命為體，以仁為我，於是我認同了永恆的天道為真我，我不再懼怕受到損害喪失，而相信自我終必達於終極圓滿之境。我們縱然不能像孔子那樣，克服當前的困境，而成為偉大人物，但我們心存天道，就算經歷禍患，竟至於早夭，也是盡道而死。如果我們真的能以天命為體，以仁為我，那麼就不會懼怕喪亡，而知道我們真的會臻於圓滿之境。這就是儒者道德宗教的信仰所在了。

總括而言，我們在經驗界的遭遇，有其必然性，我們視之若上天的命令。但我們在命之外，乃有義之所在，命運是如何是一回事，我們如何回應命運，實踐道德又是另一回事。天之所命，乃義之所在，而義之所在，即天之所命。我之行義，固然是我之自命，但是我的道德心性，乃有它超越個人意志的根源，即是天命。從我的道德實踐，至於無窮之境，故能有限而無限，體會無限的天。仁心原不為我所私有，而為天之所命於我。孔子既將天命內在化，但同時又將人的性情超越化。天命就見於仁，就具體化為道理，實現於世道倫常之中。天是無限的，人乃以無窮的悲願與之呼應。我們越是實踐內在的仁，就越能體會超越的天。最後，重要的仍是我們以無私的仁來體會天命，就不懼怕一己的喪亡，而能心存信仰，知道我們真的會臻於圓滿之境。而一切又由踐仁行義始。

後記

如果孔子生於今日香港，他會做些甚麼？他可能會跟黎耀威唱大戲。

我很老土，聽流行曲喜歡聽許冠傑，吃飯來來去去吃涼瓜炒蛋，看小說愛看毛姆和夏目漱石，刺激一點會看《金瓶梅》，看粵劇就只會看任劍輝《帝女花》、《十奏嚴嵩》、《李後主去國歸降》等劇。不是說聽任劍輝就是老土，只是聽過了之後，我就先入為主，以後就慣性地聽下去，連任劍輝的其他劇目也懶得去找。

相反，孔子是一個很不老土的人，他嚴肅而不呆版，念舊而不泥古。他是一個充滿熱情的人，要是富貴不可求，他寧可浪漫一點，做自己喜好的事。他喜歡玩音樂，並曾經因為玩音樂，而三月不知肉味。他也喜歡研究學問，直到耄耋之年，仍然孜孜不倦，說自己讀書讀到忘記吃飯，快樂而忘記已經踏入老年了。他也很樂於與人交流，師生之間常有互動，不像現代教育制度中的大多數教書匠。他就在自己的事業中拼搏，忘掉自我，於是把所有艱難都看淡了。

天才型人物非常乞人憎，因為他們在一般人習慣了的價值觀之外，另外抱持一種看法，使得社會大眾的標準看來一文不值。正如李白作詩，會令其他詩人自慚形穢，杜甫就說過李白「世人皆欲殺」。孔子的形象也是十分鮮明的，他截穿人世的平面，建立一套獨特的思想。所謂「仁者，人也」，仁學就是要教人成為「人」，頂天立地而成為真正的人，活出人生應有的意義。不難看出，孔子是一名具有天才激情的人。

除了天才型的一面之外，孔子是一位聖賢，聖賢型人物的一個特徵就是，不但要成就自己，而且願意成就他人。忠是自己真誠，恕是推己及人。因此，聖賢型人物注定要在社會上做一番事業，使他抱持的信念得以客觀化於大眾之中。就好像一名愛好戲曲的人，他不只是要自己知道箇中樂趣，更要編劇、指導、演出，甚至做一切台前幕後的工作，令人知道粵劇有它的無上價值。這就是本書無論談及甚麼話題，都離不開「客觀化」這個觀念的原因。

首次進入劇場看的粵劇，就是由黎耀威、黃寶萱和吳立熙演出的《霸王別姬》，看完表演踏出戲曲中心之時，那些曲詞、動作、對白、音樂、燈光等，在我心中縈迴不已。那時我便覺得黎耀威光芒四射，乃驚覺粵劇原來可以是這樣具有生命力。後來再看由他編劇，並由梁煒康導演的《繁華三夢》，我最大的觀後感是：世上竟有粵劇這一種藝術，是多麼美好的事情啊！後來看到有關他們的訪問，就認為他們對於戲劇、對於自身，乃至對於人世，都充滿了熱忱。正如梁煒康好像說過，他們做大戲，不是為了得到巨富，而是為了自己有所得著。人要成為「人」，而不是像自然界的動物一樣，只是為口奔馳。這一點幾微的分別，就是人心的核心之「仁」了。很喜歡看訪問中，黎耀威與梁煒康交流創作的一段，雖然在鏡頭前他們客客氣氣、斯斯文文，但我猜想他們關起房門來，一定充滿火花。

我想孔子生於今日，會去搞新式粵劇，而我之寫此書，就在於搞新式儒學。不論搞新式粵劇也好，搞新式儒學也好，就算生活習慣老土，思想情感一定不可以老土，尤其不可苟且偷安。因此，搞新式粵劇，與搞新式儒學的人，應該是同道中人。而看新式粵劇的觀眾，乃至讀此書的人，只要能領略到這一番不老土的情思，那就應該不枉費創作者的用心了。

我是這樣讀論語的

作者：何震鋒
編輯：青森文化編輯組
封面設計：梁穎然
設計：4res

出版：紅出版（青森文化）
地址：香港灣仔道 133 號卓凌中心 11 樓
出版計劃查詢電話：(852) 2540 7517
電郵：editor@red-publish.com
網址：http://www.red-publish.com

香港總經銷：聯合新零售（香港）有限公司
台灣總經銷：貿騰發賣股份有限公司
地址：新北市中和區立德街 136 號 6 樓
電話：(886) 2-8227-5988
網址：http://www.namode.com

出版日期：2022 年 6 月
ISBN：978-988-8743-92-6
上架建議：哲學／中國哲學
定價：港幣 130 元正／新台幣 520 圓正